Telis Marin
Pierangela Diadori

VIA DEL CORSO

Corso di italiano per stranieri

LIBRO DELLO STUDENTE ED ESERCIZI

Ispirato a una storia vera

EDILINGUA

I edizione: luglio 2017
ISBN: 978-88-98433-63-6 (Libro + 2 CD + 1 DVD)
ISBN: 978-88-98433-61-2 (solo Libro)

Redazione:
Laura Piccolo, Antonio Bidetti, Anna Gallo, Elisa Sartor
Ripassi a cura di Elisa Sartor
La rubrica *Italia&italiani* a cura di Anna Gallo
Approfondimento grammaticale a cura di Laura Piccolo

Impaginazione e progetto grafico:
Edilingua

Foto:
© Shutterstock, © Flickr, © Telis Marin

Tavole a fumetti:
Giancarlo Caracuzzo (Scuola Romana dei Fumetti)

Illustrazioni:
Massimo Valenti, Giancarlo Caracuzzo, Marina Cremonini

Produzione video - Registrazioni audio:
Autori Multimediali, Milano

Attori del videocorso:
Valentina Coletta, Marco D'Angelo, Francesca Del Fa, Luigi Patti; Francesca Antonucci, Alessia Ieluzzi, Valentina Romanelli, Agnese Toneguzzo

Attori delle registrazioni audio:
Francesca Antonucci, Giampiero Bartolini, Rita Colantonio, Valentina Coletta, Marco D'Angelo, Francesca Del Fa, Maurizio Di Girolamo, Lisa Genovese, Jessica Granato, Alessia Ieluzzi, Giuseppe Magazzù, Paola Masciadri, Barbara Monaco, Luigi Patti, Valentina Romanelli, Agnese Toneguzzo, Enrico Vaioli

Sede legale
Via Alberico II, 4 - 00193 Roma
Tel. +39 06 96727307
Fax +39 06 94443138
info@edilingua.it
www.edilingua.it

Deposito e Centro di distribuzione
Via Moroianni, 65 - 12133 Atene
Tel. +30 210 5733900
Fax +30 210 5758903

Gli autori apprezzerebbero, da parte dei colleghi, eventuali suggerimenti, segnalazioni e commenti sull'opera (da inviare a redazione@edilingua.it).

Telis Marin è direttore di Edilingua, insegnante e formatore di insegnanti di italiano L2, in Italia e all'estero. Dopo la laurea in Lettere moderne e il Master ITALS in Didattica e promozione della lingua e della cultura italiana a stranieri, ha insegnato in varie scuole d'italiano per stranieri. L'esperienza didattica diretta lo ha portato a realizzare diversi materiali per l'apprendimento dell'italiano, quali *Nuovo Progetto italiano 1, 2, 3* (Libro dello studente), *Progetto italiano Junior 1, 2, 3* (Libro di classe), *La Prova Orale 1* e *2*, *Primo Ascolto, Ascolto Medio, Ascolto Avanzato, Vocabolario Visuale*, i videocorsi di *Nuovo Progetto italiano* e *Progetto italiano Junior*.
Negli ultimi anni si è occupato di tecnologie per la didattica delle lingue: frutto dell'approfondimento e della ricerca su queste tematiche è la piattaforma *i-d-e-e.it*.
Ha ideato *Via del Corso* ed è autore del Libro dello studente e del videocorso.

A mia moglie e a mia figlia

Pierangela Diadori è Professore Ordinario di Linguistica italiana presso l'Università per Stranieri di Siena dove insegna Didattica dell'italiano L2 nei corsi di laurea, laurea magistrale e nella Scuola di Specializzazione. Dal 2005 è Direttore del Centro di Ricerca e Servizi DITALS dell'Università per Stranieri di Siena, dedicato alla formazione certificata dei docenti di italiano a stranieri, dirige la collana *NUOVA DITALS* ed è coautrice della collana *Impariamo l'italiano con i fumetti*, entrambe edite da Edilingua.
Ha coordinato vari progetti di ricerca internazionali e ha pubblicato numerosi saggi e monografie. Ha pubblicato diverse opere di carattere didattico per l'insegnamento dell'italiano a stranieri.
È autrice dell'Eserciziario di *Via del Corso*.

A Beatrice-Meltemi

Gli autori sentono il bisogno di ringraziare gli amici insegnanti Hammadi Agrebi, Rim Ben Ayed Chemima, Laura Morano, Mario Pace, Gábor Salusinszky e Natia Sità per aver preso visione del corso e averlo sperimentato nelle loro classi.
Un ringraziamento particolare va a Eleonora Spinosa e Andrea Cagli che hanno collaborato alla stesura dell'Eserciziario.

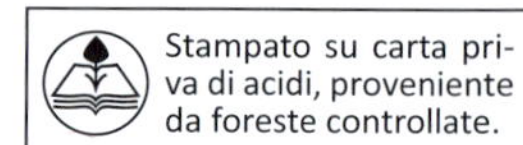

Perché *Via del Corso*?

Via del Corso è un innovativo manuale d'italiano per stranieri, frutto di un percorso che concilia anni di esperienza con i più recenti contributi della glottodidattica e della neurolinguistica all'apprendimento linguistico. Perché innovativo?

Il manuale è costruito intorno a una **storia**, ambientata in questo primo volume a Roma. Le storie incuriosiscono, affascinano, ispirano, motivano, coinvolgono, creano empatia e permettono agli studenti di identificarsi con i personaggi. Grazie a questa scelta è stato possibile valorizzare al meglio gli input, orali e scritti, rendendoli più coerenti dal punto di vista comunicativo e pragmatico: non è importante solo cosa viene detto, ma anche da chi, quando, in quale occasione, per quale motivo, distinzioni difficili da cogliere quando gli input sono totalmente slegati. Gli studenti sono esposti alla lingua viva, a dialoghi naturali, con interiezioni, segnali discorsivi ed espressioni di uso quotidiano da riutilizzare liberamente per esprimersi.

La storia funge da catalizzatore del processo di apprendimento. Utilizzando il potere evocativo delle emozioni, che sono la chiave per aprire il cuore e stimolare il cervello, lo studente impara quasi senza accorgersene. La storia è una *commedia noir*, grazie alla quale gli apprendenti vengono esposti alle caratteristiche di entrambi i generi: curiosità, interesse, umorismo, suspense, colpi di scena in un continuo alternarsi. Seguendo le avventure dei protagonisti, gli studenti incontrano una grande varietà di situazioni autentiche e attraverso attività motivanti e coinvolgenti sono in grado di **comunicare** fin dalle prime pagine.

La storia viene raccontata attaverso una **sit-com** e una **graphic novel** che si alternano: i fotogrammi, le tavole a fumetti, e in genere le immagini accattivanti, sono notoriamente più potenti e immediate del testo, a livello motivazionale e cognitivo, e abbassano il filtro affettivo. Video e tavole sono pienamente integrati nella struttura del corso e non costituiscono una semplice risorsa supplementare. Per agevolare lo svolgimento della lezione, tutti gli episodi video sono presenti anche nel CD audio sotto forma di radiodramma, mentre le storie a fumetti sono disponibili anche in versione animata nel DVD. *Dulcis in fundo*, per coinvolgere ulteriormente gli studenti, abbiamo ideato una storia interattiva: sono loro stessi a scegliere il finale da ascoltare!

Gli elementi lessicali, comunicativi e grammaticali più importanti vengono sistematicamente ripresi, spesso anche all'interno della stessa unità, così come in quelle successive e nell'Eserciziario, in un continuo *macro* e *micro*-**approccio a spirale**. Questo, come hanno dimostrato diversi studiosi (Medina, Ebbinghaus ecc.), permette agli studenti di consolidare i nuovi input nella memoria a lungo termine. Lo stesso procedimento è stato applicato nella realizzazione di tutti i materiali extra: test, autovalutazione, giochi ecc.

Un altro aspetto centrale del corso è l'**approccio induttivo**: seguendo la sequenza motivazione-globalità-analisi-sintesi-riflessione, nessun elemento viente presentato in maniera passiva. Gli studenti vengono costantemente invitati, attraverso attività guidate, a scoprire i nuovi input, a formulare e a verificare ipotesi. Questo viene abbinato al concetto dell'*interconnessione*: ogni attività introduce quelle successive, ogni episodio della storia prepara e crea aspettative per quello successivo.

Sappiamo bene che la paura di sbagliare o le attività lunghe o troppo difficili innalzano nello studente un **filtro affettivo** che riduce o addirittura blocca l'acquisizione. Allo scopo di tranquillizzare e favorire lo studente, si è optato per unità brevi, dove si è cercato di raggiungere un equilibrio tra i diversi input: vengono presentati gli elementi effettivamente utili per quel determinato livello e non esaustive liste di vocaboli, espressioni ed eccezioni grammaticali, che lo studente non potrebbe comunque assimilare. Si segue una progressione molto graduale con la ripresa, nelle unità o nei volumi successivi, di situazioni e argomenti già noti, e con il consolidamento delle conoscenze e il loro ampliamento. Il materiale autentico è introdotto tenendo conto delle stesse considerazioni e mai all'inizio di un'unità.

Consapevoli della validità delle **attività ludiche**, che rendono lo studente sempre più protagonista del proprio percorso di apprendimento, ne sono state inserite diverse, originali, brevi e semplici, nel Libro dello studente, nell'Eserciziario, nei Ripassi, nella Guida didattica e sulla piattaforma i-d-e-e.it, dove si possono trovare numerosi giochi in chiave *gamificata*. Inoltre, *Via del Corso* è accompagnato dal proprio gioco digitale e dal proprio gioco di società!

Nell'ambito di una didattica più attiva, vengono spesso proposte attività di *problem solving*, *information gap*, *task-based* e di tipo cooperativo. Lo scopo è tenere sempre alta la motivazione, coinvolgere maggiormente gli studenti e incoraggiare l'interazione fra di loro.

La struttura del corso

Nelle unità del Libro dello studente è stato raggiunto un equilibrio fra una struttura stabile e affidabile, un punto fermo per lo studente e l'insegnante, e una grande varietà di input (testuali e audio-visivi).

PRIMA PARTE	p. 1	*Pronti?*: motivazione iniziale con l'attivazione delle preconoscenze e il coinvolgimento emotivo degli studenti. Le attività di preascolto e prelettura hanno lo scopo di stimolare la curiosità e facilitare la comprensione.
	p. 2	Sit-com o graphic novel: il primo dei due episodi dell'unità.
	p. 3	Attività di comprensione orale e scritta, scoperta e riutilizzo di espressioni del testo e delle funzioni comunicative.
	p. 4	Scoperta e riutilizzo della grammatica e del lessico.
SECONDA PARTE	p. 5	Graphic novel o sit-com: il secondo episodio dell'unità.
	p. 6	Attività di comprensione orale e scritta, scoperta e riutilizzo di espressioni del testo e delle funzioni comunicative.
	p. 7	Scoperta e riutilizzo della grammatica e del lessico.
	p. 8	Attività di ascolto e di scrittura, di produzione libera orale, attività ludiche, test psicologici, materiale autentico ecc.
	p. 9	*Italia&italiani*: pagina sulla cultura e la civiltà italiana, accompagnata da un video.
	p. 10	*Sintesi*: sistematizzazione degli elementi comunicativi e grammaticali dell'unità.

Ripassi: attività di ricapitolazione ogni 3 unità didattiche; motivanti e originali giochi didattici rendono più divertente e collaborativo il processo di apprendimento.

Eserciziario: attività varie e creative per consolidare gli elementi grammaticali, comunicativi, lessicali e culturali non solo dell'unità di riferimento, ma anche di quelle precedenti.

Approfondimento grammaticale: i fenomeni grammaticali incontrati nelle unità, approfonditi in maniera semplice per una migliore consultazione.

Attività A/B: compiti comunicativi, spesso con modalità ludiche, in cui ogni studente dispone di informazioni diverse (fornite in appendice) ed è chiamato a colmare il *gap* informativo in maniera creativa.

Buon lavoro!
Telis Marin

Legenda dei simboli

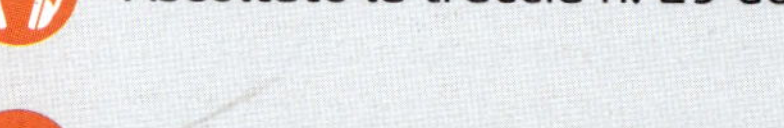
Ascoltate la traccia n. 29 del CD audio 1.

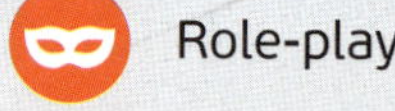
Role-play

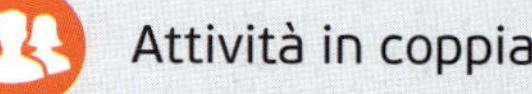
Attività in coppia

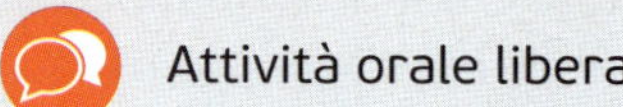
Attività orale libera

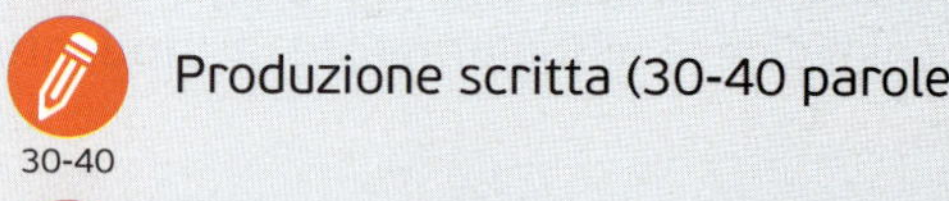
30-40 Produzione scritta (30-40 parole)

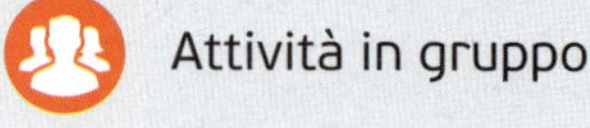
Attività in gruppo

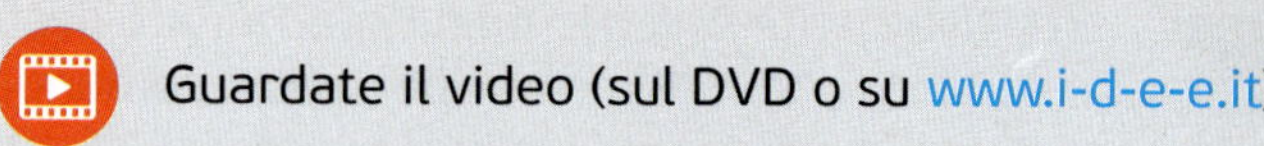
Guardate il video (sul DVD o su www.i-d-e-e.it).

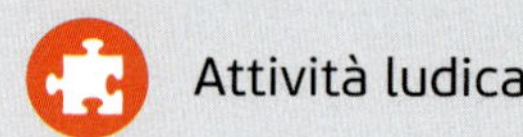
Attività ludica

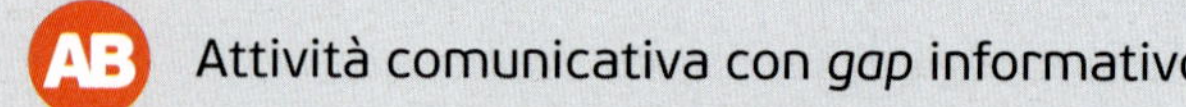
Attività comunicativa con *gap* informativo

es. 1-3 / p. 153 Fate gli esercizi 1-3 a pagina 153.

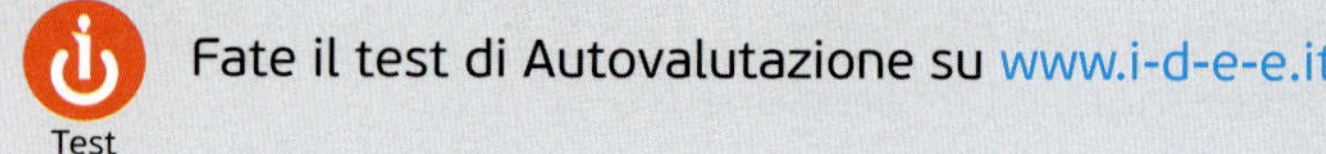
Test Fate il test di Autovalutazione su www.i-d-e-e.it.

COMUNICAZIONE	LESSICO	GRAMMATICA	MATERIALE VIDEO

Unità 1 Piacere! pag. 9

COMUNICAZIONE	LESSICO	GRAMMATICA	MATERIALE VIDEO
• Presentarsi • Fare lo spelling in italiano • Presentare qualcuno • Salutare	• Saluti • Parole ed espressioni utili in classe • Operazioni matematiche (+ - =)	• L'alfabeto • Pronuncia: *c*, *g* • I sostantivi • L'indicativo presente di *essere* • I pronomi personali soggetto • La frase affermativa • La frase interrogativa • Gli aggettivi in *-o* • Accordo sostantivi e aggettivi • I numeri da 0 a 10	Episodio a fumetti: **Piacere!** Episodio video: **Lui è Gianni!**
Italia&italiani L'Italia: regioni, città e monumenti			**Clip culturale**

Esercizi pag. 153

Unità 2 La classe di Carla pag. 19

COMUNICAZIONE	LESSICO	GRAMMATICA	MATERIALE VIDEO
• Chiedere e dire come si sta (I) • Ringraziare (I) • Chiedere e dire il nome • Chiedere e dire la nazionalità • Chiedere e dire l'età	• Persone e ambienti della scuola • Città e Paesi • Nazionalità • Espressioni con *avere* • Oggetti della classe	• L'indicativo presente singolare di *chiamarsi* • Gli aggettivi in *-e* • I numeri da 11 a 30 • L'indicativo presente di *avere* • La frase negativa • Pronuncia: le doppie consonanti • L'articolo determinativo	Episodio a fumetti: **Di dove sei?** Episodio video: **Ha il ragazzo?**
Italia&italiani L'italiano nel mondo			**Clip culturale**

Esercizi pag. 159

Unità 3 I vicini di casa pag. 29

COMUNICAZIONE	LESSICO	GRAMMATICA	MATERIALE VIDEO
• Chiedere e dire come si sta (II) • Esprimere accordo • Chiedere spiegazioni • Esprimere un parere • Chiedere e dire dove si lavora • Descrivere l'aspetto fisico	• Alcuni aggettivi qualificativi • Parti del viso • Aggettivi per descrivere l'aspetto fisico	• L'indicativo presente dei verbi in *-are* e in *-ere* • I numeri da 30 a 101 • L'articolo indeterminativo • *c'è*, *ci sono* • Pronuncia: *s*	Episodio a fumetti: **Una strana coppia** Episodio video: **Il "mistero"**
Italia&italiani Nomi e cognomi			**Interviste autentiche**

Esercizi pag. 165

Ripasso 1 Attività - Gioco "Un giro per Roma" - *Al lavoro!* (task) pag. 39

COMUNICAZIONE	LESSICO	GRAMMATICA	MATERIALE VIDEO

Unità 4 Un incontro — pag. 43

COMUNICAZIONE	LESSICO	GRAMMATICA	MATERIALE VIDEO
• Ringraziare (II) e rispondere a un ringraziamento • Rispondere al telefono • Chiedere e dire il prezzo • Esprimere possesso (I) • Ordinare al bar • Usare la forma di cortesia	• Bar • Listino bar • Tipi di caffè	• L'indicativo presente dei verbi in *-ire* • Pronuncia: *z* • I pronomi dimostrativi *questo* e *quello* • Gli aggettivi possessivi (I) • I sostantivi in *-ista* • La forma di cortesia	Episodio video: **Offro io!** Episodio a fumetti: **È lui!**
Italia&italiani Il bar			**Intervista autentica**

Esercizi pag. 171

Unità 5 Un invito — pag. 53

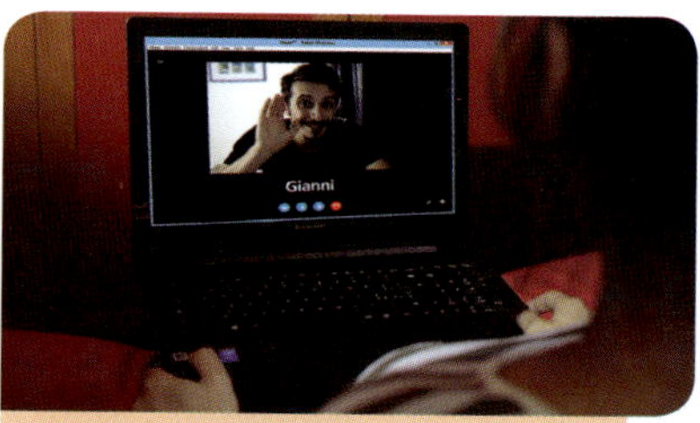

COMUNICAZIONE	LESSICO	GRAMMATICA	MATERIALE VIDEO
• Invitare • Accettare o rifiutare un invito • Parlare del tempo libero • Dire con che frequenza si fa qualcosa • Chiedere e dire l'ora	• Passatempi • Tempo libero • I giorni della settimana	• L'indicativo presente di *andare, venire, fare, sapere* • *andare* vs *venire* • Le preposizioni *in, da, a, al* • Avverbi ed espressioni di frequenza • I numeri da 101 a 10.000	Episodio video: **A che ora ci vediamo?** Episodio a fumetti: **Adesso basta!**
Italia&italiani Gli italiani e il tempo libero			**Clip culturale & interviste autentiche**

Esercizi pag. 177

Unità 6 Il colloquio — pag. 63

COMUNICAZIONE	LESSICO	GRAMMATICA	MATERIALE VIDEO
• Esprimere incertezza e dubbio • Parlare di professioni • Chiedere e dire l'orario • Chiedere ed esprimere una data (I) • Chiedere e dire che giorno è • Chiedere e dire la data di nascita	• Professioni • Lavoro • I mesi • Le stagioni	• Le preposizioni articolate (I): *a* e *di* • *ci* di luogo • L'indicativo presente dei verbi in *-care* e di *dire* • I numeri ordinali • Pronuncia: *gn, gl*	Episodio video: **Non fa per me!** Episodio a fumetti: **C'è un problema!**
Italia&italiani Italiani al lavoro			**Interviste autentiche**

Esercizi pag. 183

Ripasso 2 Attività - Gioco "Colosseo con vista!" - *Al lavoro!* (task) pag. 73

Indice

COMUNICAZIONE	LESSICO	GRAMMATICA	MATERIALE VIDEO

Unità 7 All'agenzia di viaggi pag. 77

COMUNICAZIONE	LESSICO	GRAMMATICA	MATERIALE VIDEO
• Parlare di feste • Organizzare una gita • Parlare del prezzo • Fare gli auguri • Chiedere e dire che tempo fa	• Feste e vacanze • Natale • Tempo atmosferico	• Le preposizioni articolate (II) • Uso delle preposizioni	Episodio video: **A Natale...?** Episodio a fumetti: **Il Suo nome, per favore?**
Italia&italiani Feste, dolci e tradizioni			**Interviste autentiche**

Esercizi pag. 189

Unità 8 Al matrimonio pag. 87

COMUNICAZIONE	LESSICO	GRAMMATICA	MATERIALE VIDEO
• Descrivere il carattere di una persona • Chiedere e dare l'indirizzo • Parlare della famiglia • Esprimere possesso (II)	• Nomi di parentela • Matrimonio	• Gli aggettivi possessivi (II) • Gli aggettivi possessivi con i nomi di parentela	Episodio a fumetti: **Anche tu qui?** Episodio video: **Ciao amore!**
Italia&italiani Famiglie e matrimoni			**Intervista autentica**

Esercizi pag. 195

Unità 9 Al ristorante pag. 97

COMUNICAZIONE	LESSICO	GRAMMATICA	MATERIALE VIDEO
• Consigliare un piatto • Parlare di piatti e pasti • Esprimere preferenza • Ordinare al ristorante • Parlare di locali • Localizzare oggetti nello spazio	• Piatti, portate e pasti • Cibi e bevande • Tipi di ristorante • Tavola apparecchiata	• L'indicativo presente dei verbi modali • Preposizioni per localizzare oggetti nello spazio	Episodio video: **Ora vogliamo ordinare?** Episodio a fumetti: **Perché devi gridare?**
Italia&italiani Gli italiani a tavola			**Interviste autentiche & clip culturale**

Esercizi pag. 201

Ripasso 3 Attività - Gioco "Buon appetito!" - *Al lavoro!* (task) pag. 107

COMUNICAZIONE	LESSICO	GRAMMATICA	MATERIALE VIDEO

Unità 10 A fare spese pag. 111

Comunicazione	Lessico	Grammatica	Materiale video
• Parlare di stili • Fare acquisti in un negozio di abbigliamento e in un negozio di scarpe • Descrivere un capo di abbigliamento • Chiedere ed esprimere un parere • Parlare delle abitudini quotidiane	• Stili • Taglie • Capi di abbigliamento • Calzature • Azioni quotidiane • Accessori • Colori • Acquisti	• I verbi riflessivi • I verbi riflessivi con i modali	Episodio video: **Che taglia porta?** Episodio a fumetti: **È di moda!**
Italia&italiani La moda italiana			**Interviste autentiche & clip culturale**

Esercizi pag. 207

Unità 11 In giro per la città pag. 121

Comunicazione	Lessico	Grammatica	Materiale video
• Parlare dei mezzi di trasporto urbano • Esprimere sorpresa • Parlare di avvenimenti passati • Situare un avvenimento nel tempo • Localizzare in uno spazio cittadino	• Mezzi di trasporto • Negozi • Luoghi della città	• Il passato prossimo • Il participio passato dei verbi regolari • Espressioni di tempo • Passato prossimo: ausiliare *essere* o *avere*? • Espressioni di luogo	Episodio a fumetti: **Una giornataccia!** Episodio video: **In giro per i negozi!**
Italia&italiani Roma: la capitale d'Italia			**Clip culturale**

Esercizi pag. 213

Unità 12 Dopo la partita... pag. 131

Comunicazione	Lessico	Grammatica	Materiale video
• Parlare di sport • Esprimere accordo, disaccordo e contraddire • Raccontare al passato • Chiedere ed esprimere una data (II)	• Attività sportive	• I participi passati irregolari • Avverbi di tempo con il passato prossimo	Episodio video: **Dobbiamo fare qualcosa** Episodio a fumetti: **Andiamo alla polizia!**
Italia&italiani Un Paese di sportivi... e di campioni!			**Interviste autentiche & clip culturale**

Esercizi pag. 219

Ripasso 4 Attività - Gioco "Vacanze italiane" - *Al lavoro!* (task) pag. 141

Materiale per le attività A/B	pag. 145	**Indice del DVD**	pag. 246
Eserciziario	pag. 153	**Indice dei CD audio**	pag. 247
Approfondimento grammaticale	pag. 226	**Componenti di *Via del Corso***	pag. 248

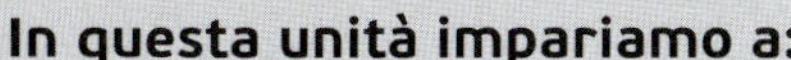

In questa unità impariamo a:

- presentarci
- fare lo spelling in italiano
- presentare qualcuno
- salutare
- contare fino a 10

Unità 1 Piacere!

Pronti?

1 *Questi sono i protagonisti del nostro libro. Ascoltate o guardate l'animazione.*

2 *Sfogliate il libro: guardate foto e fumetti come questi e fate ipotesi sulla storia.*

3 *Cosa dicono Anna e Gianni per presentarsi? Presentatevi alla classe.*

es. 1-3
p. 153

A Come si scrive?

1 *Ascoltate e poi leggete i mini dialoghi.*

2 *Ascoltate e ripetete le parole. Osservate le lettere in blu.*

3 *Ascoltate le frasi e indicate con una ✘ le parole che sentite.*

☐ amica  ☐ cuore ☐ simpatico  ☐ maschera

☐ Chiara  ☐ cinque  ☐ centro ☐ città

4 *Ascoltate e cerchiate le lettere che sentite due volte, come nell'esempio in blu. Poi leggete tutte le lettere.*

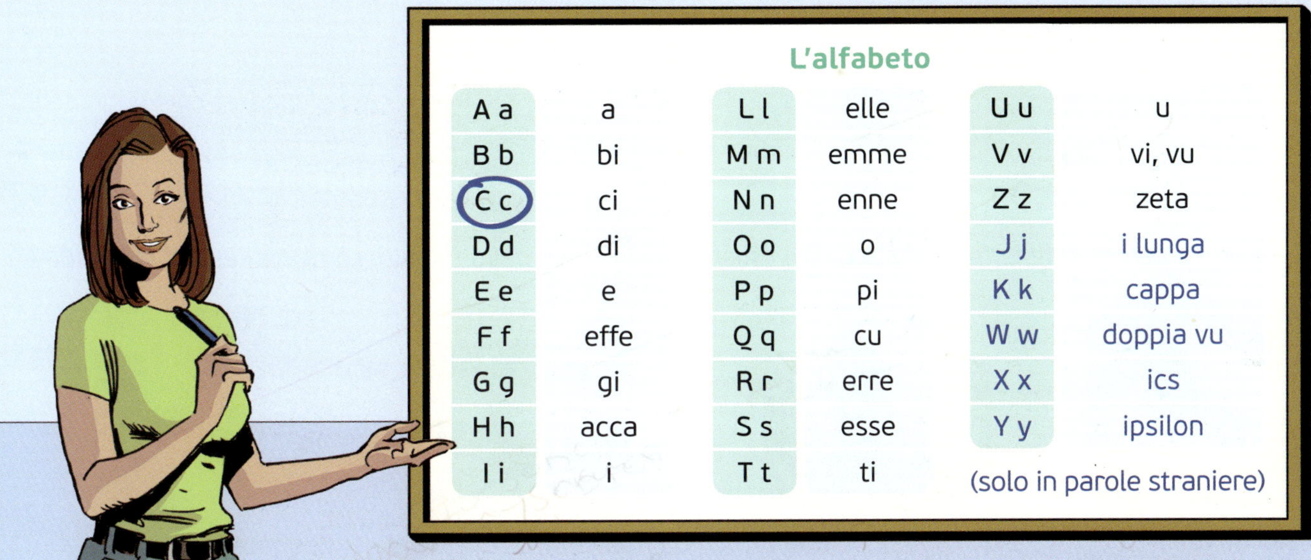

L'alfabeto

A a	a	L l	elle	U u	u
B b	bi	M m	emme	V v	vi, vu
C c	ci	N n	enne	Z z	zeta
D d	di	O o	o	J j	i lunga
E e	e	P p	pi	K k	cappa
F f	effe	Q q	cu	W w	doppia vu
G g	gi	R r	erre	X x	ics
H h	acca	S s	esse	Y y	ipsilon
I i	i	T t	ti		(solo in parole straniere)

5 *Ascoltate e poi pronunciate lettera per lettera le parole a destra.*

p a g i n a   p i a c e r e   c i n e m a
m u s i c a   c i a o   m a c c h i n a

6 **a** *Lavorate in coppia. Ognuno sceglie un nome e dice tre lettere, non in ordine. Il compagno deve capire quale nome è.*

Michele
Marco
Federico
Francesco

Alice
Francesca
Beatrice
Michela

b *Fate mini dialoghi simili a quello dell'attività A1.*

Come si scrive?

es. 4-6
p. 154

B Buongiorno, ragazzi!

1 *Ascoltate e leggete le frasi. Poi rileggete solo le parti in rosso.*

Chi è questo ragazzo?

Ascoltate il dialogo.

Amo la lingua italiana!

Buongiorno, ragazzi!

Buono questo gelato!

Leggete i due dialoghi!

Come sono gli spaghetti?

2 *Ascoltate e scrivete le parole sul pacco giusto.*

es. 7
p. 154

3 *Ascoltate e completate le frasi. Poi scrivete i sostantivi in rosso nella tabella, come nell'esempio in blu.*

Aprite il libr___.

Due ragazz___ italiani.

La macchin___ di Gianni.

Leggete le parol___.

Che cosa significa "nom___"?

Quattro student___ stranieri.

Carla è insegnant___.

Guardate le immagin___.

I sostantivi

maschile		femminile	
singolare	plurale	singolare	plurale
ragazzo	ragazzi	parola	______
______	nomi	immagine	______

4 *Guardate le immagini e completate le frasi con e, e, a, a, i, i.*

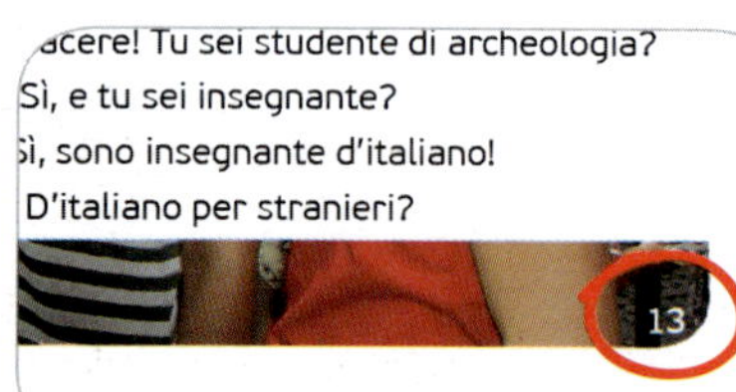

A che pagin___ siamo?

Le ragazz___ sono in classe.

Hai due cellular___?!

Quanti student___ siete?

Questo è il mio can___.

Una pizz___ margherita!

es. 8-10
p. 154

C Lui è Gianni!

1 *Torniamo ai nostri protagonisti! Ascoltate il dialogo o guardate il video. Poi leggete da soli o con tre compagni.*

Anna: Ciao ragazzi! Lei è Carla.
Bruno: Ciao, io sono Bruno. E lui è Gianni.
Gianni: Piacere! Gianni!

Carla: Piacere! Carla! Tu sei studente di archeologia?
Bruno: Sì, e tu sei insegnante?
Carla: Sì, sono insegnante d'italiano!
Gianni: D'italiano per stranieri?

2 *Rileggete il dialogo di pagina 13 e completate le frasi.*

CIAO RAGAZZI! SONO BRUNO, SONO ______(1) DI ARCHEOLOGIA.

IO SONO GIANNI. IO E BRUNO SIAMO AMICI.

BUONGIORNO! IO SONO CARLA. ______(2) INSEGNANTE D'ITALIANO.

IO ______(3) ANNA. PIACERE!

3 *Adesso ascoltate e controllate le vostre risposte.*

4 *Role-play in 3. Presentate un amico al vostro compagno come fa Anna a pag. 13.*

5 *A coppie completate la tabella.*

Il verbo essere

io	______ Bruno.	noi	siamo amici.
tu	______ professore.	voi	siete studenti.
lui, lei	______ italiano/a.	loro	sono italiani?

es. 11-12
p. 155

6 *Fate frasi con il verbo essere e gli aggettivi dati, come nell'esempio. Poi completate la tabella.*

Lei è bella.

belle · simpatico · contenti · simpatica · belli · bella

Gli aggettivi in -o

Bruno è bravo.	➜	Ragazzi, siete brav___!
Carla è brava.		Ragazze, siete brav___!

es. 13-14
p. 156

D Ciao!

1 *Ascoltate e indicate con una ✘ i quattro saluti che sentite.*

- ☐ Buongiorno
- ☐ Buonanotte
- ☐ Ciao
- ☐ Buonasera
- ☐ A domani
- ☐ Arrivederci

2 *Ascoltate di nuovo e abbinate i dialoghi alle immagini. Attenzione: manca un'immagine!*

3 *Ascoltate di nuovo e completate i saluti.*

B ____________

B ____________

B ____________

4 *In queste situazioni, a turno, uno di voi saluta e l'altro risponde.*

es. 15-17
p. 156

5 **a** *I numeri da 0 a 10. Cerchiate i numeri che sentite, come nell'esempio in blu.*

b *Scrivete la somma (... + ... =) dei due numeri non cerchiati.*

6 *Cerchiate, in orizzontale (→) e in verticale (↓), le altre 7 parole relative alla lezione d'italiano, come nell'esempio in blu.*

S	M	T	D	Q	I	B	A	C	B
C	L	A	S	S	E	S	B	N	S
O	G	I	E	I	A	C	P	C	T
M	L	I	N	G	U	A	A	D	U
P	O	D	P	N	N	V	R	A	D
A	L	F	A	B	E	T	O	S	E
G	P	O	G	F	L	I	L	S	N
N	E	N	I	A	Q	U	A	E	T
O	B	A	N	C	O	E	M	T	I
P	A	G	E	N	E	U	D	D	S

es. 18-21
p. 157

L'Italia: regioni, città e monumenti

Questi sono alcuni famosi monumenti italiani. Qual è il più bello, secondo voi?

1 Mole Antonelliana, Torino

2 Duomo di Milano

3 Arena di Verona

4 Basilica di San Marco, Venezia

5 Torre di Pisa

6 Duomo di Firenze

7 Colosseo, Roma

8 Reggia di Caserta

9 Trulli di Alberobello, Bari

10 Valle dei Templi, Agrigento

es. 1-2
p. 158

1 Sintesi

COMUNICAZIONE

Fare lo spelling in italiano

• Come si scrive?	• Ci-e-esse-a-erre-e.

Presentarsi

• Ciao, io sono Cesare.
• E io sono Chiara. Piacere! / Chiara, piacere!

Presentare qualcuno

Lui è Gianni.
Lei è Carla.

Salutare

Ciao! Arrivederci! Buongiorno! Benvenuti!	Buonasera! Buonanotte! A domani!

GRAMMATICA

L'alfabeto

						In parole straniere	
A a	a	H h	acca	Q q	cu	J j	i lunga
B b	bi	I i	i	R r	erre	K k	cappa
C c	ci	L l	elle	S s	esse	W w	doppia vu
D d	di	M m	emme	T t	ti	X x	ics
E e	e	N n	enne	U u	u	Y y	ipsilon
F f	effe	O o	o	V v	vi, vu		
G g	gi	P p	pi	Z z	zeta		

I sostantivi

maschile		femminile	
singolare	plurale	singolare	plurale
ragazzo	ragazzi	parola	parole
nome	nomi	immagine	immagini

Presente indicativo di essere

io	sono
tu	sei
lui, lei	è
noi	siamo
voi	siete
loro	sono

Gli aggettivi in -o

maschile		femminile	
singolare	plurale	singolare	plurale
bravo	bravi	brava	brave

I numeri da 0 a 10

0	zero	4	quattro	8	otto
1	uno	5	cinque	9	nove
2	due	6	sei	10	dieci
3	tre	7	sette		

In questa unità impariamo a:

- chiedere e dire come si sta (I)
- ringraziare (I)
- chiedere e dire il nome
- chiedere e dire la nazionalità
- chiedere e dire l'età
- contare fino a 30

La classe di Carla

Unità 2

Pronti?

1 *Abbinate le parole alle foto, come nell'esempio in blu.*

a. scuola b. aula c. lezione d. studente e. zaino f. professoressa g. lavagna

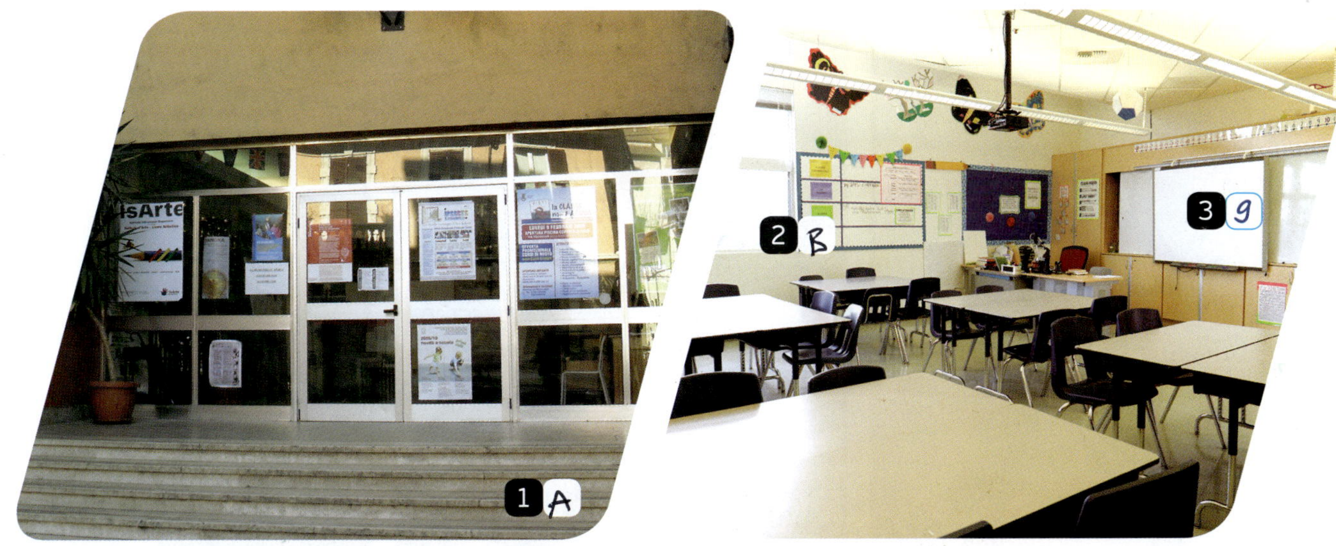

2 *Che lavoro fa Carla? Voi perché studiate l'italiano?*

3 *Ascoltate il dialogo: dove siamo? Chi sono le persone che parlano? Poi fate l'attività A1.*

BUONGIORNO RAGAZZI! SONO L'INSEGNANTE D'ITALIANO.
BUONGIORNO!

IO MI CHIAMO CARLA. E TU, COME TI CHIAMI?
IO... MI CHIAMO KATE.

KATE! E DI DOVE SEI?
SONO INGLESE, DI MANCHESTER.

PIACERE! E TU?
MI CHIAMO HAMID, SONO EGIZIANO, DI ALESSANDRIA.

CIAO! COME STAI?
BENE, SONO MOLTO CONTENTA, HO QUATTRO CLASSI E GLI STUDENTI SONO MOLTO SIMPATICI!

AH... E QUANTE ORE ALLA SETTIMANA?
VIA DEL CORSO
VENTI, HO LEZIONE OGNI GIORNO.
BENE! CAFFÈ?

A Di dove sei?

1 *Riascoltate e leggete il dialogo o guardate l'animazione. Poi rispondete alle domande.*

a. Come si chiama la studentessa inglese? Di dov'è?
b. Come si chiama lo studente egiziano? Di dov'è?
c. Come sta Carla alla fine della lezione?

2 *Abbinate le frasi in blu a quelle in rosso.*

- Io sono Antonio. — Sono di Pechino.
- Di dove sei? — Bene, grazie!
- Come stai? — Piacere!

3 *In coppia fate mini dialoghi con le espressioni dell'attività 2.*

es. 1 p. 159

4 **a** *Quante ore di lezione alla settimana ha Carla? Abbinate le parole, che sono in ordine, ai numeri, come nell'esempio in blu.*

I numeri da 11 a 20

undici dodici tredici quattordici quindici

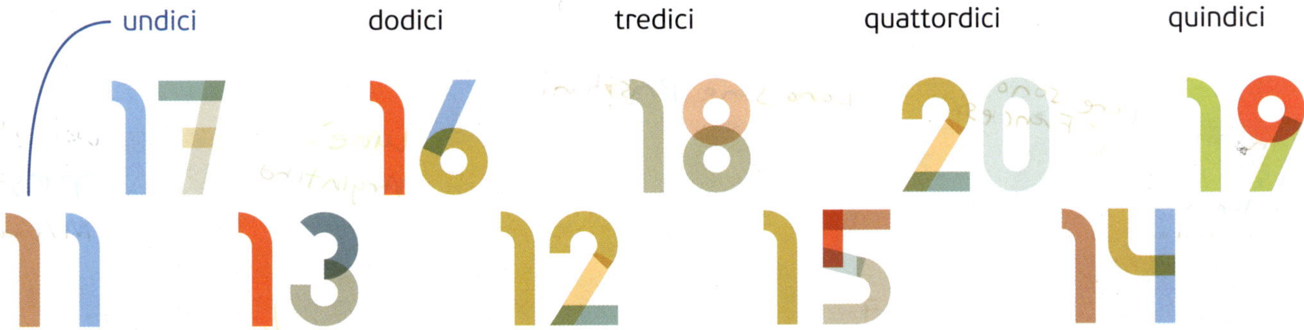

sedici diciassette diciotto diciannove venti

b *Ascoltate e ripetete i numeri.*

es. 2 p. 159

5 *In coppia, completate i due mini dialoghi. Ascoltate per controllare le vostre risposte. Poi completate la tabella a destra.*

1. • Come ti ___________?
   • Giorgio, e tu?
   • Io ___________ chiamo Stefania. Piacere!

2. • ___________ si chiama questo studente?
   • Si chiama David, è americano.

Il verbo chiamarsi

io	_____ chiamo
tu	_____ chiami
lui, lei	si ___________

6 *Con un compagno fate mini dialoghi con le espressioni a destra.*

Come ti chiami? | *Come si scrive?* | *Piacere!* | *Di dove sei?* | *Come stai?*

B Kate è inglese

1 *Ascoltate la nazionalità di alcuni studenti di Carla, trovate gli aggettivi che sentite nel parolone sotto e separateli con una barra (|) come nell'esempio in blu.*

t u n i s i n o | c i n e s e s p a g n o l a r u s s i b r a s i l i a n i a r g e n t i n o i n g l e s i f r a n c e s i

2 *Ora guardate le foto e la tabella sotto e fate frasi come nell'esempio:* Hammadi è tunisino.

Hammadi

Ivan e Anya

Liang

Kate e Mary

Pierre e Amelie

Rafael e Paulo

Javier

Carmen

Aggettivi in -e

John è inglese.		John e Paul sono inglesi.
Kate è inglese.	➜	Kate e Anne sono inglesi.
Anna è gentile.		Anna e Gianni sono gentili.

3 *Presentatevi alla classe, come nell'esempio.*

Ciao, mi chiamo Andrea.
Sono italiano, di Roma.

es. 3-4
p. 160

Chiudete il libro e ascoltate il dialogo: di chi parlano i due ragazzi? Quali aggettivi usano per descrivere questa persona? Poi fate l'attività C1.

Torniamo alla storia

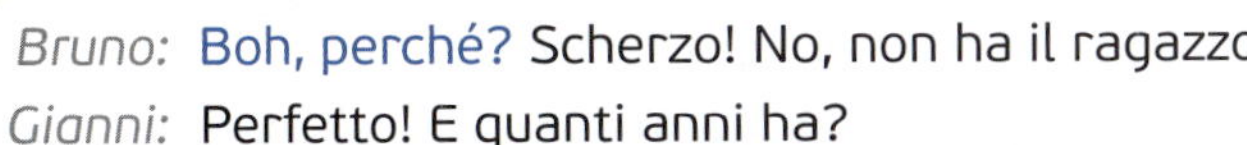

Translate page & study

C) Ha il ragazzo?

1 *Guardate il video o ascoltate di nuovo il dialogo e fate l'abbinamento, come nell'esempio in blu.*

1. Carla è — b.
2. Carla non
3. Gianni chiede
4. Carla ha
5. Secondo Bruno, Carla

a. ha il ragazzo.
b. carina e bella.
c. l'età di Carla.
d. è troppo bella per Gianni!
e. 27 anni.

2 *Leggete il dialogo a pag. 23 (da soli o con un compagno) e controllate le vostre risposte.*

3 *In coppia, completate i mini dialoghi con le frasi in blu del dialogo.*

- Paolo ha la ragazza?
- _______________ (1)

- _______________ (2)
- Sì, molto bella!

- Quanti anni ha Maria?
- _______________ (3)

4 *Riguardate il video o le foto a pag. 23: che gesto fa Bruno quando dice "credi che tu e Carla..."? E Gianni quando dice "Ma vai!"? Nel vostro Paese ci sono gesti simili?*

es. 5 p. 161

D) Quanti anni ha Carla?

1 *Completate i numeri. Poi ascoltate e controllate le vostre risposte.*

ventuno

venti_______

ventitré

ventiquattro

venti_______

venti_______

ventisette

ventotto

venti_______

trenta

2 *Completate il mini dialogo con* ho *e* hai*.*

Maria, quanti anni ___?

___ 25 anni, e tu?

3 *"Quanti anni ha...?" In coppia, fate delle ipotesi sull'età dei protagonisti. Uno di voi fa la domanda e l'altro risponde con "Secondo me, Gianni...".*

4 *Adesso completate la tabella.*

Il verbo avere

io	___	30 anni.	noi	abbiamo	lezione.
tu	___		voi	avete	
lui, lei	___		loro	hanno	

- Hai lezione?
- No, non ho lezione.

5 *Formate delle frasi con il verbo* avere *alla persona indicata dal dado (1 = io, 2 = tu, 3 = lui/lei, 4 = noi, 5 = voi, 6 = loro) e le parole date, come nell'esempio.*

Lei ha molti libri.

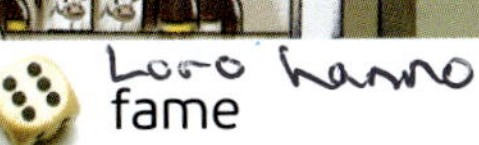

molte idee | fame | due gatti | fretta | 23 anni

es. 6-7
p. 161

E Mamma mia, le doppie!

1 *In coppia, trovate e scrivete parole delle sezioni A-D con le doppie consonanti (ad esempio, "gatti"). Vince la coppia che trova più parole!*

2 *Ascoltate e ripetete le parole.* (1 26)

cc macchina	**gg** aggettivo	**mm** mamma	**rr** Ferrari
ff caffè	**ll** bella	**nn** hanno	**tt** lettera

3 *Ascoltate e scrivete le parole. Poi leggete.*

1

2

3

4

5

6

es. 8-9
p. 162

F Sì o no?

1 *Giocate in coppia. Ognuno di voi sceglie un'immagine: A chiede "Hai... ?" e B risponde "Sì, ho..." oppure "No, non ho...". Poi i ruoli cambiano. Vince lo studente che indovina cosa ha il compagno con meno domande!*

le penne

il quaderno

la matita

il cellulare

lo zaino

i libri

2 *Osservate le parole dell'attività F1 e completate la tabella.*

L'articolo determinativo

maschile		femminile	
singolare	plurale	singolare	plurale
___ giorno	i giorni	la donna	___ donne
l'anno	gli anni	l'ora	___ ore
lo studente	gli studenti		
___ zaino	gli zaini		

3 *Mettete al plurale o al singolare gli articoli e i sostantivi dell'attività F1.*

30-40

4 *Carichi su Facebook una foto con quattro compagni del corso d'italiano. Un amico chiede chi sono e tu rispondi (nome, età, nazionalità ecc.).*

es. 10-14
p. 162
Test

Italia&italiani

L'italiano nel mondo

L'italiano è parlato in tutto il mondo (in **verde** le aree dove è più diffuso).

Perché? Per...

es. 1-3
p. 164

2 Sintesi

COMUNICAZIONE

Chiedere a una persona come sta	Dire come si sta
• Come stai?	• Bene.

Ringraziare

Grazie!

Chiedere il nome	Dire il nome
• Come ti chiami? • Come si chiama questo studente?	• (Io) Mi chiamo Carla. • Si chiama David.

Chiedere la nazionalità	Dire la nazionalità
• Di dove sei?	• Sono inglese, di Manchester.

Chiedere l'età	Dire l'età
• Quanti anni hai? • Quanti anni ha Carla?	• Ho 25 anni. • Carla ha 27 anni.

GRAMMATICA

Presente indicativo di chiamarsi

io	mi chiamo
tu	ti chiami
lui, lei	si chiama

I numeri da 11 a 30

11	undici	16	sedici	21	ventuno	26	ventisei
12	dodici	17	diciassette	22	ventidue	27	ventisette
13	tredici	18	diciotto	23	ventitré	28	ventotto
14	quattordici	19	diciannove	24	ventiquattro	29	ventinove
15	quindici	20	venti	25	venticinque	30	trenta

Gli aggettivi in -e

maschile		femminile	
singolare	plurale	singolare	plurale
inglese	inglesi	inglese	inglesi
gentile	gentili	gentile	gentili

Presente indicativo di avere

io	ho
tu	hai
lui, lei	ha
noi	abbiamo
voi	avete
loro	hanno

L'articolo determinativo

maschile		femminile	
singolare	plurale	singolare	plurale
il giorno	i giorni	la donna	le donne
l'anno	gli anni	l'ora	le ore
lo studente	gli studenti		
lo zaino	gli zaini		

In questa unità impariamo a:

- chiedere e dire come si sta (II)
- contare fino a 101
- esprimere accordo
- chiedere spiegazioni
- esprimere un parere
- chiedere e dire dove si lavora
- descrivere l'aspetto fisico

I vicini di casa

Unità 3

Pronti?

1 *Guardate i disegni a pag. 30, ma non leggete i testi. Secondo voi, chi è la signora che parla con Anna?*

☐ un'amica ☐ la madre ☐ una vicina di casa

1 29 **2** *Osservate le foto. Ascoltate il dialogo e indicate con una* ✘ *le parole che sentite.*

☑ autobus

☐ gelato

☐ capelli

☑ Brescia

Posteitaliane

mod. 26 - cod. W10900E - Ed. 10/01 - St.[3d]

Avviso di giacenza

Ufficio postale di

Via

Destinatario Principato Marco Valerio

Indirizzo C.P. 30054

00193 Roma

Il ritiro può essere effettuato anche da una persona delegata munita di un documento di riconoscimento.

☑ avviso (postale)

☑ pacco

☑ svizzera

☐ cognome

3 *Confrontate le vostre risposte con quelle dei compagni. Poi fate l'attività A1.*

BAR caffetteria
CHIUDI TU, STEFANO?
SÌ, SÌ, CHIUDO IO, ANNA! A DOMANI!
GRAZIE! A DOMANI!

...SONO MOLTO STANCA OGGI, PRENDO L'AUTOBUS. E TU, TUTTO BENE?

OH, BUONASERA ANNA, COME STAI?
BUONASERA SIGNORA GRANDI! BENE, GRAZIE, LEI?
ABBASTANZA BENE. AH, QUESTO
È PER TE, TESORO. UN PACCO.

ECCO, VEDI? A. FERRARA, VIA BRESCIA, 68.
Posteitaliane
A. Ferrara
Via Brescia 68
00198 Roma
PER ME?! STRANO, NON ASPETTO NIENTE.
VERAMENTE IO MI CHIAMO FERRARI! IL PACCO È PER ALICE!

OH, È VERO... È LA SIGNORA SVIZZERA DEL QUARTO PIANO, NO?
SÌ, LA MOGLIE DEL SIGNOR FERRARA.

STRANA COPPIA, LITIGANO SPESSO E... RICEVONO TANTI PACCHI!
INFATTI... BUONANOTTE SIGNORA GRANDI!

A Una strana coppia

1 *Ascoltate di nuovo e indicate l'affermazione corretta.*

1. Anna torna a casa
   a. in autobus
   b. a piedi
   c. in metro

2. Il cognome di Anna è
   a. Grandi
   b. Ferrara
   c. Ferrari

3. Il pacco è per
   a. Anna
   b. una signora svizzera
   c. la signora Grandi

4. I Ferrara sono una coppia
   a. che litiga spesso
   b. di italiani
   c. molto simpatica

2 *Adesso leggete il dialogo o guardate l'animazione e controllate le vostre risposte. Poi, se volete, rileggete ad alta voce con un compagno.*

3 *Usate le parole in blu del dialogo per completare le battute sotto le immagini.*

1. • Questo è un piccolo regalo per te!
   • __________ !

3. • Ciao Marta, __________?
   • Sì, grazie. E tu come stai?

2. • Buonanotte!
   • Buonanotte! __________

4. • Il film inizia alle 8, non alle 9!
   • __________, alle 8.

es. 1-2
p. 165

B Prendo l'autobus

1 *Sottolineate i verbi nel dialogo di pag. 30. Poi scrivete a destra i verbi che non conoscete.*

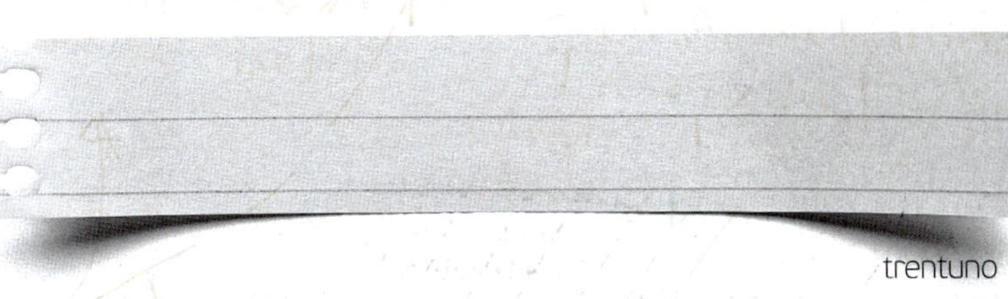

2 *Completate la tabella con i verbi dati.*

Presente indicativo: i verbi in -are e -ere

	parlare	prendere
io	______	prendo
tu	parli	______
lui, lei	parla	prende
noi	parliamo	______
voi	parlate	prendete
loro	______	prendono

prendi

parlano

parlo

prendiamo

3 *Lavorate in coppia. Fate una domanda con la forma giusta del verbo in blu. Il compagno guarda i disegni e risponde. Poi i ruoli cambiano.*

Con chi parli?

Parlo con Maria.

1. Mario, a chi scrivere?
2. Ragazzi, cosa mangiare?
3. Ma loro vivere in Italia o in Francia?
4. Che musica ascoltare Angela?
5. Voi quante e-mail ricevere al giorno?

es. 3-5
p. 165

4 *Scrivete i numeri al posto giusto, come negli esempi in blu. Attenzione: c'è un numero in più!*

______ trenta	______ settanta
______ trentuno	______ ottantadue
______ quaranta	______ novanta
______ cinquantatré	100 cento
60 sessanta	______ centouno

90 82 30 53
31 101 60 100
70 92 40

es. 6-7
p. 166

Chiudete il libro e ascoltate il dialogo: che cosa ha in comune con il dialogo di pag. 30? Poi fate l'attività C1.

Torniamo alla storia

Carla: Che bello camminare a Roma con questo tempo!
Gianni: ...E in buona compagnia!
Carla: Giusto!
Bruno: Buoni questi gelati!
Carla: Infatti, buonissimi!

Bruno: Allora, Anna, cos'è questa storia dei vicini di casa?
Gianni: Che storia?! Ci sono problemi?

Anna: No, no, solo che nel mio palazzo c'è una coppia un po' strana!
Carla: Cioè?

Anna: Lui torna molto tardi la sera, non saluta mai...
Carla: E va be', questo non è tanto strano.
Anna: ...e ogni settimana ricevono un pacco!
Gianni: Ok, ricevono molti pacchi, e con questo?

Anna: E poi ogni volta che lui riceve un pacco sembra nervoso... arrivano pacchi da tutto il mondo!
Bruno: Mah... e allora?

Carla: Sentite, ragazzi, perché non risolviamo questo "mistero" un'altra volta?
Anna: Hai ragione... ma sono sicura che quest'uomo nasconde qualcosa!

C Il "mistero"

1 *Ascoltate di nuovo il dialogo o guardate il video e indicate con una* **✘** *se le affermazioni sono vere o false. Poi leggete il dialogo e controllate le vostre risposte.*

	V	F
1. Bruno chiede informazioni sui vicini di casa di Anna.	▢	▢
2. Il signor Ferrara non è mai in casa.	▢	▢
3. Carla e Gianni sono molto preoccupati.	▢	▢
4. Per Anna c'è qualcosa di strano.	▢	▢
5. Tutti i pacchi arrivano dalla Svizzera.	▢	▢

2 **a** *In coppia cercate nel dialogo le espressioni per...*

esprimere accordo

b *In coppia cercate nel dialogo le espressioni per...*

chiedere spiegazioni

3 *Giocate a gruppi di tre o quattro.*

- *Uno studente sceglie un'immagine ed esprime un parere, come nell'esempio.*
- *Un compagno risponde con un'espressione dell'attività 2a. Poi esprime un parere su un'altra immagine.*
- *Un altro compagno risponde e così via.*

Potete usare più volte la stessa immagine, ma non potete ripetere le frasi dei compagni!

Secondo me, questo film è (non è) molto interessante.

film interessante/noioso

dialogo lungo/corto

ragazza simpatica/antipatica

donna grassa/magra

uomo basso/alto

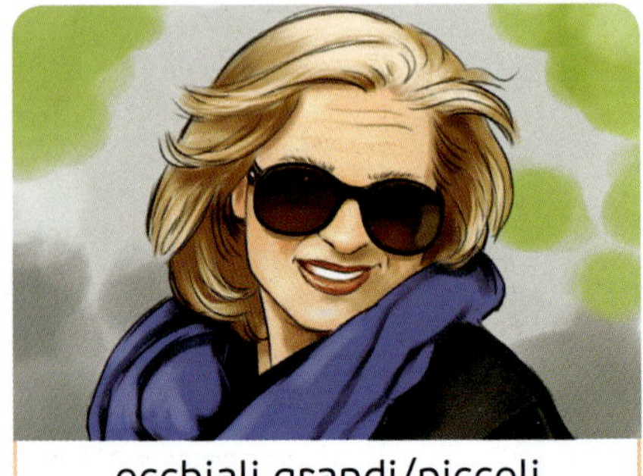

occhiali grandi/piccoli

es. 8-9
p. 166

4 *Trovate nel dialogo di pag. 33 gli articoli per completare la tabella.*

L'articolo indeterminativo

maschile	femminile
______ pacco / uomo	______ coppia
	un'amica
uno straniero / zaino	

5 *In coppia. A chiede a B dove lavora. B sceglie una foto e risponde "Lavoro in + articolo indeterminativo...". Poi i ruoli cambiano.*

es. 10-11
p. 167

gelateria

scuola d'italiano

altra città

ufficio

zoo

D Indovina chi...

1 *Ascoltate e scrivete gli aggettivi che sentite: sono importanti per risolvere il prossimo quiz!*

occhi

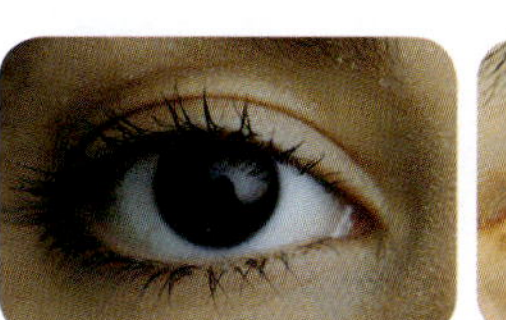
nerdi
Black

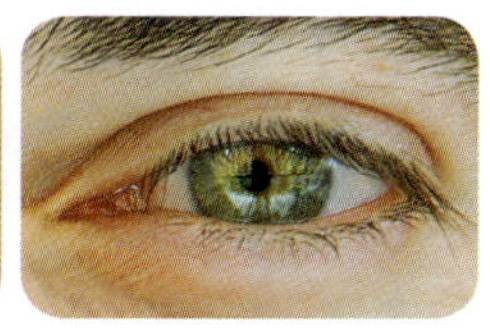
verdi
green

baffi

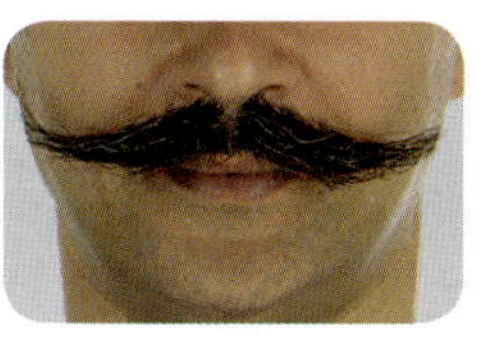
______
Long

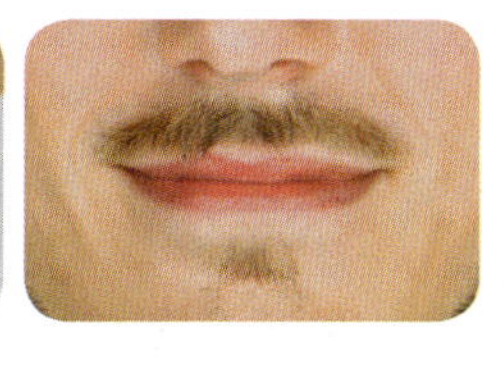
______
Short

capelli

Bionde
Blonde

castani
Brown

2 *Ascoltate il dialogo e, in coppia, indicate il signore e la signora Ferrara.*

Massimo Ferrara **Alice Ferrara**

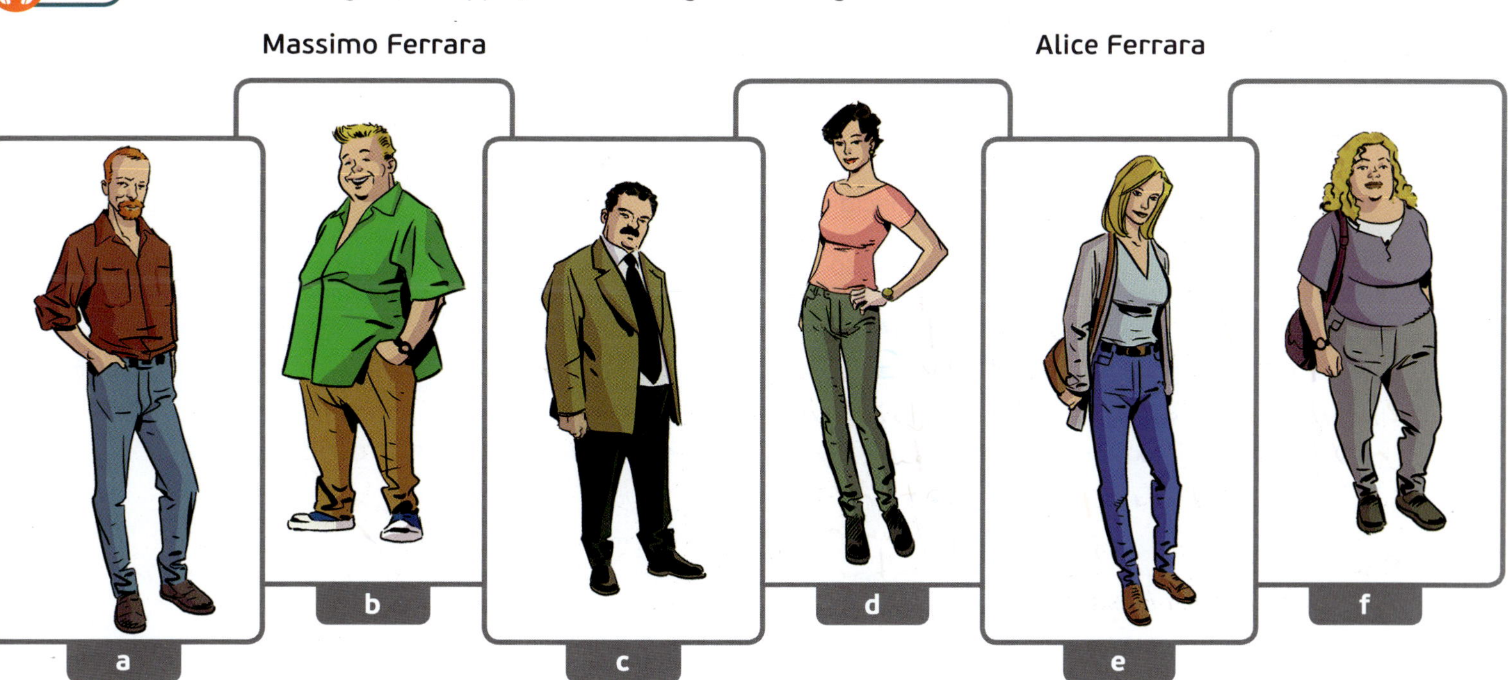

3 *Com'è...? Riascoltate il dialogo e indicate con una* **✗** *gli aggettivi giusti. Nell'ultima colonna scrivete A per azzurri, C per castani, N per* ***neri*** *e V per verdi.*

	È...				Ha i capelli...						Ha gli occhi...
	alto/a	**basso/a**	**magro/a**	**grasso/a**	**neri**	**biondi**	**rossi**	**castani**	**lunghi**	**corti**	
lui											
lei											

4 *Giocate in tre. A descrive a B uno dei personaggi della storia (pagg. 33 e 35). Se B indovina chi è, A e B vincono un punto. Poi B descrive un altro personaggio a C e così via. Vince chi arriva per primo a 3 punti!*

Ha i capelli... *Ha gli occhi...*
È alto... *È bruno...*

es. 12-14
p. 167

E) C'è una coppia...

1 *In coppia. Osservate l'immagine per 30 secondi. Poi, a libri chiusi, ognuno ha un minuto per scrivere cosa c'è sul tavolo, come nell'esempio. Vediamo chi scrive più frasi corrette!*

C'è un libro.
Ci sono due penne.

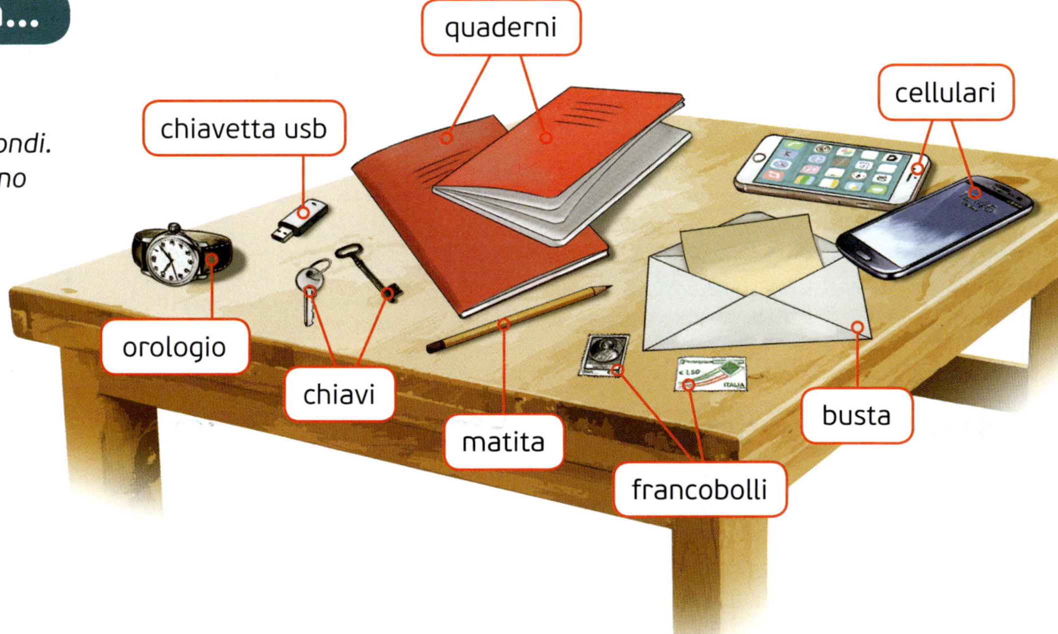

2 **a** *Ascoltate le parole. Notate la pronuncia della s.*

risposta	casa	basso	Brescia	maschile	signore

b *Ascoltate più volte e scrivete le parole nelle caselle celesti, sotto la pronuncia corrispondente.*

3 *Descrivete (aspetto fisico, età ecc.) un personaggio famoso (un/una cantante, un attore o un'attrice): vediamo se i compagni indovinano chi è.*

30-40

es. 15-18
p. 168

Nomi...

Sapete quali sono i nomi più comuni in Italia?
Ecco i primi 10!

Ora leggete i nomi italiani più lunghi!
Sono nomi doppi, cioè due nomi insieme: quali, secondo voi?

es. Mariaddolorata = Maria + Addolorata

Mariagiovanna Mariacristina Pierfrancesco Mariavittoria Gianbattista Mariafrancesca Mariaddolorata Pierdomenico Mariantonietta Giandomenico Giannantonio Michelangelo

Curiosità

Per fortuna tra amici è più facile...

Massimiliano ➜ Max o Massi
Alessandro ➜ Ale o Alex
Francesca ➜ Fra o Franci
Valentina ➜ Vale o Tina

es. 1-4
p. 170

...e cognomi

Alcuni cognomi italiani sono famosi in tutto il mondo:

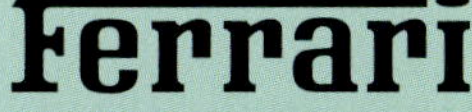

E voi conoscete altri cognomi?

Sapete che...?

L'Italia è un paese multicolore!

Alcuni colori sono anche dei cognomi italiani, ecco i più comuni:

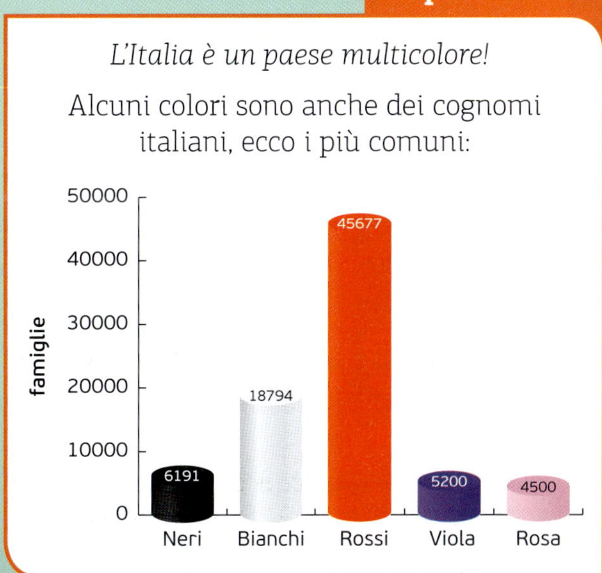

COMUNICAZIONE

Chiedere a una persona come sta	Dire come si sta
• Come stai? • Tutto bene?	• Sto bene. / • Abbastanza bene. • Sono molto stanca.

Esprimere accordo

È vero! Giusto!	Infatti! Hai ragione.

Chiedere spiegazioni

Cos'è questa storia dei vicini di casa? Che storia?! Ci sono problemi?	Cioè? E con questo? E allora?

Esprimere un parere

Secondo me, questo film (non) è molto interessante.

Chiedere e dire dove si lavora

• Dove lavori?	• Lavoro in un ufficio / in una scuola / in uno zoo / in un'altra città / in una gelateria.

Descrivere l'aspetto fisico

È basso/a. È grasso/a. Ha i capelli neri/biondi/rossi/castani, lunghi/corti. Ha i baffi. È bello/a. È bruno/a.	È alto/a. È magro/a. Ha gli occhi neri/verdi/azzurri/castani. Ha gli occhi grandi/piccoli. È giovane. È biondo/a.

GRAMMATICA

Presente indicativo dei verbi regolari di I e II coniugazione

	parlare*	prendere
io	parlo	prendo
tu	parli	prendi
lui, lei	parla	prende
noi	parliamo	prendiamo
voi	parlate	prendete
loro	parlano	prendono

*I verbi in *-iare* non prendono due *i* alle persone *tu* e *noi*, ma una sola (*tu mangi*, *noi mangiamo*).

I numeri da 30 a 101

30	trenta	70	settanta
31	trentuno	80	ottanta
40	quaranta	90	novanta
50	cinquanta	100	cento
60	sessanta	101	centouno

L'articolo indeterminativo

maschile	femminile
un pacco	una coppia
un uomo	un'amica
uno studente	
uno zaino	

c'è	Nel mio palazzo c'è una coppia un po' strana.
ci sono	Ci sono problemi?

1 *Trovate le parole relative alla scuola (4), alle nazionalità (6) e alla descrizione di una persona (10). Poi scrivete le parole nel pacco giusto, come nell'esempio in blu. Attenzione: ci sono sei parole in più!*

QUADERNO SPAGNOLE CINESE BAFFI MAGRA MASCHERA BELLA
GELATO OCCHI AZZURRI SONNO
UNDICI AMERICANA FRANCESI
PROFESSORE OLANDESE ALTO
ARGENTINO COPPIA COMPAGNO
CAPELLI ~~SIMPATICO~~ BIONDO
CARINA MISTERO MATITA

2 *Completate il dialogo con la forma giusta dei verbi e con le parole date.*

Maria: José! Anche tu a lezione con Carla?
José: Sì, Carla è molto brava... e anche carina, no?
Maria: Sì... ha il ragazzo, sai? Hamid, il ragazzo ______________(1).
José: Nooo!
Maria: Sì... e Jenny? Anche lei è carina!
José: Jenny? La ragazza un po' ______________(2), con gli occhiali...?
Maria: Sì, la ragazza americana.
José: Ma non è americana! È ______________(3), di Londra!
Maria: No, no... è di New York! ______________ (4. ricevere) sempre pacchi da New York!
José: Hmm... Forse è americana ma ______________ (5. vivere) a Londra?
Maria: ______________(6) Ah, ______________ (7. arrivare) Jenny! Ora ______________ (8. risolvere) insieme il mistero! E così tu ______________ (9. parlare) un po' con lei!
José: ______________(10)

" ma vai!
strana
boh...!
inglese
egiziano "

Un giro per Roma

Giocate in 3 o in 3 piccoli gruppi. A turno, tirate il dado e svolgete i compiti proposti. Se la risposta non è giusta, tornate indietro di due caselle. Se un giocatore arriva su un compito già svolto, fa un compito extra. Dopo, il turno passa al giocatore successivo. Vince chi arriva per primo a Villa Borghese. Attenzione alle caselle colorate: leggete la ***Legenda****!*

2. Trova e correggi l'errore: *La pizza sono buona.*
3. Presentati (nome, età, nazionalità, dove lavori).
4. Come si scrive *gelato*? Fai lo spelling.
5. Conta da 10 a 25.
7. Chiedi a un compagno come sta.
8. Qual è la parola estranea?
   neri – castani – corti – azzurri – grandi
9. "Sono di Venezia." Fai la domanda.
10. Sono le 11 di sera, vai a casa. Saluta gli amici.
13. Leggi: *chiavi*, *giorno*, *banco*, *centro*, *inglese*.
14. Quattro oggetti della classe.
15. Qual è l'articolo giusto? un/uno/una *studente*
16. Com'è...? Descrivi una compagna.
17. "Ho 45 anni." Fai la domanda.
19. Qual è il plurale di *problema*, *pacco*, *amico*?
21. Come si scrive *macchina*? Fai lo spelling.
22. Quali parole sono femminili?
    problema – case – storia – idee – cinema
23. Leggi e fai la somma: 14 + 8 = ...
24. Le prime tre persone dei verbi *vivere* e *mangiare*.
26. Una parola che inizia con la C [tʃ] di ciao e
    una che inizia con la C [k] di casa.
28. La prima persona dei verbi *chiamarsi*, *essere*, *ascoltare*, *avere*.
30. Leggi questo numero di cellulare: 339 2218592

Compiti extra

- Un amico dice: "Oggi sei strano..." Chiedi spiegazioni.
- Abbina sostantivo e aggettivo: ragazzo – vicina – amici – insegnanti
  simpatici – grassa – italiane – straniero
- Se hai fame, cosa prendi? *zaino – cellulare – spaghetti – pacco – palazzo*
- Le ultime tre persone dei verbi *scrivere* e *ascoltare*.
- Qual è il contrario di *basso*, *interessante*, *piccolo*?
- Trova l'errore: *Anna è venticinque anni.*
- 5 parole che iniziano per C.
- "Ciao, io sono Lucia." Rispondi.
- Il presente del verbo *stare*.
- 3 saluti.

Legenda
caselle verdi: tirate il dado un'altra volta!
caselle rosse: tornate indietro di tre caselle!

PIAZZA DEL POPOLO
PIAZZA DI SPAGNA
VILLA BORGHESE
ARRIVO
VIA DEL CORSO
FONTANA DI TREVI
SANTA MARIA MAGGIORE
PANTHEON
VITTORIANO
PIAZZA NAVONA
COLOSSEO
BOCCA DELLA VERITÀ
CIRCO MASSIMO
TRASTEVERE
PIRAMIDE
5
6
7
8
9
10
11
12
13
14
15
16
17
18
19
20
21
22
23
24
25
26
27
28
29
30

3 Che confusione!

a *Leggete ad alta voce le parole. Trovate i sette errori e scrivete le parole nel vaso giusto. Attenzione: la prima parola è sempre corretta!*

b *Ora scrivete nella tabella i sostantivi dell'attività 3a e completate come nell'esempio in blu. Attenzione: un sostantivo è già al plurale!*

articolo	sostantivo	maschile	femminile	plurale	
la	frase		✔	le	frasi
—	—				

Al lavoro! Lui/Lei è...

Lavorate a gruppi di due o tre.

1. *Preparate un breve questionario per conoscere i vostri compagni: nome, cognome, numero di telefono, indirizzo email e la parola preferita delle unità 1-3.*
2. *Girate per la classe: ognuno intervista un compagno. Tornate nel gruppo e create dei biglietti da visita. Inoltre, disegnate o scrivete la parola italiana preferita, come negli esempi a destra.*
3. *Mescolate i biglietti. A turno, prendete un biglietto e presentate il compagno alla classe.*
4. *Se è possibile, attaccate i biglietti sulla cartina (del mondo o del vostro Paese) che avete in classe.*

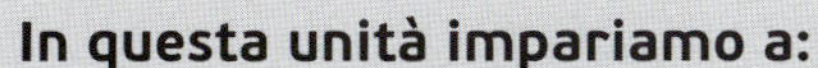

In questa unità impariamo a:

- ringraziare (II) e rispondere a un ringraziamento
- rispondere al telefono
- chiedere e dire il prezzo
- esprimere possesso (I)
- ordinare al bar
- usare la forma di cortesia

Un incontro

Unità 4

Pronti?

1 2 3 4 5 6 7 e

1 *In coppia, fate l'abbinamento come nell'esempio in blu.*

a. il tavolino b. il banco c. i panini d. la cassa
e. i cornetti f. il barista g. la macchina per il caffè

2 *Nel vostro Paese ci sono locali come quello nell'immagine? Quali sono le differenze?*

3 *Mettete in ordine le foto come nell'esempio in blu. Poi ascoltate il dialogo o guardate il video per controllare le vostre risposte. Dopo fate l'attività A1.*

a 3

b

c

d

Carla: Buongiorno. Io prendo un macchiato e... un cornetto. Tu prendi qualcosa da mangiare?

Anna: Sì, anch'io ho un po' di fame. Vediamo... eh, un panino.

Carla: Un caffè macchiato, un cornetto alla crema e...

Anna: ...un panino con prosciutto crudo e mozzarella, un caffè e un'acqua piccola. Offro io!

Carla: Grazie!

Anna: Figurati! Quant'è?

cassiera: Sei euro e novanta.

Anna: Il caffè lungo, per favore!

Carla: Buono! Allora? Con Bruno, tutto bene?

Anna: Benissimo! E tu?

Carla: Cosa io?

Anna: Novità?

Carla: Veramente no, è un periodo abbastanza... tranquillo!

Anna: Hmmm... e... Gianni?

Carla: Gianni?! Gianni cosa?! Ok, è simpatico, ma... tutto qui! Ma perché chiedi?

Anna: Non so... secondo me, per lui non è così!

Carla: Dai... no, impossibile! ...Pronto? Oh, ciao. Bene, grazie! Domani? Finisco alle 8. Certo, perché no? Va bene, ciao, a domani! ...Gianni!

Anna: Noo!!!

A) Offro io!

BAR DEL CORSO

LISTINO PREZZI	€
CAFFÈ	1,00
CAFFÈ AL GINSENG	1,30
CAFFÈ FREDDO	1,20
CAPPUCCINO	1,30
CIOCCOLATA CALDA	2,50
TÈ	1,40
BRIOCHE	1,00
BRIOCHE (CREMA, CIOCCOLATO)	1,20
PANINI	2,70
TRAMEZZINI	1,30
ACQUA (bottiglia ½ litro)	1,00
ACQUA (bottiglia 1 litro)	1,50
SUCCHI DI FRUTTA	2,00
BIBITE	1,70
TÈ FREDDO	2,00
APERITIVI	2,50

1 *Osservate il listino del bar. Poi guardate o ascoltate di nuovo e indicate la risposta giusta.*

Le due ragazze pagano:
a. 4,50 €
b. 5,90 €
c. 6,90 €

2 *Adesso leggete il dialogo. Secondo voi, quali domande fa Gianni a Carla?*

a. Dove sei?
b. Come stai?
c. Domani a che ora finisci di lavorare?
d. Che cosa prendi da bere?
e. Hai tempo per un caffè?

3 **a** *Completate le caselle celesti con due espressioni del dialogo.*

Ringraziare

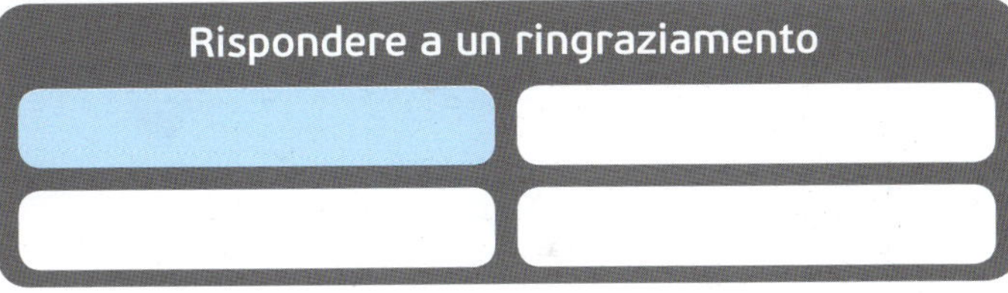

b *Ascoltate i mini dialoghi e completate anche le caselle bianche.*

4 *Lavorate in coppia: uno studente è A e l'altro è B. Completate oralmente i dialoghi con le espressioni dell'attività 3a. Poi scrivete le vostre risposte.*

A: Offro io oggi.
B: ____________________
A: ____________________

A: Ecco il tuo libro!
B: ____________________
A: ____________________

B: Il mio regalo per te!
A: ____________________
B: ____________________

B: Che bella la tua gonna!
A: ____________________
B: ____________________

es. 1-2
p. 171

B Finisco alle 8

1 *Ascoltate e completate la tabella. Notate le differenze tra i due verbi.*

Presente indicativo: i verbi in -ire

(dormire, aprire, partire, sentire, ecc.) ← offrire | finire → (pulire, capire, preferire, spedire, *e molti altri!*)

	offrire		finire	
io	______		______	
tu	offri		finisci	
lui, lei	offre	*il caffè*	finisce	*alle 2*
noi	offriamo		finiamo	
voi	offrite		finite	
loro	offrono		finiscono	

2 *Sostituite l'infinito con il verbo alla persona indicata dal dado (1 = io, 2 = tu, 3 = lui/lei ecc.).*

a

Dormire ancora?

b

Preferire la pasta?

c

Capire questa frase?

d

Oggi pulire la casa.

e

Aprire i regali.

f

Partire domani.

es. 3-5 p. 171

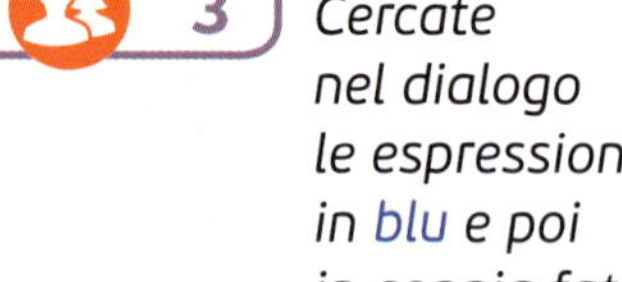

3 *Cercate nel dialogo le espressioni in blu e poi in coppia fate l'abbinamento.*

- Cosa prendi?
- Pronto?
- Io prendo un tè.
- Quant'è?

- Sono tre euro e novanta.
- Anch'io.
- Ciao Mario, sono Gianni!
- Un caffè, per favore!

4 **a** *Ascoltate e ripetete le parole. Notate la pronuncia della z.*

zero mozzarella tramezzino grazie abbastanza

b *Ascoltate e scrivete le parole accanto alla pronuncia corrispondente.*

abbastanza, grazie, mozzarella:

tramezzino, zero:

es. 6-7 p. 173

C) È lui!

1 *Guardate i disegni di questa pagina, senza leggere le battute: secondo voi, che cosa ordinano Gianni e Carla? Di che cosa parlano?*

2 *A libri chiusi ascoltate una o due volte il dialogo. Poi rispondete alle domande.*

1. Che cosa ordina Gianni? E Carla?
2. Da quanti anni sono amiche Carla e Anna?
3. Chi è l'uomo che guarda Gianni?
4. Perché Gianni esprime sorpresa alla fine?

3 *Completate il dialogo con le parole date. Poi riascoltate o guardate l'animazione e controllate le vostre risposte.*

occhi ◆ vicino ◆ macchina ◆ amiche
frutta ◆ storia ◆ normale

4 *In coppia cercate nel dialogo le espressioni che possiamo usare al posto di quelle sotto in blu.*

a. Lei è la mia più cara amica.
b. Cos'hai, sei un po' stanco?
c. A dire la verità, non credo a questa storia.

questo
quello

5 *Quali di queste espressioni è possibile sentire in un dialogo tra un cliente e un cameriere?*

Per me un...
Vorrei una...
Una..., per favore!
Cosa prendiamo?
Per Lei?
Quanti anni ha?
Grazie mille!
Hai ragione!
Di dove sei?

6 *Role-play in tre.*
A e B sono seduti in un bar, guardano il listino (pag. 45) e discutono su cosa prendere.
C è il cameriere che prende l'ordinazione.
A e B possono "tormentare" il cameriere cambiando più volte idea!

es. 8-11 p. 173

7 *Di chi è? Leggete le frasi e completate la tabella.*

"Che bella la tua gonna!"
"Il mio regalo per te!"
"Quella è la sua macchina?!"

I possessivi (I)

maschile	femminile
il ______	la mia
il ______ caffè	la tua amica
il suo	la ______

es. 12 p. 174

D Un macchiato, per favore!

1 *Per gli italiani "caffè" è sinonimo di "espresso". Spesso, però, non basta ordinare "un caffè"... Guardate le immagini e rispondete alle domande.*

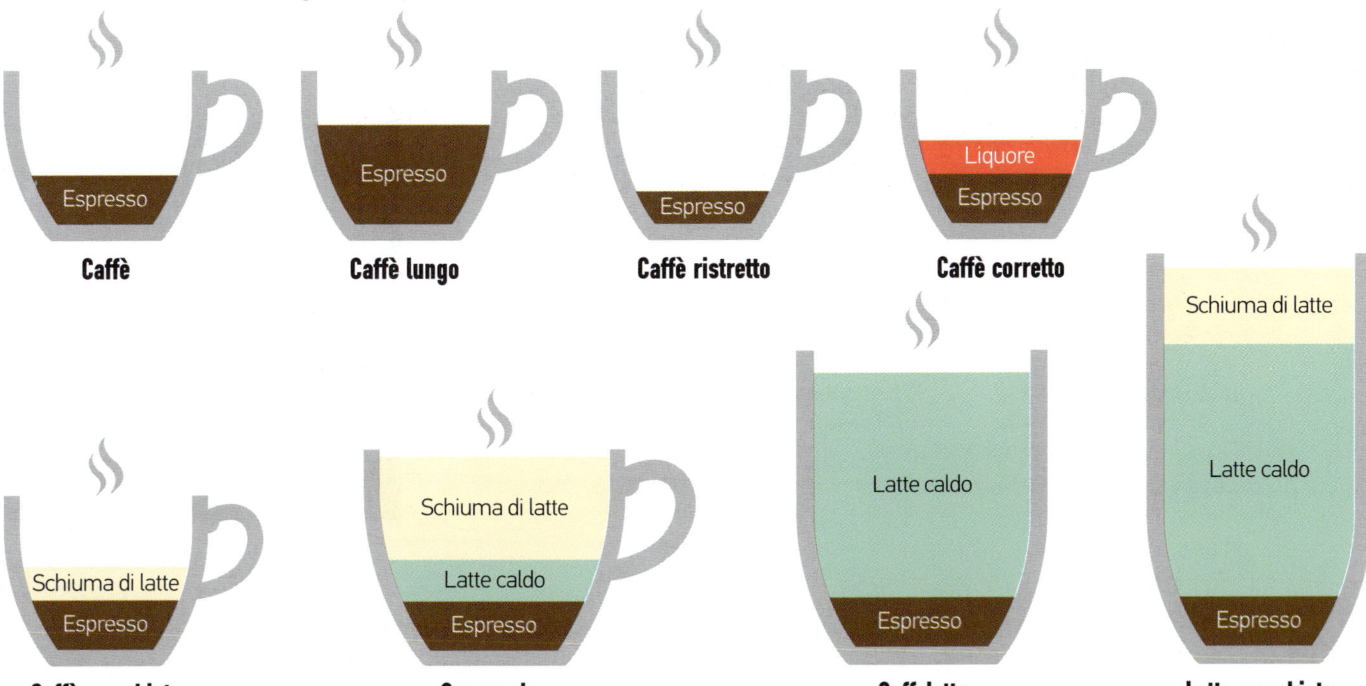

a. Quali tipi di caffé conoscete? Ci sono nel vostro Paese?
b. Secondo voi, quale caffè preferiscono gli italiani?

2 *Ascoltate la prima parte di un'intervista a una barista e indicate l'affermazione giusta.*

il/la barista

1. Di solito gli italiani ordinano
   a. caffè normale o caffè macchiato
   b. caffè con panna o caffè lungo
   c. latte macchiato o caffelatte
2. A colazione preferiscono
   a. caffelatte e brioche
   b. latte macchiato e spremuta d'arancia
   c. cappuccino e brioche

Sandwich w/ △ shape

1 49 **3** *Ora ascoltate tutta l'intervista e indicate con una ✘ i prodotti che sentite.*

- ☐ tramezzino
- ☐ tè verde
- ☐ yogurt
- ☐ brioche
- ☐ caffè freddo
- ☐ aperitivo
- ☐ acqua minerale
- ☐ spremuta d'arancia
- ☐ caffè al ginseng

4 **a** *In coppia. Nel listino di un bar A vede i caffè di pag. 49, ma non sa come sono. Fa delle domande al cameriere (B), come negli esempi. B risponde e A ordina.*

Cos'è il...? *C'è il...?*

b *In coppia. Osservate per 30 secondi i caffè di pag. 49, scegliete quello che preferite e chiudete i libri. Poi a turno, fate due domande per indovinare il caffè del vostro compagno.*

E E per Lei?

1 *Guardate la vignetta a destra. Poi indicate con una ✘ le frasi che usiamo per essere gentili con persone che non conosciamo bene.*

- Ciao Mario! ☐
- E Lei come si chiama? ☐
- Stai bene? ☐
- Scusa, di dove sei? ☐
- Buongiorno signora, cosa prende? ☐
- Scusi, posso avere un listino? ☐
- Come sta, signor Moretti? ☐

2 *Mettete in ordine le battute. Poi trasformate il dialogo, usando la "forma di cortesia", come nell'esempio in blu.*

tu	Lei
1 - Ciao Dino, come stai?	• Buongiorno signor Mattei, ______
☐ - Anch'io.	• ______
☐ - Bene. Cosa prendi?	• ______
☐ - Bene, grazie, e tu?	• ______
☐ - Un caffè, tu?	• ______

3 *Un vostro amico italiano vuole conoscere alcune abitudini del vostro Paese: qual è la bevanda "nazionale"? C'è un locale simile al bar italiano? Che cosa è possibile mangiare/bere lì?*

30-50

es. 13-14 p. 175

Test

Il bar

È il principale luogo di incontro degli italiani ed è aperto quasi tutto il giorno.

Caffè Florian, Piazza San Marco, Venezia

Perché andare al bar?

- Per fare colazione, mangiare un panino per pranzo o bere semplicemente un caffè.
- Per leggere il giornale e, in alcuni bar, per guardare in compagnia lo sport in TV.
- Per prendere l'**aperitivo*** prima di cena e per bere qualcosa o mangiare un gelato dopo cena.

Caffè Gambrinus, Napoli

Curiosità

**Che cos'è l'aperitivo?*

Una bevanda alcolica o analcolica che beviamo in genere prima di pranzo o di cena, insieme a degli **stuzzichini**.

L'aperitivo più famoso al mondo è lo spritz.

Che cosa ordiniamo al bar?

Bevande calde come il caffè e il cappuccino, alcolici, bevande fredde, gelati, paste e cornetti per la colazione, panini, **tramezzini** o piatti freddi per il pranzo.

es. 1-2 p. 176

Sapete che...?

Nei bar è possibile consumare in piedi o seduti ai tavolini, anche all'aperto, ma... ricordate: al tavolo a volte costa di più!

Alcuni bar sono anche **tabaccherie** e vendono molte cose: sigarette, giornali, biglietti dell'autobus ecc.

COMUNICAZIONE

Ringraziare
- Grazie!
- Grazie tante!
- Ti ringrazio!
- Grazie mille!

Rispondere a un ringraziamento
- Figurati!
- Prego!
- Di niente!
- Grazie a te!

Rispondere al telefono
Pronto?

Chiedere il prezzo
- Quant'è?

Dire il prezzo
- Sono sei euro e novanta.

Ordinare al bar
- Prendi qualcosa da mangiare?
- Cosa prendiamo?
- Prego? / E per Lei?

- Per me un succo di frutta.
- Vorrei una cioccolata calda!
- Un macchiato, per favore!

Esprimere possesso
Anna è la mia migliore amica.
Quella è la sua macchina?

Com'è la tua cioccolata?

Dare del Lei (forma di cortesia)
E Lei come si chiama?
Scusi, posso avere un listino?
E per Lei, signora?

Come sta, signor Moretti?
Buongiorno signora, cosa prende?

GRAMMATICA

Presente indicativo dei verbi regolari di III coniugazione

	offrire	finire
io	offro	finisco
tu	offri	finisci
lui, lei, Lei	offre	finisce
noi	offriamo	finiamo
voi	offrite	finite
loro	offrono	finiscono

I pronomi dimostrativi

	maschile		femminile	
	singolare	plurale	singolare	plurale
questo	questo	questi	questa	queste
quello	quello	quelli	quella	quelle

I possessivi (I)

	singolare	
	maschile	femminile
(io)	il mio	la mia
(tu)	il tuo	la tua
(lui, lei, Lei)	il suo, il Suo	la sua, la Sua

I sostantivi in -ista

maschile		femminile	
singolare	plurale	singolare	plurale
il barista	i baristi	la barista	le bariste

In questa unità impariamo a:

- invitare
- accettare o rifiutare un invito
- parlare del tempo libero
- dire con che frequenza si fa qualcosa
- chiedere e dire l'ora
- contare fino a 10.000

Un invito

Unità 5

Pronti?

1 *Abbinate le foto ai passatempi, come nell'esempio in blu.*

1. andare al cinema/a teatro
2. ascoltare la musica
3. uscire con gli amici
4. andare a ballare
5. fare sport
6. guardare la tv
7. leggere
8. stare sui social media
9. cucinare

5

2 *Secondo voi, quali sono i passatempi dei giovani? E delle persone adulte?*

3 *E voi che cosa amate fare nel tempo libero?*

Mi piace fare...

Amo andare...

Preferisco leggere...

A A che ora ci vediamo?

1 *Guardate le immagini della storia. Poi leggete le frasi a-d e mettetele in ordine (1-3). Attenzione: una frase è falsa!*

a. ☐ Bruno chiama Gianni.
b. ☐ Anna parla con Bruno.
c. ☐ Gianni chiama Carla.
d. ☐ Carla telefona ad Anna.

2 *Ascoltate il dialogo o guardate il video e controllate le vostre risposte.*

3 *Riascoltate e leggete il dialogo. Poi indicate con una ✘ le affermazioni vere.*

Bruno: Oggi?! Ma c'è lo sport in tv! Perché non andiamo in quel nuovo locale vicino a casa tua domani?

Anna: Volentieri! Un attimo, chiedo a Carla... Bruno propone un locale qui vicino... domani, però.

Carla: Perfetto! A che ora ci vediamo? Ah... un secondo... Gianni, allora, niente sushi, ma domani sera vado a ballare con Anna e Bruno, vieni?

Gianni: Domani?! Mi dispiace, ma domani ho da fare!
Carla: Peccato... beh, magari un'altra volta, ok?
Gianni: Certo...

1. Gianni invita Carla a mangiare sushi. ☐
2. Carla rifiuta perché preferisce andare al cinema. ☐
3. Carla e Anna non mangiano il sushi. ☐
4. Bruno non ha voglia di andare al cinema. ☐
5. Bruno propone di andare a ballare. ☐
6. Alla fine vanno a ballare tutti insieme. ☐

4 *Cercate nel dialogo questi inviti (nuvolette celesti) e scrivete a destra le relative risposte. Poi indicate con ☺ le risposte positive e con ☹ quelle negative.*

Invitare

...perché non andiamo in quel nuovo locale?

...hai voglia di uscire oggi? A mangiare sushi magari?

...vieni?

...perché non andiamo al cinema?

...andiamo a mangiare sushi stasera?

Accettare / Rifiutare

5 *Ora tocca a voi! Scegliete un personaggio e recitate il dialogo. Potete cambiare le risposte se volete... Chissà se Carla accetta l'invito di Gianni!*

es. 1-2
p. 177

B Andiamo a ballare?

1 *Rileggete il dialogo a pag. 54 e completate la tabella. Poi cerchiate il verbo corretto nelle frasi a-d.*

	andare	venire
io	________	vengo
tu	vai	________
lui, lei, Lei	va	viene
noi	________	veniamo
voi	andate	venite
loro	vanno	vengono

a. Vado in ufficio. Tu dove vai/vieni?
b. Andate/Venite a casa mia domenica sera? Faccio una festa!
c. Mamma, vado/vengo da Elena per studiare, ok?
d. Vai/Vieni a Firenze con me venerdì?

es. 3-5 p. 177

2 *Ascoltate le frasi e scrivete al posto giusto scuola, Italia, mare, un'amica, piedi.*

andare / venire **in** ufficio ________ vacanza macchina centro

andare / venire **a** Firenze casa ________ teatro ________ ballare

andare / venire **al*** ________ cinema bar

*(al = a + il)

andare **da** ________ Elena

altre preposizioni p. 241

3 *Ascoltate di nuovo e scrivete i giorni che mancano.*

lunedì	martedì	________	giovedì	venerdì	sabato	________
25 GENNAIO	26 GENNAIO	27 GENNAIO	28 GENNAIO	29 GENNAIO	30 GENNAIO	31 GENNAIO

4
- *Giocate tutti insieme. Per 30 secondi guardate le foto sotto e le attività del tempo libero di pag. 53.*
- *Girate per la classe e invitate i vostri compagni a fare qualcosa con voi la settimana prossima. Attenzione: non più di un'attività al giorno!*
- *Vince chi per primo riceve quattro risposte positive. Se ricordate i passatempi preferiti dai compagni (attività 3 a pag. 53), avete più possibilità di vincere!*

andare a un concerto

visitare un museo

fare una passeggiata

es. 6-8 p. 178

C Adesso basta!

1 *Chiudete il libro e ascoltate il dialogo: secondo voi, chi sono le persone che litigano?*

2 *Riascoltate e indicate l'affermazione corretta. Poi leggete il dialogo o guardate l'animazione.*

1. I signori Ferrara litigano perché
   a. lei è preoccupata
   b. lui spende troppi soldi
   c. lui non ha voglia di parlare

2. Secondo Anna, il sig. Ferrara è un "criminale" perché
   a. litiga spesso con la moglie
   b. parla di prigione e di soldi
   c. la moglie ha sempre paura

3 *Completate le frasi con tre delle espressioni date.*

1. adesso basta
2. non ho voglia di
3. nemmeno io
4. lo so
5. ho intenzione di

a. • Ma perché non vieni con noi sabato?
   • Scusa, ma ____ uscire in questo periodo.

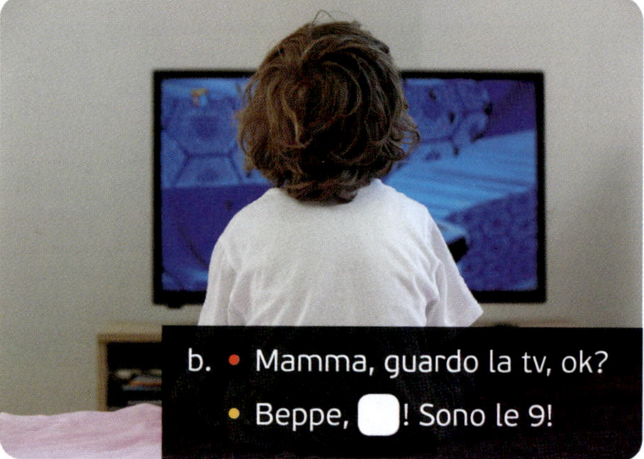

b. • Mamma, guardo la tv, ok?
   • Beppe, ____! Sono le 9!

c. • Sai che Stefano va a correre ogni giorno?
   • Sì, ____.

4 *Scrivete una frase con una delle espressioni dell'attività C3.*

5 *Quante volte? Completate con due parole che trovate nella prima parte del dialogo.*

________ spesso qualche volta raramente ________

6 › Giocate a gruppi di 4. A fa un'ipotesi su B (cosa fa nel tempo libero e quanto spesso), come nell'esempio. B conferma o meno, poi fa un'ipotesi su C e così via.

Secondo me, Stefano va spesso / non va mai al cinema.

› Se indovinate o ricordate i passatempi dei compagni, vincete 1 punto; se indovinate anche la frequenza, 2! Vince chi arriva a 5 punti!

es. 9-10 p. 179

7 *Cercate nella seconda parte del dialogo i verbi per completare la tabella.*

	fare	sapere
io	______	______
tu	fai	sai
lui, lei, Lei	______	sa
noi	facciamo *sport*	sappiamo *tutto*
voi	fate	sapete
loro	fanno	sanno

es. 11-12 p. 179

D Che ore sono?

1 a *Ascoltate i mini dialoghi e sottolineate le cinque frasi che sentite.*

1. Sono le otto meno dieci. 2. Sono le dieci e mezza. 3. È mezzanotte. 4. È mezzogiorno. 5. Sono le tre e venti. 6. Sono le due e un quarto. 7. Sono le sei meno venti. 8. È l'una.

b *Adesso abbinate le otto frasi agli orologi, come nell'esempio in blu.*

2 *Giocate in coppia. A turno, rispondete alle domande "Che ore sono?", ma ogni volta aggiungete 15 minuti, come nell'esempio. Il primo che sbaglia l'ora perde!*

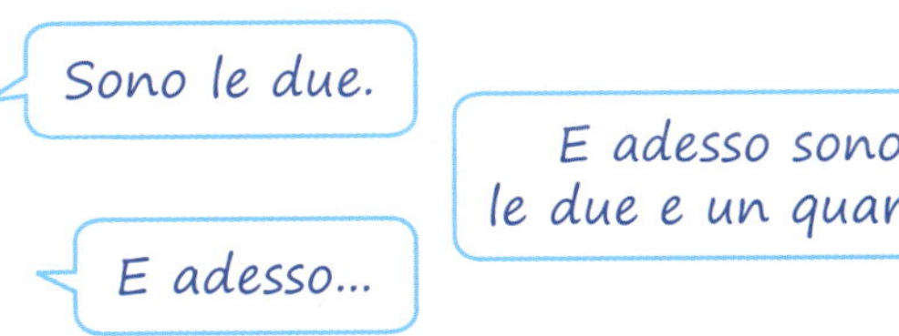

es. 13-14 p. 180

3 *Il signor Ferrara parla di 10.000 euro... Sottolineate i numeri che sentite. Poi leggete tutti i numeri.*

101 duecentotrentanove 253 trecento 328 cinquecentotrentuno
602 seicentosettanta 744 ottocentosedici 875
novecentosettantanove mille 2.020 diecimilacentocinquantasette

es. 15 p. 181

4 ***Che tipo sei?*** *Possiamo capire molto di una persona da come passa il tempo libero. Fate questo veloce test e... scoprite che tipi siete!*

1. Quante ore al giorno guardi la tv?
   a. 1-2
   b. 2-3
   c. Più di 4

2. Cosa preferisci fare?
   a. Stare su Facebook
   b. Stare con gli amici
   c. Fare una passeggiata

3. Vai al cinema e a teatro?
   a. No, quasi mai
   b. 1-2 volte all'anno
   c. Almeno una volta al mese

4. Esci spesso con gli amici?
   a. Ogni volta che è possibile
   b. Mah, non così spesso
   c. Quali amici?!

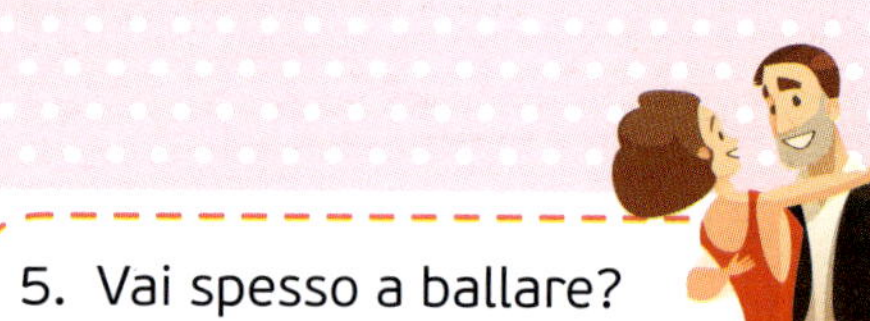

5. Vai spesso a ballare?
   a. A ballare, io?!
   b. Qualche volta
   c. Almeno una volta al mese

6. Fai sport?
   a. Sì, spesso
   b. Qualche volta
   c. No, quasi mai... anzi mai!

7. Quanto tempo passi sui social media?
   a. Un'ora al giorno
   b. 2-3 ore al giorno
   c. Non amo i social media

8. Quanti libri leggi all'anno?
   a. 2-3
   b. Più di 5
   c. Prossima domanda?

*Calcolate **0** punti per le risposte in **nero**, 1 punto per quelle in blu e 2 per quelle in rosso. Leggete i risultati del test: siete d'accordo?*

0-4 punti: Forse preferisci rimanere a casa da solo e probabilmente non fai tante cose nel tuo tempo libero. Un consiglio? Esci di casa e passa più tempo con gli altri.

5-10 punti: Forse non hai tantissimi amici, ma i tuoi interessi sono molto vari. Un consiglio? La prossima volta che vai al museo, chiama un amico.

11-16 punti: Sei una persona socievole, con molti interessi. Dedichi più tempo alle persone e meno alla tecnologia. Un consiglio? Continua così!

30-50

5 *Un nuovo amico su Facebook ti manda questo messaggio: rispondi.*

Io faccio sport tre volte alla settimana. E tu, come passi il tempo libero?

es. 16
p. 181

Gli italiani e il tempo libero

Nel tempo libero gli italiani amano mangiare bene e fare attività fisica. Infatti, quando è possibile, vanno a cena fuori, al ristorante o in pizzeria, e in palestra.

Nei fine settimana agli italiani piace anche visitare musei e altre città, anche per provare e comprare i prodotti locali.

Sassi di Matera

Galleria degli Uffizi, Firenze

Piazza dei Signori, Padova

La piazza

Nelle grandi città, nei piccoli paesi, di giorno e di sera, la piazza è il luogo d'incontro degli italiani: passeggiano, chiacchierano, bevono qualcosa in compagnia. Inoltre, in piazza ci sono spesso concerti, festival, cinema all'aperto, il mercato...

es. 1-2
p. 182

I passatempi

Gli italiani hanno molti passatempi... Vediamo quali sono!

- Guardare lo sport in tv
- Fare spese
- Leggere libri
- Leggere giornali sportivi/riviste
- Giocare ai videogiochi
- Giocare a calcetto
- Fare corsi di ballo/Andare a ballare
- Vedere film e serie tv
- Fare corsi di cucina/Cucinare
- Fare attività artistiche

Quali di questi sono diffusi anche nel vostro Paese?

Secondo voi, ci sono passatempi più maschili o più femminili?

E a voi che cosa piace fare? 😊

Curiosità

Qual è il passatempo più italiano?
Fare l'aperitivo con gli amici!

5 Sintesi

COMUNICAZIONE

Parlare del tempo libero

Mi piace fare/andare/uscire... Amo andare/cucinare/leggere...	Preferisco guardare/fare/ascoltare...

Invitare

- Perché non andiamo in quel nuovo locale?
- Hai voglia di uscire?
- Perché non andiamo al cinema?
- Vado a ballare con Anna e Bruno, vieni?
- Andiamo a mangiare sushi?

Accettare/Rifiutare un invito

- Volentieri!/Perfetto!
- Perché no?
- Bella idea!
- Mi dispiace, ma ho da fare.
- No, non mi piace molto il sushi.

Chiedere l'ora

- Che ore sono?
- Che ora è?

Dire l'ora

- Sono le sei meno dieci/venti.
- Sono le otto meno un quarto.
- Sono le tre e venti.
- Sono le due e un quarto.
- Sono le dieci e mezza.
- È mezzanotte/mezzogiorno/l'una.

GRAMMATICA

Presente indicativo di alcuni verbi irregolari

	andare	venire	fare	sapere
io	vado	vengo	faccio	so
tu	vai	vieni	fai	sai
lui, lei, Lei	va	viene	fa	sa
noi	andiamo	veniamo	facciamo	sappiamo
voi	andate	venite	fate	sapete
loro	vanno	vengono	fanno	sanno

Le preposizioni **in**, **da**, **a**, **al** (*a + il*)

andare/venire	in Italia / in ufficio / in vacanza / in macchina / in centro a Firenze / a casa / a scuola / a teatro / a piedi / a ballare al mare / al cinema / al bar
andare	da un'amica / da Elena

I giorni della settimana

lunedì
martedì
mercoledì
giovedì
venerdì
sabato
domenica

Avverbi ed espressioni di frequenza

Tu hai sempre paura!
Litiga spesso con la moglie.
Qualche volta vado a ballare.
Raramente vado a teatro.
Non hai mai voglia di discutere!

I numeri da 101 a 10.000

101	centouno	600	seicento	2.000	duemila	6.500	seimilacinquecento
200	duecento	700	settecento	3.000	tremila	7.000	settemila
300	trecento	800	ottocento	4.000	quattromila	8.000	ottomila
400	quattrocento	900	novecento	5.000	cinquemila	9.000	novemila
500	cinquecento	1.000	mille	6.000	seimila	10.000	diecimila

In questa unità impariamo a:

- esprimere incertezza e dubbio
- parlare di professioni
- chiedere e dire l'orario
- chiedere ed esprimere una data (I)
- chiedere e dire che giorno è
- chiedere e dire la data di nascita

Unità 6 Il colloquio

Pronti?

1 *Lavorate in coppia. Osservate i disegni di questa pagina: qual è, secondo voi, la professione più interessante? E quella più difficile? Poi confrontatevi con le altre coppie.*

1 58 **2** *Ascoltate il dialogo o guardate il video: indicate con una ✘ le professioni che sentite.*

☐ Segretaria

☐ Avvocato

☐ Istruttore di palestra

☐ Cuoca

☐ Operaio

☐ Commessa

3 *Di che cosa parlano Gianni e Bruno? Come finisce il dialogo? Poi fate l'attività A1.*

Bruno: Allora, è vero che cerchi lavoro?
Gianni:
Bruno: Infatti. E allora?
Gianni: Vediamo... cameriere... no. Cuoco... certo! Impiegato... esperienza necessaria.
Bruno: Ok, altro?
Gianni: Hmm... grafico... sì, buonanotte! Ah, istruttore di palestra! Cosa, laureato?! Per questo c'è tanta disoccupazione!
Bruno: Dai, troviamo qualcosa sicuramente. Commesso? No, bisogna avere bella presenza... Ecco: operaio!
Gianni: Operaio?!
Bruno: Va be', la solita storia... Ehi, ho un'idea!
Gianni: Cioè?
Bruno:
Gianni: Ma allora è troppo tardi... hanno già un direttore!
Bruno: Dai, so che cercano qualcuno... un segretario, credo! Chissà se siamo ancora in tempo!
Gianni: Segretario?!
Bruno: Sì, signor principe, perché? Cerco di fissare un colloquio?
Gianni: Mah, non so...
Bruno: Va bene, io chiamo!

A Non fa per me!

1 *Ascoltate o guardate di nuovo e fate l'abbinamento.*

1. Per il posto di impiegato è necessario avere
2. Per lavorare come istruttore di palestra bisogna avere la
3. Per fare il commesso bisogna avere
4. Un professore di Bruno conosce il direttore del
5. Bruno fa una telefonata per fissare un

- laurea
- colloquio di lavoro
- Museo Romano
- esperienza
- bella presenza

2 *Adesso leggete e completate il dialogo con le battute a, b e c.*

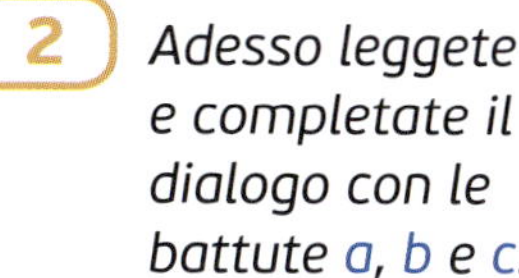

a. Cioè andare al lavoro alle 7 del mattino? Non fa per me!

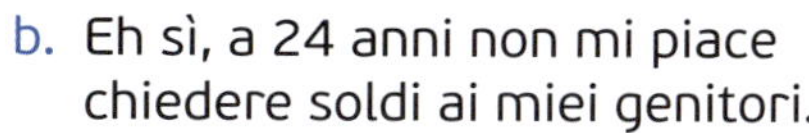

b. Eh sì, a 24 anni non mi piace chiedere soldi ai miei genitori.

c. Un mio professore dell'università conosce il direttore del Museo Romano.

3 *C ompletate la tabella con due delle parole/espressioni evidenziate in blu nel dialogo.*

Esprimere incertezza e dubbio			
probabilmente	penso di sì	forse	credo di no
magari	______	______	

AB 4 *In coppia parlate di alcune professioni: A rimane su questa pagina, B va a pag. 148.*

› *Sei A: esprimi la tua opinione sulle seguenti professioni e B esprime la sua. Puoi usare queste parole:*

facile/difficile ◆ interessante/noioso ◆ creativo
faticoso ◆ stipendio alto/basso

Secondo me, il lavoro del/dell'... è interessante!

Medico

Avvocato

Ingegnere

› *Dopo commenti le professioni che propone B usando anche le espressioni dell'attività A3, come nell'esempio.*

› *Tra le sei professioni date, quale piace di più a tutti e due?*

Mah, non so... è molto difficile.

es. 1-4
p. 183

B Alle 7...

1 Ascoltate e completate le frasi. 60

a. Eh sì, a 24 anni non mi piace chiedere soldi _______ miei genitori.

b. Cioè andare al lavoro _______ 7 del mattino?

c. Un mio professore _______ università conosce il direttore _______ Museo Romano.

2 Adesso completate la tabella.

Le preposizioni articolate (I)

___ + ___ = al	___ + ___ = del
a + la = alla	di + la = della
a + lo = allo	di + lo = dello
___ + ___ = ai	di + i = dei
___ + ___ = alle	di + le = delle
a + gli = agli	di + gli = degli
a + l' = all'	___ + ___ = dell'

es. 5
p. 184

3 **a** Osservate le immagini e in coppia fate dei mini dialoghi, secondo l'esempio.

A che ora apre/chiude il museo?
A che ora parte il treno per...?

Alle...

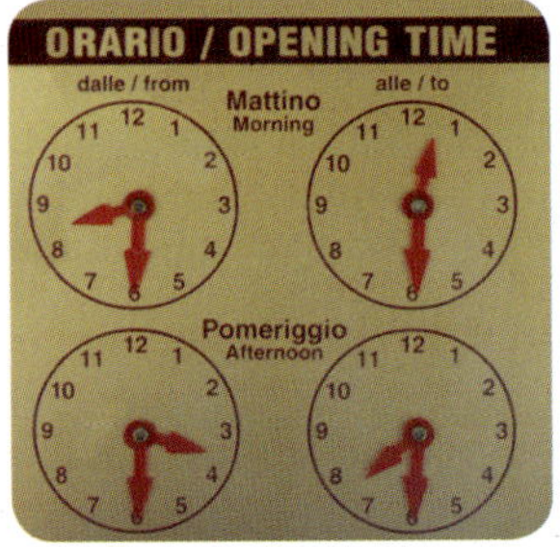

	Destinazione Destination	Orario Time	Rit. Delay	Informazioni Information
2637	BERGAMO	21:05		GATE
687	LA SPEZIA C.	21:10		GATE
2034	TORINO P.N.	21:15		GATE
2580	SONDRIO	21:20		GATE
2289	PARMA	21:20		GATE
24970		MA 21:25		GATE

b Oralmente fate delle frasi con le espressioni *alla settimana*, *al mese*, *all'anno*, come nell'esempio.

Ho lezione due volte alla settimana.

c In coppia fate dei mini dialoghi con le parole *bar*, *cinema*, *mare*, *museo*, *stadio*, *parco*, *università*, secondo l'esempio.

Che fai oggi?

Vado al cinema.

4 Completate le risposte con la preposizione articolata.

a. • Di chi è questo pacco?
 • È _______ vicina.

b. • Di che cosa parlano i ragazzi?
 • Parlano _______ amica di Laura.

c. • Chi è questo signore?
 • È il direttore _______ Museo Novecento.

es. 6-7
p. 184

C C'è un problema!

1 *Senza guardare il testo ascoltate le prime battute del dialogo e immaginate come continua. Quali di queste ipotesi sembrano più probabili?*

a. Gianni è in ritardo.
b. Gianni non ha un appuntamento.
c. Il direttore non c'è.
d. Gianni sbaglia il giorno del colloquio.
e. La segretaria fissa un altro appuntamento.
f. Gianni fa il colloquio con la segretaria.

2 *Ora ascoltate e leggete tutto il dialogo o guardate l'animazione per verificare le vostre ipotesi. Poi, a pag. 68, rispondete oralmente o per iscritto (8-10 parole) alle domande.*

a. Perché non è possibile fare il colloquio?
b. Dov'è il direttore?
c. Cosa chiede Gianni alla segretaria?
d. Come finisce il dialogo tra Gianni e la segretaria?

Il dottor Ferrara non è un medico! *Vedi pag. 71.*

3 *Completate le frasi con le parole e le espressioni evidenziate in blu nel dialogo.*

a
- Vieni con noi al mare domani?
- __________, ho da fare!

b
- Scusi, va bene se aspetto qui il dottore?
- Certo, __________!

c
- Sono molto stanco oggi!
- Ah sì, __________?

d
- Arrivederci, signor Parini!
- __________, signora!

4 *Secondo voi, nella frase a destra ci sostituisce Egitto o il dottor Ferrara?*

Ma come mai è in Egitto il dott. Ferrara? *Ci* va spesso?

es. 8-9
p. 185

5 *Giocate a coppie: vince la prima coppia che trova nei paroloni i verbi per completare la tabella, come negli esempi in blu.*

...Ferrara *dice* a tutti...

...*cerco* un altro giorno...

	cercare	dire
io	*cerco*	*dico*
tu	______	______
lui, lei, Lei	______	______
noi	______	______
voi	______	______
loro	______	______

c e r c a n o d i c o n o d i c i c e r c h i a m o
c e r c h i d i c e d i c o d i c i a m o
c e r c a t e c e r c o d i t e c e r c a

es. 10 p. 186

D) Quando?

1 *Guardate il calendario di Gianni e, a turno, fate delle domande a un compagno secondo l'esempio.*

Quando è Pasqua?

Il 7 aprile.

Piazza San Marco, Venezia – GENNAIO: 22 martedì COLLOQUIO MUSEO
Canal Grande, Venezia – FEBBRAIO
Ponte Vecchio, Firenze – MARZO: 3 domenica MATRIMONIO STEFANIA
Piazza di Spagna, Roma – APRILE: 7 domenica PASQUA
Santa Maria del Fiore, Firenze – MAGGIO: 6 lunedì COMPLEANNO BRUNO
Palazzo Pubblico, Siena – GIUGNO: 2 domenica FESTA DELLA REPUBBLICA

AB 2 *Ossservate per un minuto i mesi, poi formate delle coppie: A va a pag. 145 e B a pag. 148.*

gennaio	luglio
febbraio	agosto
marzo	settembre
aprile	ottobre
maggio	novembre
giugno	dicembre

- Che giorno è oggi?
- Il 1° (primo) maggio.
- L'8 luglio.
- L'11 ottobre.

3 *Leggete i suggerimenti e scrivete i mesi di ogni stagione, come nell'esempio in blu.*

Dicembre è il primo (1°) mese dell'inverno.

Luglio è il secondo (2°) mese dell'estate.

Maggio è il terzo (3°) mese della primavera.

4 *Girate per la classe e chiedete la data di nascita ai vostri compagni, secondo l'esempio.*

- *Quando sei nato/nata?*
- *Sono nato/nata il 20 febbraio (del) 1999.*

I numeri *a pag. 62*

Vince chi trova per primo due dei seguenti casi:

qualcuno nato in estate | qualcuno nato in inverno | qualcuno nato prima del 2000
due studenti nati nello stesso mese | una persona nata la prima settimana di un mese

es. 11-12 p. 186

5 *I numeri ordinali. Le parole sono in ordine, ma i numeri no. In coppia, fate l'abbinamento e poi ascoltate.*

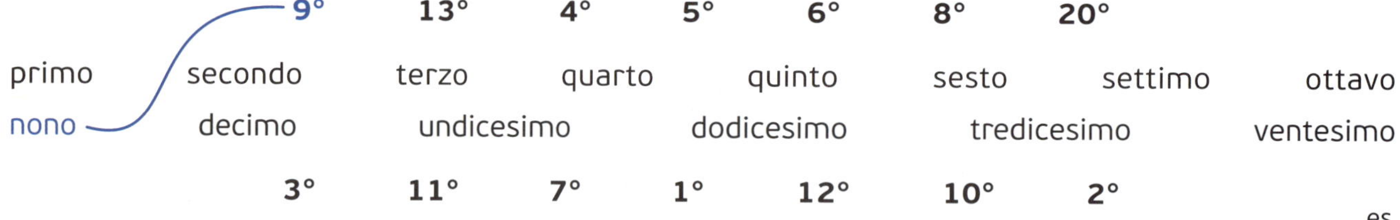

es. 13 p. 187

6 *Ascoltate e scrivete le parole sotto la pronuncia corrispondente.*

giugno luglio inglese

7 *Descrivete il vostro lavoro: orario (dalle... alle...), cose positive e negative, direttore, colleghi ecc. Se non lavorate, usate la fantasia!*

50-60

es. 14-16 p. 187

Italiani al lavoro

Oggi gli italiani cominciano a lavorare abbastanza tardi, a 27-28 anni, di solito quando finiscono l'università. Avere una laurea, infatti, è importante per trovare un lavoro.

Molti italiani preferiscono fare un lavoro d'ufficio, anche se gli stipendi non sono tanto alti. Quindi, sono pochi i giovani che fanno lavori manuali come questi:

il falegname

la sarta

il meccanico

il panettiere

l'idraulico

es. 1-2
p. 188

L'orario di lavoro

Normalmente gli italiani lavorano 8 ore al giorno, dal lunedì al venerdì. Non è così per tutti, però: ad esempio, commessi, baristi, poliziotti, medici, camerieri lavorano anche il sabato e/o la domenica.

L'orario di lavoro dipende dall'azienda, dal tipo di lavoro, dalla regione... In genere però la pausa pranzo è di circa un'ora, di solito dalle 13 alle 14. Molti vanno al bar più vicino, chi ha tempo torna a casa.

Studenti e lavoro

Molti ragazzi che vanno all'università, anche se ricevono soldi dai genitori, per guadagnare qualcosa fanno un lavoro part-time.

Ecco i più diffusi: cameriere, barista, commessa, porta-pizze, babysitter, promoter...

Sapete che...?

In Italia tutte le persone con una laurea si chiamano "dottori" e "dottoresse".

Curiosità

Il lavoro più strano in Italia?

Scrivere i messaggi dei Baci Perugina!

COMUNICAZIONE

Esprimere incertezza e dubbio

Chissà se siamo ancora in tempo!
• Chiamo per un colloquio? • Mah, non so...
• Viene anche Maria? • Forse. / Penso di sì. / Credo di no.
Probabilmente/Magari per il posto di impiegato è necessario avere esperienza.

Chiedere l'orario

• A che ora apre il museo?
• A che ora parte il treno per Milano?

Dire l'orario

• Alle 9.
• Alle 9 e trenta.

Chiedere ed esprimere una data

• Quando è Pasqua?
• Il 10 aprile.

Chiedere e dire la data di nascita

• Quando sei nato/nata?
• Sono nato/nata il 20 febbraio (del) 1995.

Chiedere che giorno è

• Che giorno è oggi?

Dire che giorno è

• (È) Il 3 febbraio. / Il 1° (primo) maggio. L'8 luglio. / L'11 ottobre.

GRAMMATICA

Le preposizioni articolate (I)

+	il	lo	l'	la	i	gli	le
a	al	allo	all'	alla	ai	agli	alle
di	del	dello	dell'	della	dei	degli	delle

Il museo apre alle 9. / Ho lezione due volte alla settimana. / Vado al cinema.
Questo pacco è della vicina. / È il direttore del Museo Romano. / Parlano dell'amica di Laura.

Presente indicativo

	dire	Verbi in -care cercare
io	dico	cerco
tu	dici	cerchi
lui, lei, Lei	dice	cerca
noi	diciamo	cerchiamo
voi	dite	cercate
loro	dicono	cercano

ci di luogo

• Il direttore è ancora in Egitto.
• Ci va spesso?

I mesi dell'anno

gennaio	maggio	settembre
febbraio	giugno	ottobre
marzo	luglio	novembre
aprile	agosto	dicembre

Le stagioni

la primavera
l'estate*
l'autunno
l'inverno

**estate* è femminile

I numeri ordinali

1°	primo	6°	sesto	11°	undicesimo	16°	sedicesimo
2°	secondo	7°	settimo	12°	dodicesimo	17°	diciassettesimo
3°	terzo	8°	ottavo	13°	tredicesimo	18°	diciottesimo
4°	quarto	9°	nono	14°	quattordicesimo	19°	diciannovesimo
5°	quinto	10°	decimo	15°	quindicesimo	20°	ventesimo

1 a *Intervista a un cantante. Completate il testo: negli spazi blu inserite i verbi alla forma giusta; negli spazi rossi inserite tre delle seguenti espressioni: mi piace, forse, chissà, ho intenzione di, veramente, mi dispiace.*

Parliamo dei tuoi album. Uno si chiama *Le cose che non ho*... Che cosa non hai?

__________(1) non ho mai tempo per me! Lo so che __________ (2. fare) un lavoro che è la mia passione, ma c'è altro!

Per esempio? Cosa fai quando hai un po' di tempo libero?

Beh, naturalmente, ascolto musica e vado ai concerti! E poi __________(3) anche guardare film.

Preferisci la TV o il cinema?

Mah... __________ (4. stare) raramente a casa a guardare la tv... Al cinema ci vado spesso, invece!

E la tua giornata tipo?

La mattina __________ (5. uscire) sempre presto, prima delle 9, e __________ (6. andare) al bar. Mentre __________ (7. bere) il caffè, __________ (8. leggere) il giornale e i Tweet dei miei fan. Nel pomeriggio faccio sport e qualche volta __________ (9. scrivere)...

Scrivi? Che cosa? Nuove canzoni?

...il mio libro! Ma se continuo così, __________(10) quando __________ (11. finire)!

b *Evidenziate nel testo avverbi ed espressioni di frequenza (sono cinque). A turno, raccontate ai compagni due abitudini vere e una falsa, ad esempio "Io non mangio mai la pizza". Conoscete bene i vostri compagni? Qual è l'abitudine falsa?*

2 *Completate il dialogo con le parole date, come nell'esempio in blu.*

annunci | a che ora | faticoso | esperienza | purtroppo | laureati | aperitivo | soldi | stipendio

Marta: Martedì non lavoro. Hai voglia di venire al museo con me?
Alvise: Martedì? Mmh... *a che ora* (1) chiude il museo?
Marta: Alle 17:30.
Alvise: Eh... __________(2) finisco alle 18. Perché non andiamo a mangiare fuori più tardi?
Marta: Perché no! Ti va di andare al ristorante dove mia sorella lavora come cuoca?
Alvise: Tua sorella è cuoca?! Che lavoro __________(3)!
Marta: Sì, ma almeno lei non chiede __________(4) ai miei genitori! Io, invece... ho un lavoro noioso e il mio __________(5) è anche basso!
Alvise: Allora perché non cerchi un altro lavoro?
Marta: Mah, non so... secondo me, prendono solo __________(6)!
Alvise: No, che dici! Tu hai __________(7) e parli molte lingue straniere! Perché non cerchi un po' nei siti di __________(8)? Poi martedì parliamo dei lavori più interessanti!
Marta: Buona idea! Facciamo alle 20 al Bar Centrale? Prendiamo un __________(9) e poi andiamo a mangiare, che dici?
Alvise: Sì, perfetto!

Una cosa che fai spesso e una cosa che non fai mai.
Quando sei nato? E il tuo migliore amico?
26
23
24
25
Trova e correggi l'errore: *Giugno è il settimo mese dell'anno.*
22
Le prime tre persone del verbo *aprire*.
21
"Almeno una volta al mese". Fai una domanda.
20
19
Due persone (professioni) che lavorano anche la domenica.
10
Le ultime tre persone del verbo *spedire*.
11
12
Le ultime tre persone del verbo *venire*.
13
A che ora aprono e chiudono le banche?
9
Sei alla cassa, vuoi pagare. Cosa chiedi?
8
Un amico ti invita allo stadio. Rifiuta e proponi un'alternativa.
7
Cosa non c'è al bar?
• il tavolino
• l'impiegata
• la cassa
• la tazza
• il barista
6
5
Legenda
Se trovate una scala salite... Se trovate una corda scendete!

Colosseo con vista!

Giocate in 2 o in 2 piccoli gruppi.
A turno, tirate il dado e svolgete il compito proposto. Se la risposta non è giusta, tornate indietro di due caselle.
Dopo, il turno passa all'altro giocatore/gruppo.
Se arrivate su una casella dove c'è l'altro giocatore/gruppo, andate a quella successiva.
Vince chi arriva per primo in cima al Colosseo!

Attenzione!
*Il Colosseo è un monumento antico e nasconde qualche sorpresa... leggete la **Legenda**!*
In bocca al lupo!

27 Sei al bar. Ordina da bere e da mangiare per te e per un compagno.

18 Sei il cameriere; entra una signora che non conosci. Cosa dici?

17 Al bar paghi tu e il tuo amico ti ringrazia. Cosa rispondi?

14

15 "Sono le undici meno venti." Fai la domanda.

16 "Ci vado una volta all'anno." Fai una domanda.

4 Cosa ti piace fare nel tempo libero? (tre risposte)

3 "Sì, vorrei un cornetto." Fai la domanda.

2 La stagione e i mesi più caldi dell'anno in Italia.

1 Le prime tre persone del verbo *andare*.

PARTENZA

3 *Osservate le foto e sottolineate le parole in blu corrette.*

1. I signori mangiano/bevono il caffè al banco/tavolino.
2. Peppe sembra preoccupato/contento.
3. Nicoletta balla con/a Peppe.
4. Giorgio e Luisa leggono/scrivono un libro.
5. Ugo telefona alla/per la mamma.
6. Bruno e Roberto vengono/fanno una gita in macchina.
7. Rosalia e Fefè sono a/al mare.
8. Nando mangia/cucina gli spaghetti.
9. Guido è al/in bar e legge il giornale.

Attori e attrici nelle foto
1: Peppino De Filippo e Totò
2: Vittorio Gassman
3: Carla Gravina e Vittorio Gassman
4: Nino Manfredi e Virna Lisi
5: Nino Manfredi
6: Vittorio Gassman e Jean-Louis Trintignant
7: Daniela Rocca e Marcello Mastroianni
8: Alberto Sordi
9: Marcello Mastroianni

Al lavoro! Test: *Quanto sei italiano?*

Lavorate a gruppi di tre.

1. *Rileggete le sezioni del libro che parlano delle caratteristiche e delle abitudini degli italiani (ad esempio, pagine 37, 49, 51, 61 e 71).*
2. *Create un test simile a quello di pag. 60 dal titolo "Quanto sei italiano?". Preparate almeno 5 domande e per ognuna 3 risposte, ad esempio:*
   Dove bevi il primo caffè della giornata? a. A letto, b. Al lavoro; c. Al bar.
3. *Date un punteggio a ogni risposta e pensate a tre profili. Ad esempio:*
   Da 13 a 15 punti: "100% italiano!"; Da 9 a 12 punti: "Quasi italiano";
   Da 5 a 8 punti: "Zero italiano".
4. *Provate il test con i vostri compagni davanti alla classe. Poi votate le 5 domande più divertenti e create un test per i vostri amici.*

In questa unità impariamo a:

- parlare di feste
- organizzare una gita
- parlare del prezzo
- fare gli auguri
- chiedere e dire che tempo fa

Unità 7
All'agenzia di viaggi

Pronti?

1 *Discutete tutti insieme: cosa preferite fare durante le feste o quando siete in vacanza?*

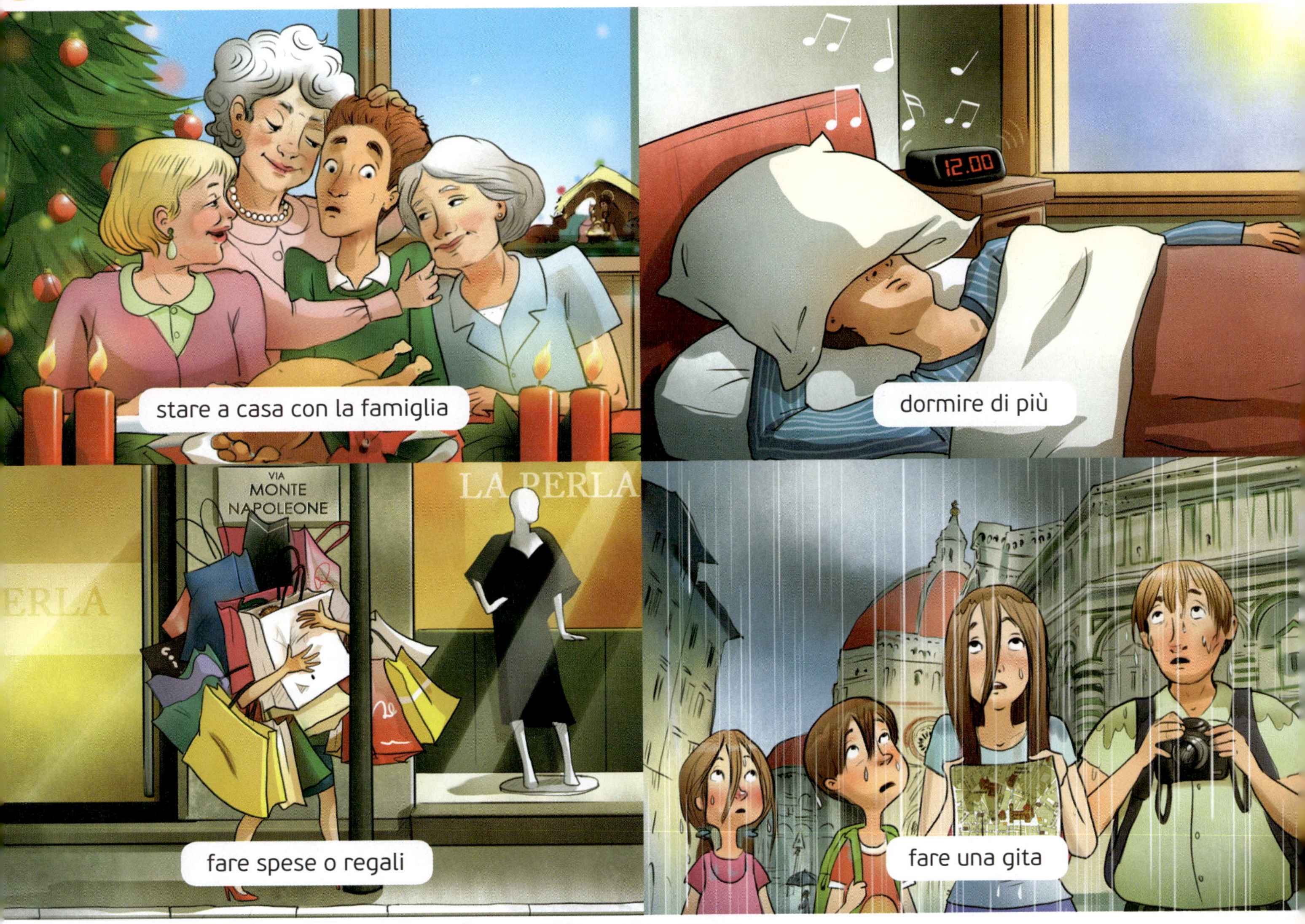

stare a casa con la famiglia

dormire di più

fare spese o regali

fare una gita

2 *Preferite il mare o la montagna? Perché?*

3 *Ascoltate il dialogo o guardate il video e rispondete alle domande. Poi fate l'attività A1.*

a. Dove pensano di andare i quattro amici?
b. Ad un certo punto succede qualcosa di strano. Che cosa?

impiegata: Buongiorno, prego!

Carla: Buongiorno! Avete dei pacchetti per la settimana bianca in montagna?

impiegata: Certo! All'estero... sulle Alpi?

Anna: Hmm... qualcosa di più vicino?

impiegata: Hmm, sul Gran Sasso, per esempio?

Carla: Ecco, sì, una mia amica, Stefania, ci va a sciare ogni anno.

impiegata: Bellissimo posto! A Natale, a Capodanno?

Anna: Dal 3 al 6 gennaio... una camera matrimoniale e due singole.

impiegata: Quindi, tre notti... vediamo... abbiamo un pacchetto che forse fa per voi: 400 euro a persona.

Carla: 400, eh? Hmm... qualcosa di più economico?

impiegata: Purtroppo no... scusate un attimo. Pronto? *Agenzia Mondo Viaggi*. Buongiorno dott. Ferrara! Sì, certo: 6 notti, biglietti...

impiegata: In tutto 8.500 euro. Paga in contanti come sempre? Certo... domani? ...Dalle 9 del mattino alle 8 di sera. Nel pomeriggio c'è Irene, la nuova collega. Arrivederla! ...Scusate, allora?

Anna: È un po' caro, forse bisogna scegliere un altro periodo. Grazie mille!

impiegata: A voi! Magari date un'occhiata anche sul sito. Buone feste!

Anna: Grazie, anche a Lei! ...Incredibile, ancora lui, sono sicura!

Carla: Ma non è possibile! E poi 8.500 euro? Chissà dove vanno!

A A Natale...?

1 *Ascoltate o guardate di nuovo e indicate l'affermazione giusta.*

1. Ad Anna e Carla interessa
   a. una gita in montagna
   b. un viaggio all'estero
   c. una gita sulle Alpi

2. L'uomo che telefona
   a. cerca una gita in montagna
   b. chiede il costo del suo viaggio
   c. trova i prezzi troppo alti

3. Il pacchetto dell'agenzia
   a. dura molti giorni
   b. è molto economico
   c. costa molto

4. Probabilmente l'uomo è
   a. un nuovo cliente dell'agenzia
   b. un vecchio amico di Anna
   c. il vicino di casa di Anna

2 *Adesso leggete (da soli o con un compagno) il dialogo e controllate le vostre risposte.*

3 **a** *La metà di voi lavora sulle battute di Anna e Carla e l'altra metà sulle battute dell'impiegata: trovate le espressioni che corrispondono a quelle sotto, come nell'esempio in blu.*

1. va sul Gran Sasso ci va
2. è necessario ______
3. costa molto ______
4. va bene per voi ______
5. il costo totale è ______
6. per uno ______

b *Completate i mini dialoghi con quattro delle espressioni trovate.*

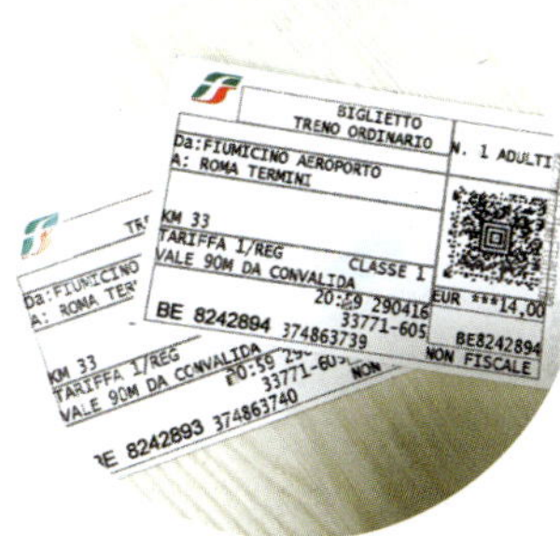

1. • Quanto costano i biglietti?
   • Sono 14 euro ______.

2. • Bello Luca, vero?
   • Sì, ma non ______ te: ha la ragazza!

3. • Sai quale autobus ______ prendere per andare in centro?
   • Non sono sicura, ma credo il 68.

4. • Alla fine, quanto spendi per il viaggio?
   • ______ 300 euro.

es. 1-3 p. 189

4 *Completate le frasi con le preposizioni date. Poi ascoltate e controllate le vostre risposte.*

1. __________ settimana bianca?
2. __________ estero... sulle Alpi?
3. __________ 3 al 6 gennaio.
4. __________ 9 del mattino alle 8 di sera.
5. __________ pomeriggio c'è Irene, la nuova collega.
6. Magari date un'occhiata anche __________ sito.

all' | nel | sul | per la | dal | dalle

5 *Ora completate la tabella.*

Le preposizioni articolate (II)

+	il	lo	l'	la	i	gli	le
a	al	______	all'	alla	ai	______	alle
da	______	dallo	dall'	______	dai	dagli	dalle
di	del	______	dell'	della	______	degli	delle
in	nel	nello	______	nella	nei	negli	______
su	______	sullo	sull'	sulla	______	sugli	sulle
con	con il	con lo	con l'	con la	con i	con gli	con le
fra/tra	fra il	fra lo	fra l'	fra la	fra i	fra gli	fra le
per	per il	per lo	per l'	per la	per i	per gli	per le

6 *In coppia, mettete in ordine le parole e formate le frasi. Cominciate con le parole in blu. Poi abbinate le frasi alle foto.*

a

1. sito | agenzia | dell' | offerte | **sul** | trovate | altre
   ____
2. 17 | **il** | è | 9 | alle | dalle | museo | aperto
   ____
3. è | **il** | tuo | tavolo | sul | libro
   ____
4. amico | per | mio | parte | Cina | la | **un**
   ____
5. sto | perché | tanto | dal | bene | **vado** | medico | non
   ____

b c

es. 4-5 p. 190

Chiudete i libri e ascoltate il dialogo fino alla battuta di Gianni "Aspettate...". Secondo voi, cosa pensa di fare Gianni? Poi fate l'attività B1.

Torniamo alla storia

MA COME FA A SPENDERE TANTI SOLDI?
LA COSA PIÙ STRANA È CHE PAGA SEMPRE IN CONTANTI!
PERCHÉ È COSÌ STRANO?

SI VEDE CHE NON GUARDI FILM POLIZIESCHI! PAGA IN CONTANTI PER "LAVARE" SOLDI SPORCHI.
CIOÈ? NON CAPISCO!

CIOÈ HA SOLDI, DICIAMO "NON LEGALI". PERCIÒ NON COMPRA I BIGLIETTI ON LINE!
VEDETE? È UN CRIMINALE!

SCUSA, ANNA, FERRARA STASERA VA ALL'AGENZIA, NO? E C'È UN'IMPIEGATA CHE LUI NON CONOSCE...

COS'HAI IN MENTE, GIANNI? NON MI PIACE IL TUO SGUARDO.
ASPETTATE...

PRONTO, AGENZIA MONDO VIAGGI.
SONO IL SIG. FERRARA. SONO PRONTI I BIGLIETTI PER...?
FERRARA?! SCUSI, IL SUO NOME, PER FAVORE?

FERRARA. SONO 8.500 EURO, GIUSTO?
8.500? PERÒ...
MA COME SI CHIAMA L'ALBERGO?

EHM... UN SECONDO, PER FAVORE. FORSE È MEGLIO SE RISPONDE LEI!
IO?! PRONTO!
EHM... BUONASERA, SONO IL SIG. FERRARA...

B Il Suo nome, per favore?

1 *Ascoltate e leggete il dialogo di pag. 81 o guardate l'animazione: secondo voi, a chi passa il telefono l'impiegata alla fine?*

2 *Come finisce il dialogo, secondo voi? Andate a pag. 84 e scegliete una delle immagini in basso. Scambiatevi delle idee.*

3 *Ascoltate tutto il dialogo e prendete appunti (8-10 parole). Poi chiudete il libro e lavorate in coppia: A comincia a fare il riassunto del dialogo e quando arriva a metà, passa la parola a B. Ognuno di voi deve parlare per almeno 20 secondi!*

4 *Completate le frasi con le espressioni evidenziate in blu nel dialogo.*

- Per il cenone di Capodanno penso di preparare qualcosa di diverso!
- Cioè, ______________________(1)?

- A Natale i Rossi vanno in Svizzera per due settimane!
-  ______________________(2) hanno un sacco di soldi!

- Ma Carla ______________________(3) insegnare tante ore?!
- Ama il suo lavoro.

5 *Ascoltate i mini dialoghi e indicate con una ✘ le feste che sentite.*

6 *Ascoltate di nuovo e completate la tabella.*

Fare gli auguri

es. 6-8
p. 190

C Ospiti di Natale

1 *Ascoltate e sottolineate le preposizioni che sentite.*

a. andiamo all'/dall'aeroporto

b. arrivano da/dalla Spagna

c. parla sempre di/del lavoro

d. vengono in Italia per/da una settimana

e. per andare dal/nel giornalaio

f. per/da comprare qualche libro

g. a/fra una settimana finisce tutto

2 *In coppia, rileggete le frasi dell'attività C1 e completate la tabella con le preposizioni semplici, come nell'esempio in blu.*

Quale preposizione usiamo per indicare...?

momento futuro	______	provenienza	______
scopo	______	movimento verso persone	da
durata	______	destinazione	______
argomento	______		

3 *Adesso leggete il testo e controllate le vostre risposte. Poi fate un breve riassunto orale.*

Stasera io e Silvia andiamo all'aeroporto a prendere Domenico e Carmen che arrivano dalla Spagna. Carmen, la sorella di Silvia, è una ragazza molto simpatica. Domenico, invece, è un tipo noioso, parla sempre di lavoro, in particolare del suo lavoro! È architetto, quindi, non abbiamo molto in comune...

Pandoro *Panettone*

Ogni anno, a Natale, Domenico e Carmen vengono in Italia per una settimana. Ma non vanno mai in albergo! No! Preferiscono stare da noi! Non solo, a Domenico non piace molto uscire di casa, soprattutto se piove o nevica: "fa troppo freddo a Milano", dice. Preferisce passare il tempo su internet o davanti alla tv...

In realtà esce di casa solo per andare dal giornalaio o per comprare qualche libro di architettura.

E poi a Domenico piacciono i dolci, ma tanto: mangia un panettone o un pandoro al giorno!

Pazienza, fra una settimana finisce tutto... come si dice "anno nuovo, vita nuova"!

4 *Scrivete due frasi con due preposizioni dell'attività C2.*
Leggete le vostre frasi alla classe: qual è la preposizione più "popolare"?

es. 9-11
p. 191

D Com'è il tempo?

1 *Ascoltate il dialogo e indicate con una ✘ che tempo fa.*

a
fa caldo

b
fa freddo

c
c'è il sole

d
è nuvoloso

e
piove

f
nevica

g
c'è vento

h
ci sono 5 gradi

2 *Ascoltate di nuovo e guardate la cartina. Secondo voi, in quale città vive la ragazza e in quale il ragazzo? Motivate le vostre risposte.*

3 *Lavorate in coppia: A va a pag. 145 e B a pag. 148.*

4 *Che tempo fa oggi nella vostra città?*

5 *Ancora in coppia: A va a pag. 145 e B a pag. 149.*

50-60

6 *Qual è per voi la festa più importante dell'anno? Raccontate come trascorrete questo periodo/giorno, che cosa fate di solito e con chi.*

es. 12-16
p. 192

Feste, dolci e tradizioni

25 dicembre

Natale

La famiglia e i parenti si ritrovano per un lungo pranzo. A tavola non mancano mai i dolci tradizionali: pandoro, panettone e **torrone**!

Adulti e bambini aprono i regali che Babbo Natale porta durante la notte.

31 dicembre

Capodanno

Gli italiani festeggiano l'arrivo dell'anno nuovo tra amici. Di solito, con una grande cena in casa o al ristorante: il famoso "cenone di San Silvestro". Alcuni invece preferiscono festeggiare nelle piazze.

A mezzanotte tutti salutano il nuovo anno con **spumante** e **fuochi d'artificio**.

1° gennaio

Il primo dell'anno

Stanchi dopo la festa del 31 dicembre, generalmente gli italiani preferiscono passare la giornata a casa e pranzare con la famiglia.

Curiosità

Secondo la tradizione, per essere fortunati tutto l'anno, a Capodanno bisogna mangiare **lenticchie** e portare qualcosa di rosso!

6 gennaio

Epifania

Durante la notte la Befana mette dei dolci nelle **calze** dei bambini buoni.

Ma attenzione! Ai bambini cattivi porta solo carbone!

14 febbraio

San Valentino

Anche gli italiani festeggiano San Valentino? Certo! Con **biglietti d'amore**, **cioccolatini** e cene romantiche, a casa o al ristorante.

febbraio

Carnevale

Nelle città italiane durante il mese di febbraio si vive un'atmosfera unica...

Maschere e **costumi**, **coriandoli** e **frittelle** colorano queste giornate di festa!

domenica tra il 22 marzo e il 25 aprile

Pasqua

È tradizione regalare (e non solo ai bambini!) **uova di cioccolato** che nascondono una sorpresa!

La **colomba** è il dolce tipico di questa festa (simile al panettone e al pandoro).

es. 1-3
p. 194

COMUNICAZIONE

Fare gli auguri

Buon anno!	Buona Pasqua!	Buone feste!
Buona Befana!	Buon Natale!	Auguri!

Chiedere che tempo fa

- Com'è il tempo?
- Che tempo fa?

Dire che tempo fa

- Fa caldo.
- Fa freddo.
- C'è il sole.
- È nuvoloso.
- Piove.
- Nevica.
- C'è vento.
- Ci sono 5 gradi.

GRAMMATICA

Le preposizioni articolate (II)

+	il	lo	l'	la	i	gli	le
a	al	allo	all'	alla	ai	agli	alle
di	del	dello	dell'	della	dei	degli	delle
da	dal	dallo	dall'	dalla	dai	dagli	dalle
in	nel	nello	nell'	nella	nei	negli	nelle
su	sul	sullo	sull'	sulla	sui	sugli	sulle
con	con il	con lo	con l'	con la	con i	con gli	con le
fra/tra	fra/tra il	fra/tra lo	fra/tra l'	fra/tra la	fra/tra i	fra/tra gli	fra/tra le
per	per il	per lo	per l'	per la	per i	per gli	per le

Uso delle preposizioni

momento futuro	Fra/Tra una settimana Domenico e Carmen tornano in Spagna.
scopo	Per il cenone di Capodanno penso di preparare qualcosa di diverso! Domenico esce solo per comprare qualche libro di architettura. Va a sciare sul Gran Sasso.
durata	Vengono in Italia per una settimana. Dal 3 al 6 gennaio. Dalle 9 del mattino alle 8 di sera.
argomento	Parla sempre di lavoro, in particolare del suo lavoro!
provenienza	Arrivano dalla Spagna.
movimento verso persone	Va dal giornalaio/dal medico/da Mario.
destinazione	Andiamo all'aeroporto/all'estero/all'agenzia. Un mio amico parte per la Francia. Va sul Gran Sasso ogni anno. I Rossi vanno in Svizzera.
per specificare	Dalle 9 del mattino alle 8 di sera. Date un'occhiata sul sito dell'agenzia.
tempo	Avete dei pacchetti per la settimana bianca? A Natale, a Capodanno? Nel pomeriggio c'è Irene.
luogo	Preferisce passare il tempo su internet. Date un'occhiata sul sito dell'agenzia.

In questa unità impariamo a:

- descrivere il carattere di una persona
- esprimere possesso (II)
- chiedere e dare l'indirizzo
- parlare della famiglia

Al matrimonio

Unità **8**

Pronti?

1 *Lavorate in coppia. Fate l'abbinamento come negli esempi in blu.*

1 2 3 4

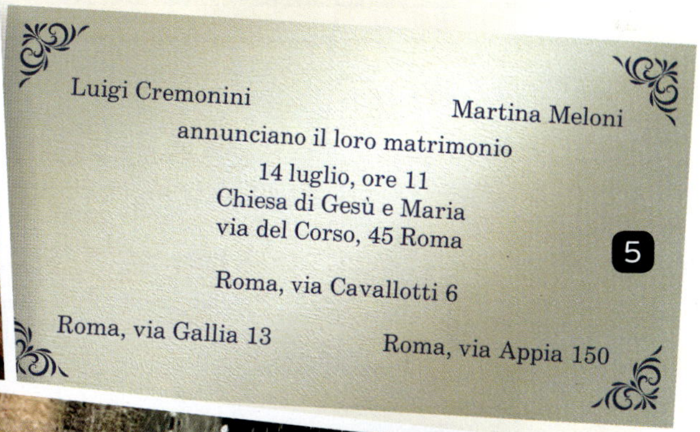

Luigi Cremonini Martina Meloni
annunciano il loro matrimonio
14 luglio, ore 11
Chiesa di Gesù e Maria
via del Corso, 45 Roma

Roma, via Cavallotti 6

Roma, via Gallia 13 Roma, via Appia 150

5

Congratulazioni e auguri per il matrimonio!

6

7 8 9 10

padre ___	matrimonio ___	madre ___	sposo ___	biglietto di auguri ___	figlio ___
parente 10	figli 2 e 3	figlia ___	genitori ___ e ___	sposa ___	partecipazione 5

2 *Cos'è più importante per voi e perché? Indicate con un numero da 1 a 4 (1 = molto importante).*

la famiglia ☐ gli amici ☐ i figli ☐ il lavoro ☐

3 *Osservate le immagini di pag. 88 e raccontate cosa succede. Poi fate l'attività A1.*

CIAO CARLA!
CIAO! CHE C'È? I MIEI CAPELLI?
1

GRAZIE, MOLTO GENTILE... E MOLTO ELEGANTE!
CHE BELLE LE TUE SCARPE, MI PIACCIONO MOLTO!
GRAZIE!... BRUNO?

È IN CHIESA, CON I SUOI PARENTI. AH, SEI QUI?
CIAO RAGAZZI, BISOGNA ENTRARE. FRA UN PO' ARRIVA LA SPOSA.

LO SPOSO È GIÀ DENTRO? CHE TIPO È?
2
MA VA! NON CI SONO UOMINI COSÌ!
CI SONO, CI SONO.

DAI, ENTRIAMO, SIAMO GLI ULTIMI!
VERO! MA QUELLA È... ALICE! LA MOGLIE DI FERRARA!
FERRARA?! ANCHE QUI?! COME MAI?

BOH! VEDIAMO. CIAO ALICE, COME STAI?
3

SÌ, LA SPOSA È LA SORELLA DEL MIO RAGAZZO. SEI QUI DA SOLA?
SÌ...
MA COS'HAI? SEMBRI PREOCCUPATA... TUTTO BENE?

4
CAPISCO! COMUNQUE... SE HAI BISOGNO DI PARLARE CON QUALCUNO...
GRAZIE! NON ADESSO PERÒ.

A) Anche tu qui?

1 *Ascoltate il dialogo e indicate con una ✘ se le affermazioni sono vere o false.*

	V	F
1. Anna fa un complimento a Carla per i suoi capelli.	☐	☐
2. Secondo Carla, Gianni è molto elegante.	☐	☐
3. I ragazzi parlano mentre aspettano la sposa.	☐	☐
4. Bruno non conosce Luigi, lo sposo.	☐	☐
5. Alice è da sola al matrimonio.	☐	☐
6. Alice sembra molto felice.	☐	☐

2 *Leggete e completate il dialogo con le battute a-d. Poi guardate l'animazione.*

3 *In coppia scrivete un mini dialogo con una delle espressioni in blu di pag. 88. Poi leggete le vostre frasi alla classe.*

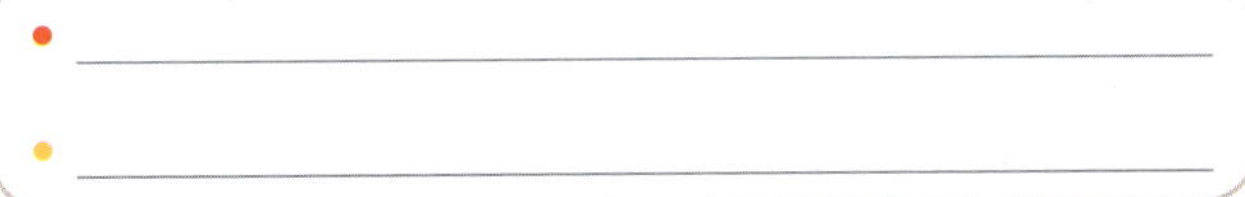

es. 1-2
p. 195

B) Che tipo è lo sposo?

1 *Abbinate gli aggettivi alle definizioni, come nell'esempio in blu. Poi osservate i contrari.*

È molto simpatico, socievole...

Una persona che...

1. sorride spesso — b
2. vede il lato positivo delle cose
3. ama stare con gli altri
4. ama dare agli altri
5. è cortese con gli altri
6. piace agli altri

a. simpatica ≠ antipatica
b. allegra ≠ triste
c. generosa ≠ egoista
d. ottimista ≠ pessimista
e. gentile ≠ maleducata
f. socievole ≠ timida

2 ***Indovina chi è!*** *Su un foglio descrivete il vostro carattere con due o tre aggettivi dell'attività B1. L'insegnante raccoglie e mischia i fogli e poi li legge uno per uno alla classe. Vediamo se indovinate di chi è ogni foglio!*

3 *Che cosa pensate dei protagonisti della storia? Chi è più simpatico, secondo voi? Motivate le vostre risposte.*

4 *In coppia. Osservate le foto e fate dei mini dialoghi secondo l'esempio.*

Com'è...? / Che tipo è...?

Sembra una persona simpatica e...

Silvia

Marta

Franco

Paola

Giulio

es. 3-5
p. 195

5 *Leggete le frasi e poi completate la tabella con i possessivi a destra.*

Carla, che belle le tue scarpe!

Bruno è in chiesa con i suoi parenti.

I possessivi (II)

(io)	il mio nome	la mia paura	i miei amici	le ______ giornate	*tuoi*
(tu)	il tuo succo	la tua cucina	i ______ libri	le tue amiche	*vostri*
(lui, lei)	il suo caffè	la ______ scuola	i suoi figli	le sue scarpe	*Sue*
(Lei)	il Suo paese	la Sua età	i Suoi occhi	le ______ parole	*mie*
(noi)	il ______ tavolo	la nostra vita	i nostri hobby	le nostre vacanze	*nostro*
(voi)	il vostro amico	la vostra città	i ______ parenti	le vostre colleghe	*loro*
(loro)	il loro autobus	la ______ casa	i loro soldi	le loro azioni	*sua*

6 *Cerchiate il possessivo giusto.*

es. 6-7
p. 196

1. Come stanno le tuoi/tue amiche?
2. Mi piacciono le sue/suoi canzoni.
3. Signora, il Suo/vostro vestito è molto bello!
4. I tue/nostri amici arrivano stasera.
5. I miei/nostre genitori sono molto socievoli.

Guardate le immagini di pag. 91: secondo voi, di che cosa parlano i ragazzi? Poi fate l'attività C1.

Torniamo alla storia

Gianni: "Non adesso"?! Quindi, ha bisogno di parlare con qualcuno...
Anna: Appunto! Secondo me, ha paura di suo marito!
Carla: Dici? Ma perché, Ferrara è pericoloso?!

Anna: Beh, a me sembra pericoloso! Una persona che urla così...
Gianni: Infatti... Va bene qui?
Anna: Perfetto! Buonanotte, ragazzi!
Gianni: Buonanotte! ...E tu dove abiti, in Via Parini?
Carla: Giusto, in Via Parini 24.

Gianni: Bel matrimonio, no?
Carla: Sì, mi piacciono i matrimoni.
Gianni: Anche a me. Senti, Carla... Scusa un attimo, è mia madre... Ciao mamma!
madre: Ciao amore, sei fuori?

Gianni: Sono in macchina, tutto bene?
madre: Beh, insomma... sai che tuo padre ha mal di schiena... Tu stai bene, mangi abbastanza?
Gianni: Sì, sì... Senti, mamma, domani passo, ok?

madre: Ah, domani è il compleanno di tuo cugino Fabio. Vieni, no?
Gianni: Non so, forse...
madre: Ma è da un anno che non vedi i tuoi cugini! E poi tua zia...
Gianni: Scusa, mamma, ma proprio adesso bisogna parlare di zia Carla?!

madre: Ok, tesoro, hai ragione. A proposito, non si chiama Carla anche la ragazza che...
Gianni: Mamma, buonanotte!... Scusa!
Carla: Figurati... eh... le mamme! Qui! Grazie, buonanotte Gianni!
Gianni: Prego... buonanotte!

C Ciao amore!

1 *Ascoltate il dialogo o guardate il video 1-2 volte. Poi rispondete alle domande, oralmente o per iscritto.*

1. Secondo Anna, perché Alice ha bisogno di parlare con qualcuno?
2. Secondo Anna, com'è Ferrara?
3. Che cosa ricorda la mamma a Gianni?
4. Perché Gianni interrompe la telefonata?

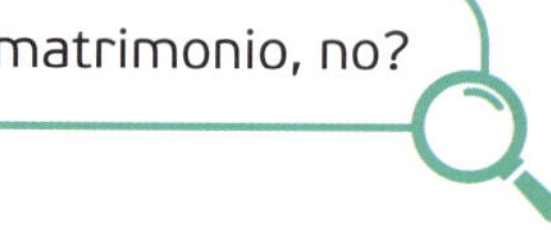

2 *Ora leggete il dialogo e controllate le vostre risposte.*

3 **a** *Osservate le espressioni in blu e indicate la risposta giusta.*

1. Anna dice così perché
   a. è d'accordo con Gianni
   b. non capisce la battuta di Gianni

2. Carla dice così perché
   a. non sente quello che dice Anna
   b. trova un po' strano quello che dice Anna

3. La madre di Gianni usa questa parola perché
   a. va tutto benissimo
   b. le cose vanno così e così

4. Poi usa questa espressione
   a. per collegare questa frase a quella di prima
   b. per cambiare completamente argomento

b *Ora completate le frasi con tre espressioni in blu dell'attività 3a.*

1. • Come stai? • ____________, sono molto stanco.
2. • Bel tipo Andrea, vero? • ____________ Mah... a me non piace tanto.
3. • Stasera viene anche Stefano. • Bene. ____________, come sta?

es. 8-10
p. 197

D Foto di famiglia

1 *Anna mostra a Gianni una foto della sua famiglia. Ascoltate il dialogo e indicate con una ✘ le parole che sentite.*

- ▢ zio
- ▢ moglie
- ▢ cugino
- ▢ padre
- ▢ madre
- ▢ sorella
- ▢ figlio
- ▢ marito
- ▢ figlia
- ▢ nonni
- ▢ nipote
- ▢ fratelli

2 *Ascoltate di nuovo il dialogo e scrivete i nomi dei parenti che mancano.*

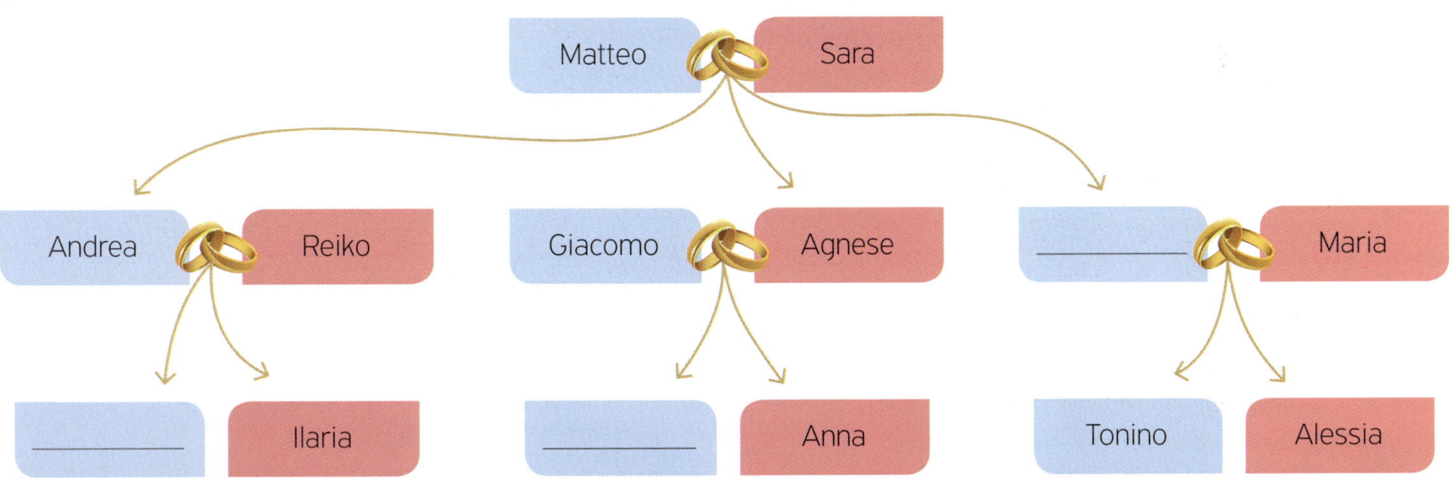

3 *In coppia, completate il cruciverba e scoprite, nelle caselle* ***verdi****, chi sono Giacomo e Agnese. Se necessario, ascoltate di nuovo il dialogo.*

1. Luca e Tonino sono ...
2. Tonino ha una ... più piccola.
3. Sara è la ... di Fabio.
4. Andrea è uno degli ... di Anna.
5. Fabio è il ... di Matteo.
6. Matteo e Sara sono marito e ...
7. Anna e Fabio sono ...
8. Luca è il ... di Andrea.

Giacomo e Agnese sono i ... di Anna.

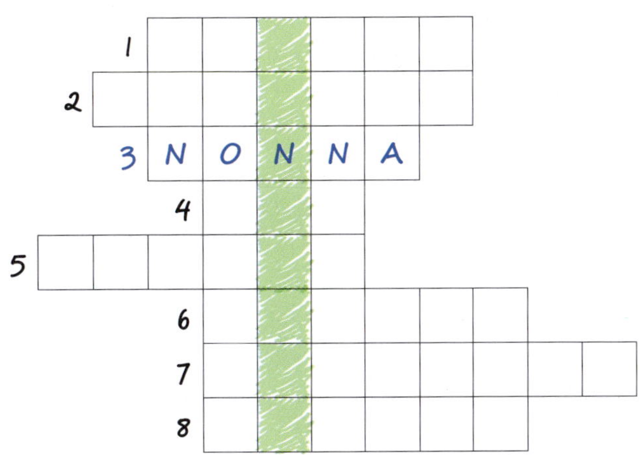

es. 11
p. 198

4 *Leggete le frasi. Poi inserite "con" e "senza" nella tabella.*

Sono i tuoi nonni?

Mia nonna ha 65 anni.

I possessivi con i nomi di parentela

_______ articolo

- mia madre, tuo padre, suo fratello, nostro zio, vostro cugino (ma: ~~loro madre~~)

_______ articolo

- le mie sorelle, i miei cugini, i nostri figli, le vostre zie ecc.
- *loro*: il loro padre, la loro madre ecc.
- la mia mamma, il mio papà, la sua sorellina, la nostra nipotina ecc.
- la mia sorella maggiore, il mio zio preferito ecc.

5 *In coppia. Ognuno pensa a 4 parole (2 oggetti e 2 nomi di parentela). Poi a turno dite al compagno una parola e un numero da 1 a 6 (a ogni numero corrisponde un possessivo: 1 = mio, 2 = tuo ecc.). Il compagno deve rispondere subito, come nell'esempio.*

zii – 4

I nostri zii.

es. 12
p. 198

AB 6 *Ricordate la telefonata tra Gianni e la madre? In coppia, recitate un dialogo simile. Lo studente A va a pag. 146 e lo studente B a pag. 149.*

7 *Leggete il testo e mettete in ordine i paragrafi, come nell'esempio in blu.*

a ☐ Sono tante però le abitudini* che legano* la famiglia del passato a quella del presente. Prima di tutto, le famiglie italiane siedono, per almeno un pasto* al giorno, intorno allo stesso tavolo: una delle poche occasioni per stare tutti insieme.

b ☐ La famiglia italiana è molto diversa da quella di cinquanta anni fa. Le famiglie moderne sono sempre più piccole: una coppia con uno, due o nessun figlio, o un solo genitore con figli.

c 4 Inoltre, a volte uno dei nonni, specialmente se è solo, vive in casa con uno dei figli, o almeno nella stessa zona.

d ☐ Infine, un fenomeno tutto italiano è che spesso i figli vivono con i loro genitori fino a 30-35 anni.

e ☐ Un altro elemento che unisce presente e passato è lo stretto legame* tra i familiari. Gli italiani sono sempre pronti ad aiutare i loro parenti e, anche se vivono lontani, cercano sempre di stare tutti insieme in occasione di feste importanti, matrimoni ecc.

**abitudine*: qualcosa che facciamo spesso | *legare*: unire, collegare
pasto: colazione, pranzo, cena ecc. | *legame*: qualcosa in comune, collegamento

8 *Un amico chiede informazioni sulla vostra famiglia. Descrivete i vostri familiari.*

60-70

es. 13-15
p. 199
Test

Famiglie e...

L'italia è il Paese europeo con più nonni e meno nipoti.
Le coppie, infatti, fanno sempre meno figli (in media, una famiglia italiana ha 2,4 componenti).

Cresce, invece, il numero delle:
- coppie senza figli,
- famiglie con un solo genitore,
- famiglie multiculturali,
- famiglie allargate*.

...matrimoni

Gli italiani si sposano sempre più tardi e molte donne hanno il loro primo figlio dopo i 35 anni.

Le coppie preferiscono sposarsi in chiesa ma sono sempre di più quelle che scelgono il matrimonio civile (*foto 1*) o la semplice convivenza*.

Dopo il rito del matrimonio (di mattina o di pomeriggio) e il lancio del riso (*2*), gli sposi vanno con parenti e amici al ristorante, dove mangiano, bevono e ballano per ore.

Per tradizione, gli sposi regalano a ogni invitato una bomboniera (*3*) con cinque o sette confetti (*4*).

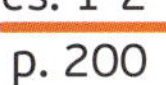

es. 1-2
p. 200

Sapete che...?

Cosa regalare agli sposi?

Gli invitati regalano agli sposi oggetti per la loro nuova casa. Per questo, di solito, la coppia sceglie un negozio e prepara una lista di regali (la lista di nozze*).

Alcune coppie invece preferiscono ricevere in regalo il viaggio di nozze.

Se gli sposi non hanno la lista di nozze in un negozio o in un'agenzia di viaggi, potete dare dei soldi in una busta.

Curiosità

Il wedding tourism

Molti stranieri (e anche personaggi famosi!) scelgono di sposarsi in una città d'arte italiana, come Firenze, Roma, Venezia...

* *allargate*: nuove famiglie che si formano dopo separazioni e divorzi
convivenza: vivere insieme senza sposarsi
nozze: matrimonio

8 Sintesi

COMUNICAZIONE

Descrivere il carattere di una persona

• Com'è...? • Che tipo è...?	• Sembra una persona simpatica, allegra, generosa. • Sembra una persona ottimista, gentile, socievole. • È simpatico/a, allegro/a, generoso/a, gentile, socievole. • È antipatico/a, maleducato/a, egoista. • È triste, pessimista, timido/a.

Chiedere l'indirizzo	Dare l'indirizzo
• Dove abiti?	• In Via Parini 24.

GRAMMATICA

Gli aggettivi possessivi (II)

	singolare		plurale	
	maschile	femminile	maschile	femminile
(io)	il mio nome	la mia paura	i miei amici	le mie giornate
(tu)	il tuo succo	la tua cucina	i tuoi libri	le tue amiche
(lui, lei)	il suo caffè	la sua scuola	i suoi figli	le sue scarpe
(Lei)	il Suo paese	la Sua età	i Suoi occhi	le Sue parole
(noi)	il nostro tavolo	la nostra vita	i nostri hobby	le nostre vacanze
(voi)	il vostro amico	la vostra città	i vostri parenti	le vostre colleghe
(loro)	il loro autobus	la loro casa	i loro soldi	le loro azioni

Gli aggettivi possessivi con i nomi di parentela

senza articolo	
con i nomi al singolare	mia madre, tuo padre, suo fratello, nostro zio, vostro cugino (ma: ~~loro madre~~)

con articolo	
con i nomi al plurale	le mie sorelle, i miei cugini, i nostri figli, le vostre zie
con loro (anche al singolare)	il loro padre, la loro madre
con i nomi "affettivi"	la mia mamma, il mio papà
se c'è un aggettivo	la mia sorella maggiore, il mio zio preferito
con i nomi alterati	la sua sorellina, la nostra nipotina

In questa unità impariamo a:

- consigliare un piatto
- parlare di piatti e pasti
- esprimere preferenza
- ordinare al ristorante
- parlare di locali
- localizzare oggetti nello spazio

Unità 9 Al ristorante

Pronti?

1 *Completate con penne, margherita, spaghetti, pomodoro, bistecca e pizza.*

1 ___________ al ragù

2 gnocchi al ___________

3 ___________ quattro stagioni

4 ___________ al pomodoro

5 ___________ alla fiorentina

6 pizza ___________

2 *Conoscete altri piatti italiani? A voi piace la cucina italiana? Andate spesso in ristoranti o pizzerie italiani?*

3 **a** *Ascoltate il dialogo o guardate il video. Cosa ordinano i quattro ragazzi? Scrivete nei quadratini i numeri dei piatti dell'attività 1.*

b *Ascoltate o guardate di nuovo e controllate le vostre risposte. Poi fate l'attività A1.*

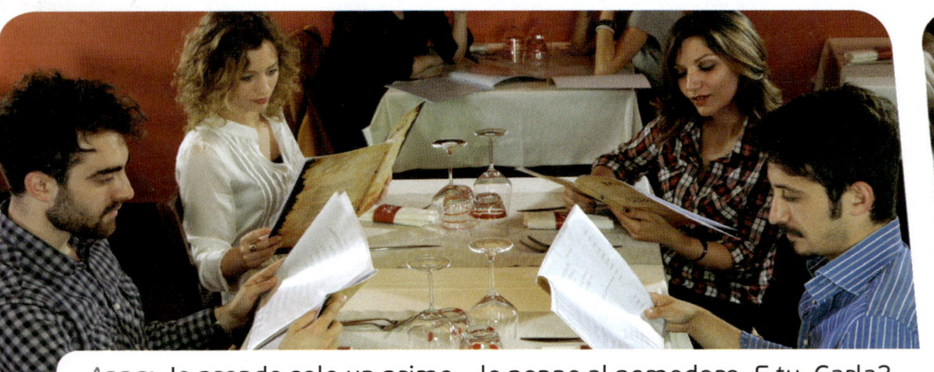
Anna: Io prendo solo un primo... le penne al pomodoro. E tu, Carla?
Carla: Hmm... io provo gli spaghetti al ragù. E voi, ragazzi?

Bruno: Io sono indeciso, ci sono un sacco di piatti! Allora...

10 minuti dopo...
Carla: Allora?! Dai, ragazzi, abbiamo fame!
Gianni: Qualche idea? Preferisco la pizza alla pasta, però mi piacciono tutte!

Bruno: Perché non prendi un secondo? Una bella bistecca alla fiorentina, magari?
Carla: Per favore, non ricominciamo! Dovete decidere, siamo qui da 20 minuti! Bruno?
Bruno: Allora, per me la bistecca.

Gianni: Non mi va la carne, vorrei una pizza margherita. O forse...
Anna: Bravo, qui fanno una margherita fantastica! Ottima scelta!

Carla: Prendiamo un contorno, due insalate verdi?
Bruno: Ok. Da bere? Acqua naturale, no?
Anna: Bene, ora vogliamo ordinare? Se no Gianni cambia di nuovo idea!

Più tardi...
Bruno: Ma perché ogni volta finiamo per parlare dei Ferrara?
Anna: Sì, io comincio a parlare di loro e voi dite che sono esagerata...
Gianni: No, anche secondo me c'è qualcosa che non va!

Anna: Io sono preoccupata per Alice... Sembra avere veramente paura di lui!
Bruno: Ma le coppie sono così... Cosa credi? Anche tu a volte fai paura a me!
Anna: Ma che dici?! Scemo!
Carla: Scusi, può portare il conto e quattro caffè?

A) Ora vogliamo ordinare...?

1 *Leggete il dialogo e collegate le frasi ai ragazzi. La b e la d corrispondono a due personaggi.*

[b] [ ] [ ] Anna   [ ] [ ] Carla   [ ] [c] Bruno   [ ] [ ] Gianni

a. dà un consiglio a Gianni
b. prende un primo piatto
c. prende in giro Anna
d. sa subito cosa vuole mangiare
e. è sempre preoccupata per Alice
f. è d'accordo con Anna
g. è il più indeciso di tutti

2 *In coppia, fate l'abbinamento, come nell'esempio in blu.*

a. accompagna un piatto

b. servito all'inizio di un pasto

c. piatto a base di pasta o riso

d. servito alla fine di un pasto

e. piatto a base di carne o pesce

3 *In due gruppi, trovate nel dialogo le espressioni per consigliare un piatto e per esprimere preferenza. Il gruppo A cerca tra le battute dei ragazzi e il gruppo B tra quelle delle ragazze. Alla fine, condividete le battute trovate.*

CONSIGLIARE UN PIATTO

ESPRIMERE PREFERENZA

es. 1-2
p. 201

4 *Lavorate a coppie. Siete in un ristorante, guardate il menù a pagina 152, ma siete indecisi. Usate le espressioni dell'attività A3 e fate un dialogo. Alla fine recitate il dialogo davanti alla classe.*

5 *Quali espressioni evidenziate in blu nel dialogo possono sostituire le parti in rosso di queste frasi?*

a. Secondo me, in questa storia c'è qualcosa di strano!
b. Al ristorante di Luigi c'è sempre tanta gente.
c. Quando non ho voglia di cucinare, ordino una pizza.
d. Avete il tiramisù? Altrimenti prendo il gelato.

es. 3-4
p. 201

6 *Leggete le frasi: cosa c'è dopo i verbi in blu? In coppia, scoprite nel parolone le forme verbali per completare la tabella.*

Dovete decidere...

...vogliamo ordinare?

...può portare il conto?

possodevevogliamodobbiamovoletepotetevuoidevonopuoi

	potere	volere	dovere
io	________	voglio	devo
tu	________	________	devi
lui, lei, Lei	può	vuole	________
noi	possiamo	________	________
voi	________	________	dovete
loro	possono	vogliono	________

es. 5-6
p. 202

B Buon appetito!

1 *Sottolineate le espressioni che potete sentire nel dialogo tra un cameriere e un cliente.*

Io prendo una margherita.

E con questo?

Volete ordinare?

Disturbo?

Basta così?

Scusi, possiamo ordinare?

Cosa prendete da bere?

Quanti anni ha?

Vorrei una panna cotta.

Sono a dieta.

Per me le penne al pomodoro.

Volete anche il dolce?

2 *Ascoltate le due ordinazioni e indicate a quali tavoli corrispondono. Attenzione: c'è un foglietto in più!*

3 *Ascoltate di nuovo e lavorate a coppie. A va a pag. 146 e B a pag. 149.*

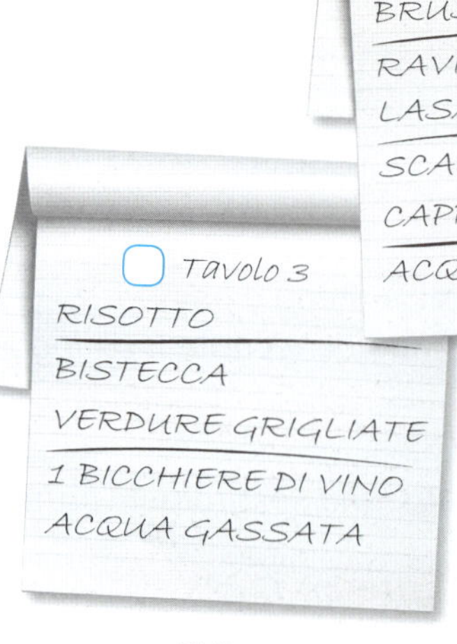

es. 7-8
p. 203

CIAO ALICE, DISTURBO?
OH, CIAO, COME STAI?
CHI È?!

EH... SENTI, ANNA, POSSIAMO PARLARE IN UN ALTRO MOMENTO? NEL POMERIGGIO, MAGARI?
OK, CIAO, A DOPO.
ANNA?! QUELLA CHE ABITA AL PIANO DI SOPRA? MA CHE VUOLE?
NIENTE... È UNA BRAVA RAGAZZA!

HMMM... LEI E I SUOI AMICI NON MI PIACCIONO PER NIENTE. BLEAH! MA COS'È QUESTA ROBA?!
UNA SPECIALITÀ DEL MIO PAESE, NON TI PIACE?

E NO CHE NON MI PIACE! BASTA CON QUESTI PIATTI DI PESCE!
MA NON È LA PRIMA VOLTA CHE PREPARO QUESTO PIATTO! E POI PERCHÉ DEVI GRIDARE?!

PERCHÉ NON MI PIACCIONO I PIATTI COSÌ SALATI!
Anna 5° piano
MA NON C'È TANTO SALE! È SOLO UN PO' SAPORITO...

MACCHÉ SAPORITO?! IO NON MANGIO QUESTA ROBA! VADO AL RISTORANTE!
MA MASSIMO, PERCHÉ DOBBIAMO LITIGARE SEMPRE?

HAI RAGIONE! NON POSSIAMO CONTINUARE COSÌ!
COSA VUOI DIRE?
VOGLIO DIRE CHE ORMAI SONO STUFO DI TE E DELLA TUA CUCINA! STUFO!

OH DIO!

C) Perché devi gridare?

1 *Ascoltate una o due volte il dialogo e indicate l'affermazione giusta.*

1. Anna telefona ad Alice, ma
   a. risponde il sig. Ferrara
   b. lei non è in casa
   c. non possono parlare ora

2. I Ferrara mangiano
   a. un piatto che Alice non cucina mai
   b. una specialità messicana
   c. un piatto tipico del paese di Alice

3. I Ferrara litigano
   a. perché Massimo è stanco, lavora troppo
   b. perché a Massimo non piace quel piatto
   c. perché Anna chiama all'ora di pranzo

4. Alla fine Massimo
   a. esce di casa
   b. va con Alice al ristorante
   c. cucina qualcos'altro

2 *Leggete il dialogo o guardate l'animazione e controllate le vostre risposte. Poi fate un breve riassunto.*

3 *Completate le frasi con le espressioni evidenziate in blu nel dialogo di pag. 101.*

a. Cosa ________________ mangiare a colazione? A me latte e cereali.
b. Perché non prepari qualcosa di diverso per cena? ________________ queste verdure!
c. ________________ con la dieta! Adesso mangio una bella carbonara!
d. Vengo anch'io al cinema con voi stasera! ________________!

4 *In coppia, abbinate le parole alle immagini, come negli esempi in blu.*

5 *A coppie: a turno chiedete a un compagno cosa mangia o beve a colazione (mattina), a merenda (tra i pasti), a pranzo (metà giornata) e a cena (sera). Poi riferite alla classe le abitudini del compagno. Potete aggiungere informazioni come "spesso", "di solito", "ogni tanto" e "raramente".*

es. 9-11
p. 203

D) Andiamo spesso...

1 *Guardate le foto e rispondete alle domande. Secondo voi...*

(in) trattoria

(al) ristorante

(al) fast food

(in) pizzeria

a. qual è il locale più costoso?
b. dove non bisogna prenotare il tavolo?
c. quali locali hanno un'atmosfera familiare e informale?
d. dove va la gente se vuole spendere poco?

2 21

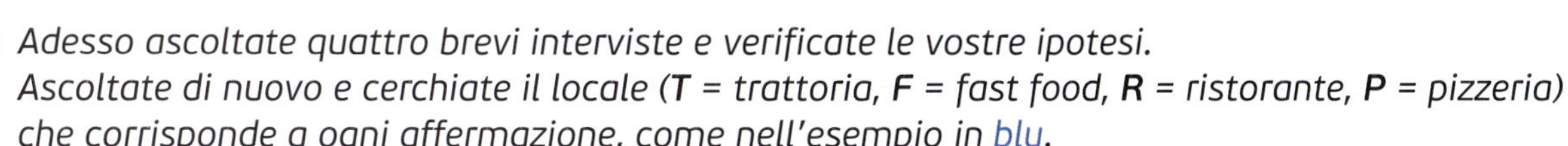

2 *Adesso ascoltate quattro brevi interviste e verificate le vostre ipotesi. Ascoltate di nuovo e cerchiate il locale (**T** = trattoria, **F** = fast food, **R** = ristorante, **P** = pizzeria) che corrisponde a ogni affermazione, come nell'esempio in blu.*

1. È abbastanza economica.	(T)	F	R	P	6. La cucina è tradizionale.	T	F	R	P
2. Ha un menù ricco.	T	F	R	P	7. La qualità non è ottima.	T	F	R	P
3. Ha un'atmosfera formale.	T	F	R	P	8. È molto elegante.	T	F	R	P
4. È necessario prenotare.	T	F	R	P	9. Non servono primi e secondi.	T	F	R	P
5. Il locale è accogliente.	T	F	R	P	10. Il menù non cambia da anni.	T	F	R	P

3 *Voi mangiate spesso fuori casa? Dove e perché? Se i compagni conoscono il "vostro" locale possono aggiungere dei commenti.*

4 *Scrivi un breve testo: qual è il tuo locale preferito? Perché?*

0-70

es. 12
p. 204

E) Dov'è il pepe?

1 **a** *Lavorate a coppie. Osservate il tavolo per 30 secondi. Poi chiudete il libro e, a turno, fate al vostro compagno tre domande, secondo gli esempi.*

C'è l'acqua?

Quanti bicchieri ci sono?

b *Ora aprite il libro e controllate le vostre risposte.*

2 *Sempre a coppie, guardate di nuovo l'immagine dell'attività E1: una delle seguenti affermazioni è sbagliata. Vince la coppia che scopre per prima l'errore!*

a. L'olio è sopra il tavolo.
b. Il piatto è tra il coltello e la forchetta.
c. La bottiglia dell'acqua è al centro del tavolo.
d. Il pane è dietro il pepe e il sale.
e. Il tovagliolo è sotto il coltello.
f. Il piatto è davanti ai bicchieri.
g. L'acqua è dentro la bottiglia.
h. Il coltello è accanto al cucchiaio.

3 *A turno descrivete un'immagine ("Le banane sono ... cestino") al compagno che deve indovinare qual è. Ogni risposta giusta vale 1 punto. Vediamo chi fa più punti!*

es. 13-15
p. 205

Gli italiani a tavola

Conoscere le abitudini alimentari di un Paese, specialmente dell'Italia, non è solo interessante... è anche molto utile, per almeno tre motivi:

1. Siete sicuri di trovare il ristorante aperto!
2. Se ordinate il cappuccino dopo un pasto, capite perché il cameriere sa che siete stranieri!
3. Capite perché carne e pasta non sono mai nello stesso piatto!

Scopriamo allora insieme le abitudini italiane!

Solo nelle occasioni importanti, come i matrimoni, gli italiani fanno un pasto completo, che dura molte ore.

Colazione	Gli italiani fanno una colazione veloce e leggera. Di solito bevono un caffè o un cappuccino e mangiano qualcosa di dolce: una brioche, dei biscotti o pane con burro e marmellata.
Pranzo	È il pasto principale e più completo: un primo, un secondo con contorno e frutta. Oggi però le persone hanno meno tempo e preferiscono un piatto unico.
Merenda	Molti fanno uno spuntino con un frutto o uno snack dolce o salato a metà mattina o a metà pomeriggio.
Cena	La sera le famiglie italiane cenano insieme a casa, spesso solo con un secondo e un contorno.
Orari	Da Nord a Sud gli orari dei pasti cambiano: di solito, gli italiani pranzano tra le 12:30 e le 14:30 e cenano tra le 19:30 e le 21:30.

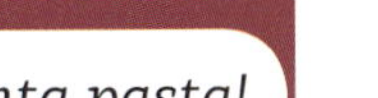

Curiosità

Quanta pasta!

Ma quanti tipi di pasta ci sono? Più di 300! E ogni regione ha la sua pasta.

Quanta pasta mangia un italiano in un anno?

26kg

La pasta più amata dagli italiani?

La pasta al pomodoro

Anche quando hanno fretta, sono in ufficio o per strada, gli italiani amano mangiare bene... ecco perché al cibo del classico fast food preferiscono un panino, un pezzo di pizza o un'insalata!

Sapete che...?

Il tiramisù è il dolce italiano più conosciuto al mondo.

es. 1-2
p. 206

COMUNICAZIONE

Consigliare un piatto

Perché non prendi un secondo? Una bella bistecca alla fiorentina, magari?
Qui fanno una margherita fantastica.
Prendiamo un contorno, due insalate verdi?

Esprimere preferenza

Preferisco la pizza alla pasta. Mi piacciono tutte! Vorrei una pizza margherita.	Per me la bistecca. Non mi va la carne.

Ordinare al ristorante

	• Scusi, possiamo ordinare?
• Prego, signori. • Volete ordinare?	• Sì, due bruschette al pomodoro per antipasto. • Per me le penne al pomodoro. • Io prendo una margherita. / Vorrei una pizza.
• Volete anche un secondo?	• Prendo una cotoletta alla milanese.
• E per contorno?	• Un piatto di verdure grigliate. / Un'insalata.
• Cosa prendete da bere? • E da bere?	• Avete vino rosso della casa? • Una bottiglia d'acqua naturale/gassata. • Un bicchiere del vino della casa.
• Prendete il dolce?	• Vorrei una panna cotta.
• Basta così?	• Può portare il conto e quattro caffè?

GRAMMATICA

Presente indicativo dei verbi modali

	potere	volere	dovere
io	posso	voglio	devo
tu	puoi	vuoi	devi
lui, lei, Lei	può	vuole	deve
noi	possiamo	vogliamo	dobbiamo
voi	potete	volete	dovete
loro	possono	vogliono	devono

Preposizioni per localizzare oggetti nello spazio

SOPRA + articolo + nome	*Il sale è sopra il tavolo.*
TRA/FRA + articolo + nome + **E** + articolo + nome	*Il piatto è tra il coltello e la forchetta.*
AL CENTRO + **DI** + articolo + nome	*La bottiglia dell'acqua è al centro del tavolo.*
DIETRO + articolo + nome	*Il pane è dietro il pepe e il sale.*
SOTTO + articolo + nome	*Il tovagliolo è sotto il coltello.*
DAVANTI + **A** + articolo + nome	*Il piatto è davanti ai bicchieri.*
DENTRO + articolo + nome	*L'acqua è dentro la bottiglia.*
ACCANTO + **A** + articolo + nome	*Il coltello è accanto al cucchiaio.*

1 *Quale regione italiana è famosa per le sue nocciole? Cerchiate la parola o l'espressione estranea e scrivete la lettera rossa nella colonna a destra, come nell'esempio. Poi indicate la regione sulla cartina.*

1.	sposo	zio	nonno	cugino	
2.	mare	montagna	campagna	gita	
3.	spaghetti	cotoletta	panettone	lasagne	
4.	ottimista	maleducato	generoso	simpatico	
5.	sopra	poi	accanto	sotto	o
6.	è mattina	piove	fa caldo	c'è vento	
7.	settembre	gennaio	autunno	ottobre	
8.	forchetta	impiegata	bicchiere	piatto	

2 *Picnic di Pasquetta al parco di Villa Ada. Completate il dialogo: negli spazi rossi mettete i possessivi (con o senza articolo); negli spazi blu la forma giusta dell'aggettivo "bello".*

Villa Ada, Roma

Anna: Giulia, il ragazzo biondo e alto è Giacomo, ________(1) fidanzato?
Giulia: No, quello è Luca: ________(2) fratello.
Anna: Ah! Ma che ________(3) ragazzo! Allora ________(4) fidanzato è quello con i baffi?
Giulia: No, no! Quello è ________(5) cugino Giovanni! Vive a Napoli. È qui con ________(6) ragazza.
Anna: Ah! È un ________(7) uomo e anche lei è una ________(8) ragazza!
Giulia: Sì, belli e bravi... Sono cuochi!
Anna: Davvero? Allora chissà cosa hanno per il picnic!!

Buon appetito!

Giocate in 3 o in 3 piccoli gruppi. Ogni giocatore parte da una delle ***Ordinazioni*** *agli angoli:* ***Tavolo A***, ***B*** *e* ***C***. *A turno, tirate il dado: ogni volta potete decidere se andare a destra o a sinistra. I piatti, le bevande e i caffè sono le caselle e sono divisi in quattro categorie: Antipasti&Bevande, Primi, Secondi&Contorni, Dolci&Caffè. Quando arrivate su una casella, il giocatore alla vostra sinistra sceglie per voi uno dei compiti del* ***Menù*** *a pag. 109. Se rispondete correttamente, mettete una* **✘** *nella categoria corrispondente della vostra* ***Ordinazione***. *Ad esempio, se siete su un caffè e rispondete correttamente, mettete una* **✘** *in Dolci&Caffè. Dopo, il turno passa al giocatore successivo. Vince chi completa per primo la sua* ***Ordinazione***.

Se...
...arrivate su una categoria che avete già completato, fate comunque il compito: se rispondete correttamente, mettete una **✘** *negli* ***Extra***;
*...finiscono i compiti e nessuno ha completato l'***Ordinazione***, vince chi ha più piatti e bevande in totale.*

Lasagne
Caffè
Verdure alla griglia
Vino rosso
Acqua
Scaloppine
Bistecca
Orecchiette
Panna cotta
Tagliatelle al ragù
Bruschette
Pesce alla griglia
Spaghetti al pomodoro
Pane
Vino bianco
Risotto
Tiramisù
Ordinazione
Tavolo A
Antipasti &Bevande
Primi
Secondi& Contorni
Dolci &Caffè
Extra:

Menù

- È il 25 dicembre. Che cosa dici ad amici e parenti?
- "Sembra simpatico e socievole." Fai una domanda.
- Trasforma: *Questa macchina è dei miei genitori.* ➜ *Questa è la ... macchina.*
- Telefona a un compagno e invita lui e sua sorella al cinema.
- Metti in ordine: *il / Visconti. / ufficio / via / suo / in / è*
- 3 parole del Carnevale.
- Una persona che ama dare agli altri è ...
- È inverno. Che tempo fa? Dove vai in vacanza?
- 5 cose che ci sono in classe.
- In trattoria di solito trovi piatti gourmet/internazionali/tradizionali.
- "Il 27 gennaio." Fai una domanda.
- Un amico dice: "Parli benissimo l'italiano!" Non ci credi, cosa rispondi?
- La zia di mio cugino è: nostra sorella/la mia mamma/sua nipote.
- "Vai spesso in Italia?" "Sì, ... vado ogni estate."
- Chi porta i dolci ai bambini il 6 gennaio?
- Ordina una pizza al cameriere.
- Preferisco il vino rosso ... vino bianco.
- Guarda la tavola a sinistra. Dov'è il pane?
- In media, quanti componenti ha la famiglia italiana? 2,4/3,6/4,1.
- È agosto, sei al mare. Che tempo fa? In che stagione siamo?
- "Vieni a sciare con me?" Rifiuta perché è troppo costoso.
- Sei in trattoria con un'amica. Consiglia un piatto.
- Trova e correggi l'errore: *Luigi ha un zaino azzurro.*
- Stasera vado ... mangiare fuori con gli amici.
- L'acqua è dietro/dentro/sotto il bicchiere.
- Le prime tre persone dei verbi *potere* e *dovere*.
- Leggi e fai il totale: 1950 + 2040 = ...
- Descrivi un tuo compagno con 3 aggettivi.
- Il dolce tipico della Pasqua italiana è ...
- Il museo è aperto ... 10 ... 18.
- Il contrario di *ottimista* è ...
- La sorella di mio nonno è la ... del mio papà.
- Le ultime tre persone del verbo *volere*.
- Trova e correggi l'errore: *La sposa è la mia cugina.*
- Non mi fa/va/voglia il pesce, prendo solo la verdura.
- Luca arriva ... una settimana.

3 *Vacanze in Spagna. Completate il testo con le preposizioni (con o senza articolo).*

__________(1) una settimana parto __________(2) Spagna. Vado dieci giorni al mare __________(3) mie amiche Ester, Paula e Mary, che è inglese, ma lavora __________(4) Stati Uniti. Abbiamo tutte bisogno di una vacanza: vogliamo passare le giornate __________(5) spiaggia a scherzare!

Ora preparo le mie cose. Ester dice che fa molto caldo, ma che dobbiamo portare anche una giacca perché __________(6) Ferragosto andiamo __________(7) suoi genitori: loro vivono vicino __________(8) deserto e la sera fa freddo.

Granada e il deserto di Tabernas

4 *Completate la conversazione con la forma giusta dei verbi tra parentesi.*

Gita nel fine settimana
Marco, Lucia, Tu

Marco
Questo fine settimana sono libero. __________________ (1. potere fare) una gita insieme!

Sì, perché no? Dove?

Lucia
Sììì!!! 😍😍 Io __________________ (2. volere andare) in montagna! __________________ (3. potere comprare) i panini e fare una passeggiata.

Ma no, scusa, se c'è il sole, __________________ (4. potere andare) al mare e mangiare il pesce! __________________ (5. dovere fare) qualcosa di diverso!

Marco
Ma perché __________________ (6. dovere litigare) sempre voi due?! Decido io! Andiamo a Genova perché __________________ (7. volere visitare) il Museo d'Arte Orientale! Poi __________________ (8. potere mangiare) la pasta al pesto, il piatto tipico della regione!

Al lavoro! Previsioni del tempo in TV

Lavorate a gruppi di due o tre.

1. *Scegliete tra Nord, Sud e Centro Italia e disegnate una cartina della zona. Scrivete le città più importanti. Potete cercare su internet o guardare la cartina a pag. 17.*
2. *Poi controllate le previsioni del tempo per il fine settimana (potete usare l'applicazione del vostro smartphone o cercare su www.ilmeteo.it) e disegnate i simboli (pioggia, sole ecc.) vicino alle città.*
3. *Attaccate le cartine al muro e cominciate: salutate gentilmente il pubblico a casa e, se volete, date qualche consiglio per la gita della domenica!*

Unità 10
A fare spese

In questa unità impariamo a:

- parlare di stili
- fare acquisti in un negozio di abbigliamento e in un negozio di scarpe
- descrivere un capo di abbigliamento
- chiedere ed esprimere un parere
- parlare delle abitudini quotidiane

Pronti?

1 *In coppia cerchiate le altre 7 parole relative allo shopping incontrate nelle unità precedenti, come nell'esempio in blu.*

C	I	S	C	A	R	P	E
O	T	E	O	P	G	V	U
M	A	Q	E	A	O	E	L
M	E	P	O	G	N	S	B
E	L	E	G	A	N	T	E
S	U	R	A	R	A	I	R
S	**T**	**I**	**L**	**E**	O	T	I
A	T	R	O	S	F	O	G
N	E	G	O	Z	I	O	E

2 *Abbinate gli stili di abbigliamento alle immagini.*

☐ casual ☐ classico ☐ sportivo

a

b

c

Qual è il vostro stile? — *Mi piace vestire in modo...*

3 *Guardate le immagini a pag. 112 e fate delle ipotesi:*

a. *che cosa vogliono comprare Anna e Carla?*
b. *ad un certo punto c'è un piccolo problema, quale?*

Adesso fate l'attività A1.

Anna: Dai, non così presto! Mi sveglio alle 7 ogni giorno! Facciamo alle 10? Così dormo un po' di più e mi preparo con calma... ok? Grazie, a domani.

Anna: Buongiorno, vorrei vedere quel vestito lungo in vetrina.
commessa: Certo, che taglia porta?
Anna: La 42.
commessa: Un attimo, vedo se c'è.

Carla: ...cioè secondo te, Ferrara ha intenzione di lasciare Alice?
Anna: Così sembra... e lei non risponde al telefono! Ho un cattivo presentimento...

commessa: Ecco, è l'ultimo in nero. C'è anche in bianco, se vuole.
Anna: Preferisco provare quello nero.
commessa: Il camerino è in fondo a destra.

Anna: Ti piace?
Carla: Bellissimo, Anna. Molto elegante!
commessa: Sì, molto bello!
Anna: Quanto viene?
commessa: Costa 70 euro, c'è il 10% di sconto.
Anna: Bene! Posso pagare con la carta di credito?

commessa: Certo... Prego, il suo pin.
Anna: Oh Dio, non mi ricordo il pin della nuova carta! E non ho abbastanza contanti, non è possibile! Chiedo scusa, magari ripasso...
Carla: Ma che dici?! È l'ultimo in nero! Pago io.
Anna: Davvero? Grazie mille, Carla, sei un tesoro!

Carla: Ma che, scherzi? Ecco a Lei!
Anna: Grazie mille!
Ciao, amore! Bene... Le scarpe? Un vestito nero e lungo! Certo. Fra mezz'ora? Anche Carla vuole vedere Gianni! A dopo!

A) Che taglia porta?

1 *Ascoltate il dialogo o guardate il video e rispondete alle domande, oralmente o per iscritto.*

a. A che ora si sveglia Anna ogni giorno?
b. Com'è il vestito che vuole vedere?
c. Perché Anna ha un cattivo presentimento?
d. Quanto costa il vestito?
e. Che problema ha Anna? Che cosa non ricorda?
f. Chi risolve il problema e come?

2 *Adesso leggete il dialogo e controllate le vostre risposte.*

3 *Lavorate a coppie. Immaginate che cosa dice Bruno ad Anna al telefono. Poi confrontatevi con le altre coppie, recitando la vostra "telefonata"!*

4 *Lavorate ancora a coppie. Trovate nel dialogo le espressioni usate per:*

chiedere di vedere/provare qualcosa ______

chiedere/dire la taglia ______

parlare del colore ______

descrivere un vestito ______

chiedere/dire il prezzo ______

5 *Lavorate a coppie. A legge le istruzioni sotto e B va a pag. 150.*
A: sei il/la cliente, entri in un negozio e chiedi di provare alcuni dei seguenti capi di abbigliamento. Vuoi sapere in quali colori sono disponibili, il prezzo ecc. Alla fine decidi che cosa comprare, paghi e saluti.

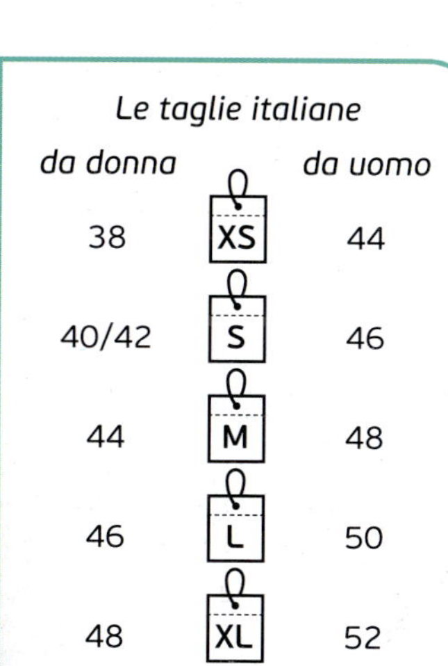
Le taglie italiane

da donna		*da uomo*
38	XS	44
40/42	S	46
44	M	48
46	L	50
48	XL	52

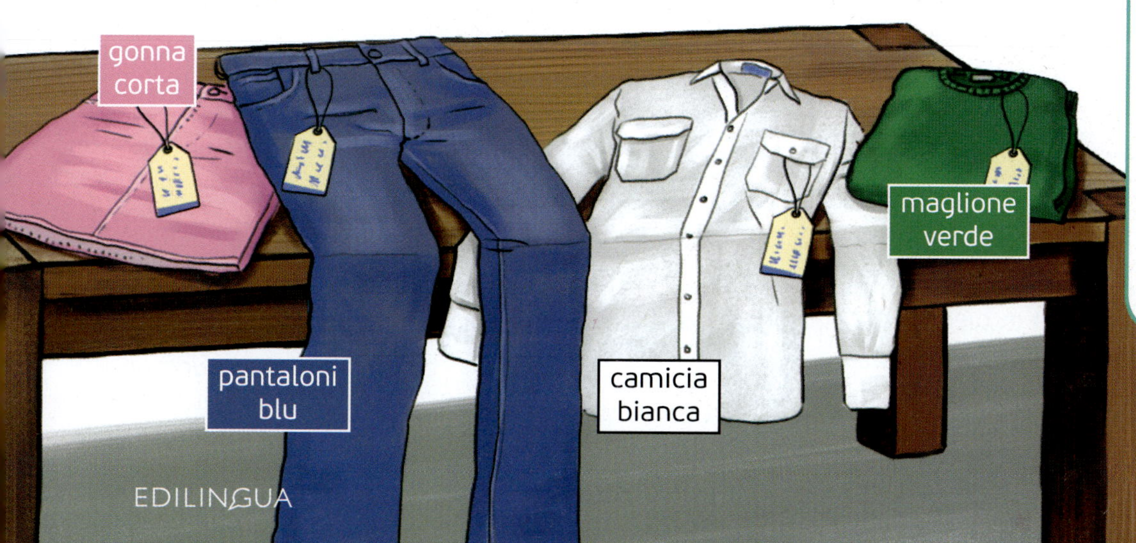

es. 1-2
p. 207

B Mi sveglio alle 7

1 *Osservate: "Mi sveglio alle 7 ogni giorno", "...e mi preparo con calma". Le forme in blu sono verbi riflessivi. Abbinate le frasi alle immagini.*

a

b

☐ *Mario alza la mano.*

☐ *Mario si alza presto.*

2 *Completate le frasi con i pronomi ti, mi, vi.*

I verbi riflessivi

1. Io non ____ pettino mai!

2. Quando ____ fai la barba?

3. Fabiana si fa la doccia.

4. Ci laviamo sempre i denti.

5. Voi ____ vestite bene!

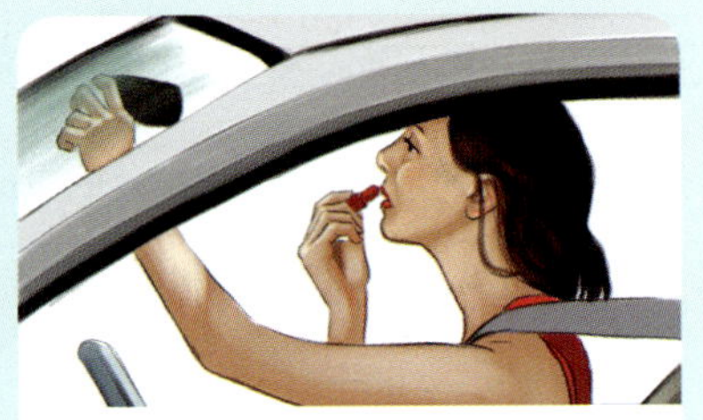

6. Le donne si truccano.

3 *Completate il messaggio di Anna con i verbi dati, come nell'esempio in blu.*

mi preparo ◆ ti senti ◆ mi faccio ◆ ti fai
ti alzi ◆ ti riposi ◆ ti prepari ◆ mi sveglio

Sei fortunata, sai! ____________(1) tardi perché i tuoi corsi cominciano alle 12. Quindi, ____________(2) la doccia e ____________(3) con calma. Quando hai poche ore di lezione, ti riposi un po' il pomeriggio. Io, invece, ____________(4) molto presto e ____________(5) subito la doccia. Ho pochi minuti per vestirmi, così ____________(6) in fretta! Poi lavoro fino a tardi, tutto il giorno in piedi! E ora sei tu che non puoi uscire perché ____________(7) stanca? Dai, Carla!

4 *Lavorate a coppie. A sceglie tre azioni quotidiane (ad esempio, alzarsi alle 8) e le mima a B.*

Per ogni azione che B descrive correttamente ("Ti alzi alle 8"), la coppia vince 1 punto.

Poi i ruoli cambiano. Vediamo quale coppia fa più punti!

5 *Raccontate come inizia la vostra giornata.*

es. 3-4
p. 207

Guardate le immagini a destra e descrivete cosa succede. Poi fate l'attività C1.

Torniamo alla storia

BUONGIORNO, POSSIAMO DARE UN'OCCHIATA? GRAZIE! ...QUESTE TI PIACCIONO?
MAH, COSÌ E COSÌ. QUESTI STIVALI, INVECE?
NO, HO BISOGNO DI SCARPE NORMALI! QUESTE?

HMMM... MA
MARRONE, NON VEDI? SCUSI, POSSO PROVARE QUESTE QUI?

CERTO,
44. QUANTO COSTANO?
VEDIAMO... 99 EURO. UN ATTIMO... PREGO!

GRAZIE... BELLE?
BELLE, QUESTO MODELLO , SA?
A ME, DEVO DIRE, NON PIACCIONO TANTO... CHE FAI?

MANDO UNA FOTO AD ANNA: LEI SÌ CHE HA GUSTO!
GRAZIE, MOLTO GENTILE! MA QUELLO NON È...

CHE FAI, PERCHÉ TI METTI GLI OCCHIALI DA SOLE?!
FERRARA! CON UN'ALTRA DONNA?!
COSA? CHI? E PERCHÉ TI DEVI NASCONDERE?

NON TI RICORDI IL COLLOQUIO AL MUSEO? CHE BRUTTA FIGURA!
AH, LE SCARPE PIACCIONO ANCHE AD ANNA! SCUSI,
NO, MI DISPIACE! MA... COSA FA IL SUO AMICO?

NIENTE, AL MIO AMICO PIACE SCHERZARE. GIANNI, ANDIAMO A PAGARE!
MA È ALLA CASSA! VAI A PAGARE E CI VEDIAMO FUORI, OK?
EH, BRAVO, ESCI, ESCI... È MEGLIO!

C È di moda!

1 *Leggete il dialogo e inserite le seguenti espressioni al posto giusto.*

a CHE NUMERO PORTA? **b** C'È UNO SCONTO? **c** È MOLTO DI MODA. **d** DI CHE COLORE SONO?

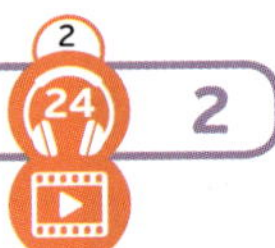

2 *Adesso ascoltate il dialogo o guardate l'animazione e controllate le vostre risposte. Poi chiudete il libro e tutti insieme riassumete oralmente il dialogo nel modo seguente: uno studente comincia con una sola frase, poi continua un altro studente e così via.*

3 *Inserite le espressioni dell'attività C1 nella borsa giusta.*

Parlare del colore	Parlare del prezzo	Parlare di numeri e taglie	Chiedere/Esprimere un parere
C'è anche in bianco?	Quanto viene/costa?	Che taglia ha/porta?	Ti piace? / Com'è?
Preferisco quello nero...	Quant'è?	La 46. / La L (elle).	È molto elegante!
			Bellissimo!
______	______	______	______
	C'è il 10% di sconto.	Il 42.	

4 *In coppia scrivete un mini dialogo usando almeno due espressioni dell'attività C3.*

5 *Un regalo per Laura. Lavorate in coppia. A va a pag. 146 e B a pag. 150.*

6 *Osservate l'immagine a destra: secondo voi, qual è la frase corretta? La risposta è a pag. 120!*

es. 5-9
p. 208

D Sono in offerta

1 *Ascoltate i tre mini dialoghi e indicate con una ✗ i colori che sentite.*

2 25

2 Ascoltate di nuovo e indicate l'affermazione corretta.

1. Le due amiche vogliono vedere: a. un giubbotto di pelle b. un piumino giallo c. i guanti neri
2. L'uomo sceglie una cravatta: a. a righe b. blu scuro c. azzurra
3. L'ultima cliente spende: a. 50 euro b. 38 euro c. 40 euro

3 Abbinate le parole date alle immagini, come nell'esempio in blu.

a. borsa b. cravatta c. giubbotto d. stivali e. cintura f. piumino g. sciarpa

UNITED COLORS OF BENETTON.

1 ___
2 f
3 ___
4 ___
5 ___
6 ___
7 ___

abito da uomo
tuta da ginnastica
maglione
cappotto da donna
felpa
guanti

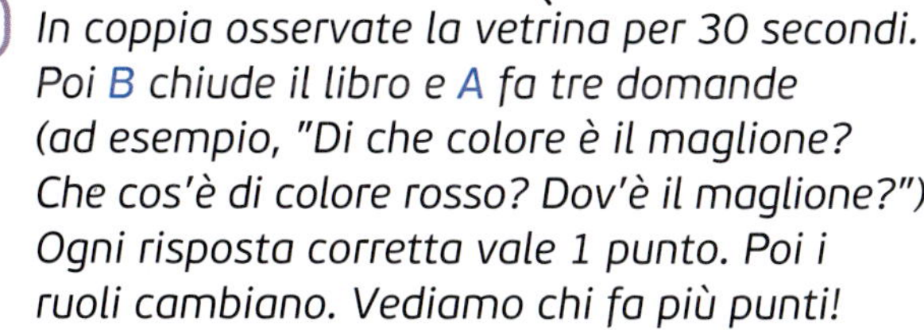

4 In coppia osservate la vetrina per 30 secondi. Poi B chiude il libro e A fa tre domande (ad esempio, "Di che colore è il maglione? Che cos'è di colore rosso? Dov'è il maglione?"). Ogni risposta corretta vale 1 punto. Poi i ruoli cambiano. Vediamo chi fa più punti!

5 In coppia immaginate il dialogo tra il commesso di un negozio e un cliente che vuole vestirsi come **a**, **b** o **c** e chiede di provare i vari capi di abbigliamento, accessori ecc. Vediamo alla fine che cosa compra!

a

b

c

es. 10-12
p. 210

E Che consumatore sei?

1 *Ascoltate le risposte ad alcune brevi interviste sull'abbigliamento e, in coppia, cercate di immaginare le domande.*

2 *Ora ascoltate le interviste complete e fate le stesse domande a un compagno. Poi i ruoli cambiano. Alla fine ognuno riferisce alla classe le risposte del compagno.*

60-70

3 *Un'amica su Facebook commenta un tuo album di foto. Rispondi per ringraziare e parlare di abbigliamento (quanto è importante per te, i tuoi stili e negozi preferiti ecc.). Infine, fai un commento sul suo stile.*

Anna Monti Che belle foto! Mi piace molto come ti vesti!
Mi piace · Rispondi · 1
lunedì alle ore 11:41

4 *Che consumatori siete? Quanto è importante per voi l'abbigliamento e lo shopping? Fate il test.*

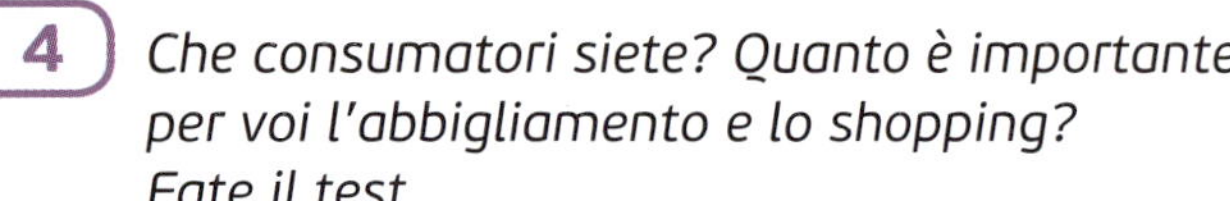

1. In un negozio di abbigliamento rimani
   a. più di un'ora
   b. circa mezz'ora
   c. il meno possibile

2. Sono importanti per te i capi firmati*?
   a. Molto
   b. Non molto
   c. No, per niente

3. Vai a fare shopping
   a. 2-3 volte al mese
   b. una volta al mese
   c. 1-2 volte all'anno

4. Compri cose non veramente necessarie?
   a. Sì, spesso
   b. Alcune volte
   c. No, mai

5. I saldi* sono
   a. il periodo più bello
   b. un modo per risparmiare
   c. una volta all'anno?

6. Leggi riviste di moda?
   a. Certo, ogni settimana!
   b. Qualche volta
   c. Ci sono riviste di moda?!

*firmati: di marchi e stilisti conosciuti | *saldi: periodo di offerte e di sconti

Calcolate 3 punti per le risposte in blu, 2 per quelle in rosso e 1 per quelle in verde. Leggete il vostro profilo: siete d'accordo con i risultati?

14-18 punti: Vivi per fare spese! Ma c'è anche altro nella vita... Perché non provi a fare qualcosa di più creativo ogni tanto?

10-13 punti: Sei un consumatore maturo, sai quello che vuoi. Ti piace fare spese, ma senza esagerare.

6-9 punti: Sicuramente per te fare acquisti non è molto importante. Questo non è un problema, ma portare sempre le stesse cose per 10 anni non è il massimo...

es. 13-14 p. 211 Test

es. 13-14
p. 209

Italia&italiani

La moda italiana

La moda italiana è conosciuta e apprezzata per il suo stile e la sua eleganza.

Infatti, turisti da tutto il mondo, tra una visita a un museo e a un monumento, amano fare spese o semplicemente passeggiare tra le vie più chic del Belpaese.

Gli italiani amano vestirsi bene, anche senza spendere molto: oltre ai capi firmati dai grandi stilisti, ci sono tanti marchi di qualità meno costosi. Inoltre, negli outlet e online, è possibile trovare anche grandi firme a prezzi bassi.

Se volete vedere i più bei negozi di moda italiana, andate in Via Montenapoleone a Milano e in Via Condotti a Roma!

Sapete che...?

Alcune case di moda hanno anche linee più casual ed economiche, come Emporio Armani e Just Cavalli.

Ci sono negozi Emporio Armani in tutto il mondo. Inoltre, a Milano potete visitare il museo Armani/Silos e fare una pausa all'Emporio Armani Caffè!

La moda italiana è un vero e proprio fenomeno culturale e sociale. Le città della moda ospitano ogni anno importanti sfilate, come "Pitti Immagine Uomo" a Palazzo Pitti a Firenze e "Milano Moda Donna", organizzata a Milano durante la Settimana della Moda.

1-2
p. 212

Gli italiani hanno anche una grande passione per scarpe, occhiali e accessori di pelle (borse, cinture ecc.). Ecco alcuni dei marchi italiani più venduti nel mondo:

PRADA

VALENTINO
MOSCHINO
GUCCI
VERSACE
DOLCE & GABBANA
FURLA
DIESEL

COMUNICAZIONE

Chiedere di vedere/provare qualcosa	Rispondere
• Buongiorno, vorrei vedere quel vestito lungo in vetrina. • Possiamo dare un'occhiata? • Scusi, posso provare queste scarpe? • Vorrei vedere una cravatta. • Voglio fare un regalo a un'amica, c'è qualcosa di elegante, ma non molto costoso?	• Certo. • Prego. • Un attimo, vedo se c'è. • Il camerino è in fondo a destra.

Chiedere la taglia o il numero di scarpe	Dire la taglia o il numero di scarpe
• Che taglia porta/ha? • Che numero porta?	• La 42. / C'è la Esse? • (Il) 44.

Parlare del colore

• È l'ultimo in nero. • C'è anche in bianco, se vuole. • Di che colore sono le scarpe?	• C'è anche in bianco? • Preferisco (provare) quello nero. • Marrone.

Chiedere un parere	Esprimere un parere
• Ti piace? / Ti piacciono? • Com'è? / Come sono?	• Bellissimo/a/i/e! / Molto bello/a/i/e! • Molto elegante/i. • Questo modello è molto di moda. • A me non piace/piacciono molto. • Non è/sono male.

Chiedere il prezzo / Parlare del prezzo	Dire il prezzo / Parlare del prezzo
• Quanto costa/viene? / Quant'è? • Quanto costano/vengono? / Quant'è?	• Costa/Viene 70 euro. / 70 euro. • Costano/Vengono 99 euro. / 99 euro.
• Qualcosa di più economico?	• Abbiamo tute da ginnastica in saldo / in offerta. • No, mi dispiace.
• C'è uno sconto?	• No, mi dispiace. • C'è il 10% di sconto.
• Che sconto ha?	• C'è il 10% di sconto. / Del 30%.
• Posso pagare con la carta di credito?	• Certo... Prego, il suo pin.

GRAMMATICA

I verbi riflessivi

	lavarsi	mettersi	vestirsi	farsi la doccia
io	mi lavo	mi metto	mi vesto	mi faccio la doccia
tu	ti lavi	ti metti	ti vesti	ti fai la doccia
lui, lei, Lei	si lava	si mette	si veste	si fa la doccia
noi	ci laviamo	ci mettiamo	ci vestiamo	ci facciamo la doccia
voi	vi lavate	vi mettete	vi vestite	vi fate la doccia
loro	si lavano	si mettono	si vestono	si fanno la doccia

I verbi riflessivi con potere, volere e dovere

Perché ti devi nascondere?	=	Perché devi nasconderti?
Non mi posso truccare.	=	Non posso truccarmi.
Ci vogliamo svegliare tardi.	=	Vogliamo svegliarci tardi.

In questa unità impariamo a:

- parlare dei mezzi di trasporto urbano
- esprimere sorpresa
- parlare di avvenimenti passati
- situare un avvenimento nel tempo
- localizzare in uno spazio cittadino

In giro per la città

Unità **11**

Pronti?

1 *Completate il cruciverba.*

1

2

3

7

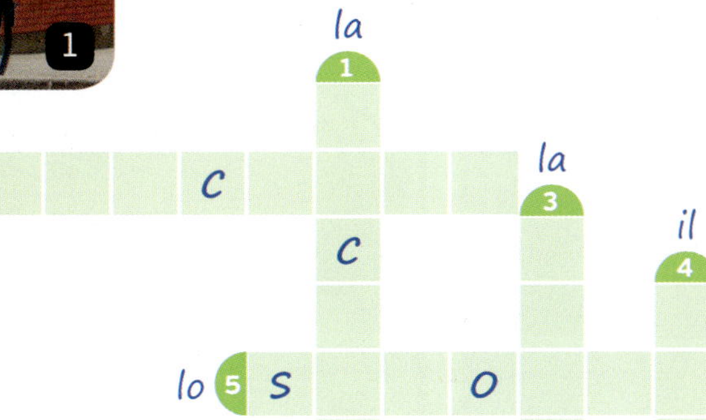

4

6

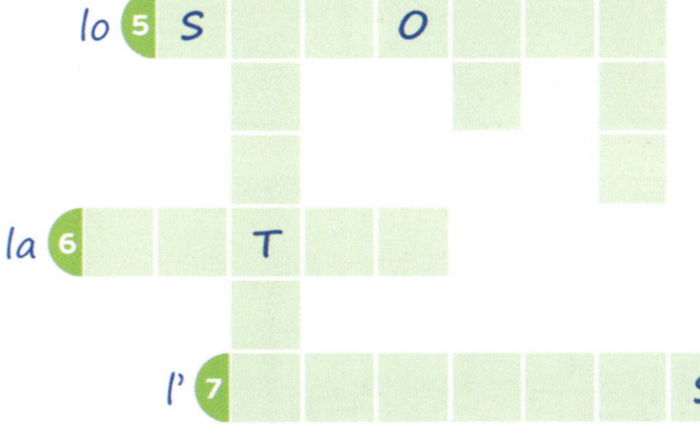

5

2 *Come sono questi mezzi? In coppia, indicate con ★ poco, ★★ abbastanza, ★★★ molto le caratteristiche di ognuno. Poi confrontate le vostre risposte con quelle delle altre coppie.*

mezzo	ecologico	veloce	economico	sicuro
1				
2				
3				
4				
5				
6				
7				

Ricordate?
la moto → le moto

3 *Quale mezzo di trasporto usate più spesso e perché? Poi fate l'attività A1.*

a 1

b
M

c

d

e
Roma Termini

f

g 2

A Una giornataccia!

1 *A libri chiusi ascoltate il dialogo. Poi mettete in ordine le vignette come negli esempi in blu.*

2 *Riascoltate il dialogo e verificate le vostre ipotesi. Cos'è successo a Gianni?*

3 *Adesso ascoltate... tutto il dialogo o guardate l'animazione e indicate se le affermazioni sono vere o false.*

	V	F
1. Gianni ha sbattuto con la bici contro una Ferrari.	☐	☐
2. Dopo l'incidente, Gianni ha parlato con Ferrara.	☐	☐
3. Poi è andato via a piedi.	☐	☐
4. Gianni è scappato perché quella macchina costa tanto.	☐	☐
5. All'inizio, Anna non crede alla storia di Gianni.	☐	☐
6. Alla fine, Gianni dice che è stato tutto un sogno.	☐	☐

4 *Ascoltate di nuovo e scrivete cosa dice Anna per esprimere sorpresa. Notate l'intonazione di Anna.*

Esprimere sorpresa

____________	____________	Davvero?!	No! / Ma
____________	____________	Veramente?!	Incredibile!

5 *A informa B su uno di questi eventi come nell'esempio. B risponde con una delle espressioni dell'attività A4. Poi i ruoli cambiano.*

Sai, a settembre c'è...

settembre, esserci, concerto di...

Giorgia, aspettare, 4° figlio maschio

passare, Capodanno, Parigi

fuori nevicare

mamma, preparare, fettuccine ai funghi

Chiara, avere 42 anni

es. 1-2 p. 213

B Ho avuto un incidente

1 *Le frasi sotto sono al passato prossimo: secondo voi, quando usiamo questo tempo? Abbinate i participi passati agli infiniti, come nell'esempio in rosso.*

Ho *avuto* un incidente con la bici!	parlare	Non *avete parlato*?
Sai contro quale macchina *ho sbattuto*?	andare	E *sono salito* sul primo autobus.
Veramente non *ho capito*...	avere	*Sono andato* via.
	sbattere	
	salire	
	capire	

2 *Come formiamo il passato prossimo? Osservate le frasi dell'attività B1 e completate la tabella.*

Passato prossimo

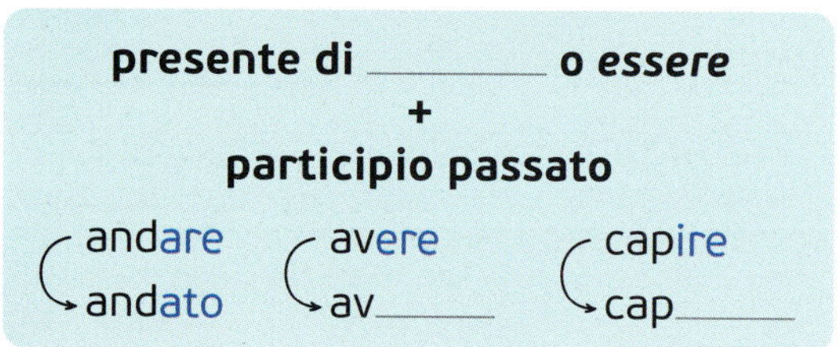
presente di ________ o *essere*
+
participio passato

andare → andato
avere → av________
capire → cap________

→

Gianni ha parlato... / Noi abbiamo parlato
Anna ha parlato... / Loro hanno parlato

Gianni è andato... / Gianni e Bruno sono andati
Anna è andata... / Anna e Carla sono andate

3 *Osservate le immagini e scrivete delle frasi al passato prossimo. I verbi in blu prendono l'ausiliare avere e i verbi in rosso l'ausiliare essere. Poi fate l'attività C1.*

Ho comprato una bici.

____

____

____

____

____

es. 3-4
p. 214

Carla: Scusa, siamo arrivati in anticipo.

Anna: Non fa niente, entrate! Sono tornata poco fa, non ho ancora sistemato la spesa.

Gianni: Ma quante cose hai comprato? È già Natale?

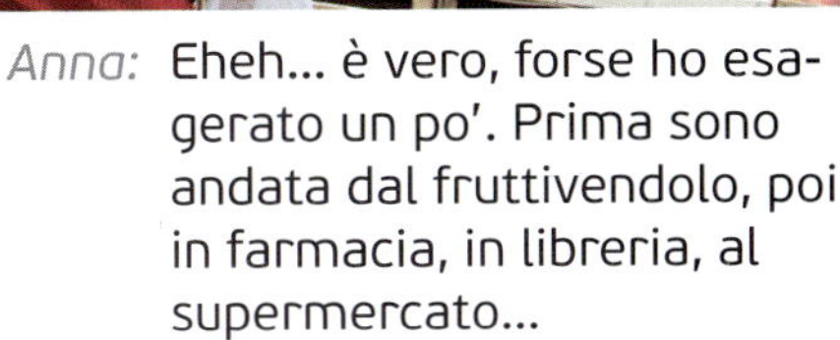

Anna: Eheh... è vero, forse ho esagerato un po'. Prima sono andata dal fruttivendolo, poi in farmacia, in libreria, al supermercato...

Bruno: E questo?

Anna: Ah sì, ho comprato anche un vestito dal nuovo negozio *Benetton* in Via Belli.

Carla: Quello vicino alla piazza?

Anna: No, ti ricordi la libreria dove hai ordinato i libri per i tuoi studenti, di fronte alla chiesa? Ecco, è proprio accanto!

Carla: Insomma, hai camminato un bel po'! E con tutte queste borse?

Anna: No, no: prima ho lasciato la macchina al parcheggio del supermercato, sono andata a piedi nei vari negozi e poi sono tornata a lasciare le borse in macchina. Ah, ho dimenticato la cosa più importante: alla fine sono passata anche dalla pasticceria!

Gianni: A proposito, siamo qui da mezz'ora e neanche un dolce, un aperitivo!

Anna: Ma quale mezz'ora... siete appena arrivati! Un attimo!

Bruno: Tranquilla! Faccio io, amore.

Bruno: Allora, come sta la tua amica dopo la... "minaccia" del marito?

Anna: Ragazzi, voi scherzate, ma io non vedo Alice dall'inizio della settimana scorsa... Non risponde al telefono e nessuno sa dov'è! È proprio sparita!

C In giro per i negozi!

1 *Ascoltate il dialogo o guardate il video e completate il riassunto.*

Quando i ragazzi arrivano, Anna non ha ancora sistemato la ____________(1). È andata prima ____________(2) fruttivendolo, poi in farmacia, in libreria e poi al supermercato. Inoltre, ha ____________(3) un vestito da *Benetton*. Ha lasciato la ____________(4) al parcheggio del supermercato e poi è ____________(5) a piedi nei vari negozi. Alla fine è ____________(6) anche dalla pasticceria. Anna non ____________(7) Alice da circa dieci giorni: è proprio ____________(8)!

2 *Leggete (o recitate insieme a tre compagni) il dialogo e controllate le vostre risposte.*

3 *Osservate le immagini e raccontate tre cose che ha fatto ieri Gianni. I verbi in blu prendono l'ausiliare avere e quelli in rosso l'ausiliare essere. Usate alcune delle seguenti parole.*

poi ◆ prima ◆ alla fine ◆ più tardi ◆ dopo ◆ nel pomeriggio ◆ ieri

1. dormire fino a tardi

2. andare al bar

3. comprare il giornale

4. tornare a casa

5. pranzare con i genitori

6. guardare la tv

7. uscire

8. incontrare Bruno

4 *Completate le frasi con le espressioni evidenziate in blu nel dialogo a pag. 125.*

1. • Hai sentito Alice in questi giorni? • No, ma siamo uscite insieme la ____________.
2. • Scusa, ma oggi non posso proprio... • ____________, usciamo domani!
3. • Ragazzi, volete un caffè? • ____________, dov'è la moka?
4. Ha chiamato Paolo ____________. Ha lasciato un messaggio.

es. 5-6 p. 214

D Hai o sei?

1 *Osservate le frasi e, in coppia, completate la tabella con l'ausiliare giusto (essere o avere) e i verbi all'infinito.*

ho avuto un incidente / non ho capito / quante cose hai comprato?
ho lasciato la macchina / ho dimenticato la cosa più importante

sono entrato nella metro / sono tornato a casa / sono salito sul primo autobus
siamo arrivati in anticipo / sono andata dal fruttivendolo

Essere o Avere?

ausiliare ____________	› i **verbi transitivi** (che hanno un oggetto diretto e rispondono alla domanda "chi?" / "che cosa?"): *lasciare*, ____________ ____________ ecc. › alcuni **verbi intransitivi**: *dormire, camminare, lavorare, ridere* ecc.
ausiliare ____________	› molti **verbi di movimento**: ____________ ____________, *venire, uscire, partire, scendere* ecc. › alcuni **verbi intransitivi**: *diventare, nascere, morire, crescere, stare, essere, piacere* ecc.

2 *Abbinate le immagini ai verbi dati sotto. Poi scegliete il soggetto (io, Anna, noi ecc.) e scrivete delle frasi al passato prossimo.*

studiare ☐
tornare ☐
partire ☐
mangiare ☐
visitare ☐
entrare ☐

1 il museo
2 al ristorante
3 per Venezia
4 in libreria
5 in biblioteca
6 a casa

3 Intervistate 3-4 compagni per trovare qualcuno che ha fatto almeno due azioni dell'attività D2. Poi raccontate alla classe cosa ha fatto questa persona e quando (qualche giorno fa, la settimana scorsa, un mese fa ecc.).

es. 7-10
p. 215

E Dove si trova?

2 33

1 Osservate la cartina. Poi ascoltate i mini dialoghi e indicate con una ✘ i luoghi che sentite.

2 **Due verità e una bugia!** Lavorate in coppia: A va a pag. 147 e B a pag. 151.

3 Fate dei mini dialoghi simili a quelli dell'attività E1 (se necessario, riascoltate la traccia 33): scegliete un luogo e chiedete al vostro compagno dov'è. Poi i ruoli cambiano. Potete usare anche le espressioni a destra.

alla fine della strada
sulla destra
sulla sinistra
a/dopo 200 metri
accanto (a)
dietro
di fronte (a)

60-70

4 Sei in vacanza in una città italiana e scrivi ai tuoi amici per raccontare quello che hai fatto nei giorni scorsi.

es. 11-14
p. 216

Roma: la capitale d'Italia

Roma è una città ricca di monumenti, musei, chiese, teatri, piazze e palazzi molto belli.

Il monumento più famoso è il **Colosseo**, un grande anfiteatro costruito circa 2.000 anni fa, che è anche il simbolo dell'Italia.

1

Di fronte si trovano il **Foro Romano** e i **Fori Imperiali**, una serie di piazze e monumenti dell'antica Roma.

2

es. 1-3 p. 218

Castel Sant'Angelo
Ponte Sant'Angelo
Piazza Navona
Pantheon
Campo de' Fiori
Ponte Sisto
Tevere
Piazza di Spagna
Barberini
Repubblica
Fontana di Trevi
Santa Maria Mag
Piazza Venezia
Altare della Patria
Cavour
Fori imperiali Foro Romano
Colosseo
Arco di Costantino
Bocca della Verità
Manzoni
Pigneto

Piazza di Spagna è famosa per la sua scalinata che parte dalla chiesa della Trinità dei Monti e arriva fino alla Fontana della Barcaccia.

3

4

Piazza Navona è una delle piazze principali del centro storico di Roma.
È conosciuta per la Fontana dei Quattro Fiumi del Bernini.

La **Fontana di Trevi** è diventata il simbolo della nuova Roma nel 1960 con il film *La dolce vita* di Federico Fellini.

Curiosità

Se volete tornare a Roma, lanciate una moneta nella fontana!

5

COMUNICAZIONE

Esprimere sorpresa

Caspita! Ma sei matto?! Ma va! Sul serio?!	Davvero?! Veramente?! No! / Ma dai! Incredibile!

Situare un avvenimento nel tempo

Prima ho lasciato la macchina al parcheggio, sono andata a piedi nei vari negozi e poi sono tornata a lasciare le borse in macchina. Alla fine sono passata anche dalla pasticceria!

Ieri Gianni ha dormito fino a tardi. Prima è andato a fare colazione al bar, poi ha comprato il giornale ed è tornato a casa. Ha pranzato con i genitori.
Nel pomeriggio ha guardato la tv e più tardi è uscito di casa. Alla fine ha incontrato Bruno.

Qualche giorno fa / La settimana scorsa / Un mese fa ho visitato un museo.

Localizzare in uno spazio cittadino

La farmacia è alla fine di questa strada, di fronte alla banca.
La banca è a 300-400 metri da qui, sulla sinistra / sulla destra c'è un grande supermercato.
Un po' più avanti / Dopo 200 metri, c'è la Banca del Lavoro e di fronte c'è una farmacia.
Sulla stessa piazza c'è una piccola chiesa.
La chiesa è accanto alla scuola.
Dietro la chiesa hanno costruito il nuovo cinema *Ariston*.

GRAMMATICA

Participio passato dei verbi regolari

parlare	avere	capire
parlato	avuto	capito

Passato prossimo

(presente indicativo di essere o avere + participio passato)

	andare	avere	capire
io	sono andato/a	ho avuto	ho capito
tu	sei andato/a	hai avuto	hai capito
lui, lei, Lei	è andato/a	ha avuto	ha capito
noi	siamo andati/e	abbiamo avuto	abbiamo capito
voi	siete andati/e	avete avuto	avete capito
loro	sono andati/e	hanno avuto	hanno capito

Passato prossimo: ausiliare essere o avere?

AVERE +	**tutti i verbi transitivi:** *avere, capire, comprare, dimenticare, lasciare* ecc. **alcuni verbi intransitivi:** *camminare, dormire, lavorare, ridere* ecc.
ESSERE +	**molti verbi di movimento:** *andare, arrivare, entrare, partire, salire, scendere, tornare, uscire, venire* ecc. **alcuni verbi intransitivi:** *crescere, diventare, essere, morire, nascere, piacere, stare* ecc.

In questa unità impariamo a:

- parlare di sport
- esprimere accordo, disaccordo e contraddire
- raccontare al passato
- chiedere ed esprimere una data (II)

Dopo la partita...

Unità 12

Pronti?

1 *In coppia, completate con* giocare, fare, andare, camminare *e poi discutete: secondo voi, ci sono attività che praticano di più gli uomini o di più le donne?*

fare pilates	________ yoga	correre sul tapis roulant
________	fare nuoto	________ a calcio
fare pesi in palestra	andare a correre	________ in bicicletta

2 *Quali di questi sport o attività praticate e quanto spesso? Quale vi piace di più? Parlatene con i compagni.*

3 *Ascoltate alcune battute del dialogo: attenzione, abbiamo eliminato un'informazione importante. Secondo voi, cosa vuole fare Anna? Poi fate l'attività A1.*

Anna: Non male per un'insegnante d'italiano!
Carla: Tu, invece, per una che si chiama Ferrari, sei un po' lenta!

istruttrice: Brave, ragazze! E adesso, un po' di pesi?
Anna: No, io pilates, lei yoga. Senti, Elena, hai visto Alice ultimamente?

istruttrice: Alice? No, è tanto che non viene! Il marito dice che è partita...
Anna: Il marito?! Come...?!

istruttrice: Sì, è amico del proprietario. Dice che hanno litigato e così lei ha deciso di fare un viaggio per stare un po' lontana da lui... e ci credo! Non mi piace per niente lui!
Anna: Ma va...! Quello non piace a nessuno! Comunque, se sai qualcosa...
istruttrice: Certo! E ora su, torniamo all'allenamento!

Più tardi...

Anna: Senti, dobbiamo andare alla polizia!
Carla: Cosa? Alla polizia?! No, no... non è una buona idea. E poi non sappiamo che cosa è successo, cosa raccontiamo?

Anna: Quello che sappiamo: che dopo la lite con il marito nessuno ha più visto Alice, che lei non risponde al telefono...

Carla: Vuoi denunciare la sua scomparsa?! No, Anna, meglio di no! Proprio tu hai detto che Ferrara è pericoloso...
Anna: Giusto! E proprio per questo dobbiamo fare qualcosa. Allora, ci vado da sola o vieni con me?

Carla: E va bene! Però dobbiamo convincere anche Bruno e Gianni. Oggi stesso.
Anna: Sono d'accordo! Ahia, sai cosa c'è oggi?
Carla e Anna: ...La partita!

A) Dobbiamo fare qualcosa

1 *Ascoltate tutto il dialogo o guardate il video e indicate l'affermazione giusta.*

1. Elena, l'istruttrice della palestra,
   a. non ricorda chi è Alice
   b. non vede Alice da tempo
   c. ha visto Alice qualche giorno fa

2. Elena ha sentito dire che
   a. Alice ha litigato con suo marito
   b. il marito di Alice è partito
   c. Alice è partita con il marito

3. Anna vuole andare alla polizia
   a. e Carla è subito d'accordo
   b. ma Carla non è molto d'accordo
   c. ma Carla è del tutto contraria

4. Alla fine decidono di
   a. non andare alla polizia
   b. andare insieme ai ragazzi
   c. mandare i ragazzi da soli

2 *Riascoltate e leggete il dialogo (anche con un compagno, se volete) e controllate le vostre risposte.*

3 *Trovate le battute nel dialogo e indicate il significato (a o b) delle espressioni in blu.*

...lei ha deciso di fare un viaggio per stare un po' lontana da lui... e ci credo!

a. capisco la decisione di Alice
b. chissà se è partita

Ora su, torniamo all'allenamento!

a. al primo piano
b. andiamo!

Non mi piace per niente lui!

Ma va...!

a. Infatti!
b. Non è vero!

4 *Inserite nelle tabelle le espressioni evidenziate in blu nel dialogo. Ricordate altre espressioni simili?*

Esprimere accordo	Esprimere disaccordo e contraddire
Va bene!	Invece...
Infatti!	

5 *Ascoltate i mini dialoghi e completate le tabelle sopra con altre espressioni.*

6 *Lavorate a coppie. A va a pag. 147 e B a pag. 151.*

es. 1-5
p. 219

B Hai visto Alice?

1 *Osservate le frasi a destra. Poi completate la tabella.*

...hai visto Alice?

...che cosa è successo...

...tu hai detto...

Participi passati irregolari (I)

______	detto	discutere	discusso
fare	fatto	mettere	messo
scrivere	scritto	succedere	______
______	chiesto	______	aperto
rispondere	risposto	offrire	offerto
vedere	______	scoprire	scoperto

2 *Completate il testo con il passato prossimo dei verbi dati. Poi fate l'attività C1.*

es. 6-7 p. 220

Walk of Fame

Se amate lo sport, fate un giro a Roma, nella "Walk of Fame" degli sportivi azzurri: una via con 100 mattonelle che ricordano 100 atleti che ______ (1. fare) la storia dello sport italiano. Il giornalista Valerio Piccioni della *Gazzetta dello Sport* ______ (2. chiedere) al presidente del CONI* come hanno scelto questi 100 nomi. Lui ______ (3. rispondere): "Sulla Walk of Fame abbiamo messo solo atleti con una medaglia olimpica e che ora non sono più in attività. Naturalmente pensiamo di aggiungere altre mattonelle!". Il giorno dell'inaugurazione l'ex campione di sci Alberto Tomba ______ (4. dire): "______ (5. vedere) una lista di nomi importanti. Un ricordo va a chi non c'è più e che ______ (6. offrire) tanto allo sport italiano".

*Comitato Olimpico Nazionale Italiano

adattato da *www.repubblica.it*

GIOVEDÌ, ORE 20:15
CIAO RAGAZZI! COME VA LA PARTITA? ANCORA 0 A 0?
CIAO! MA COSA FA? ...A DESTRA!
ROMA LAZIO 0-0
COSA A DESTRA? SENTITE, ANNA ED IO ABBIAMO PRESO UNA DECISIONE IMPORTANTE!

FINE DEL PRIMO TEMPO... OH, PERCHÉ HAI SPENTO LA TV?!
HAI DETTO CHE È FINITO! ADESSO POSSIAMO AVERE LA VOSTRA ATTENZIONE?
CLIK
SÌ!

NOI DOMANI ANDIAMO ALLA POLIZIA A DENUNCIARE LA SCOMPARSA DI ALICE!
COSA?! PERCHÉ NON ASPETTIAMO ANCORA QUALCHE GIORNO?

RAGAZZI, ABBIAMO ASPETTATO ANCHE TROPPO! ABBIAMO GIÀ DECISO! VENITE CON NOI O NO?
OK, D'ACCORDO!... ORA POSSIAMO RIACCENDERE LA TV? FRA UN PO' COMINCIA IL SECONDO TEMPO!

VENERDÌ, ORE 11:00
...IN CHE SENSO È SCOMPARSA?
Polizia di Stato
ABBIAMO CHIESTO A TUTTI, AMICI, VICINI, NIENTE: NESSUNO SA DOV'È E IL SUO CELLULARE È SEMPRE SPENTO! HA LITIGATO CON SUO MARITO E POI È SPARITA!

LEX
HMM... E COME SI CHIAMA IL MARITO?
izia di Stato
MASSIMO FERRARA. SIG. COMMISSARIO, DOVETE FARE QUALCOSA, SIAMO MOLTO PREOCCUPATI PER ALICE.

IL MARITO, INVECE, NON SEMBRA PREOCCUPATO, NON HA ANCORA DENUNCIATO LA SCOMPARSA DELLA MOGLIE! COS'ALTRO SAPETE DI LUI?
LAVORA AL MUSEO ROMANO... È IN CENTRO.

SÌ, SO DOV'È. VEDIAMO... MUSEO ROMANO: 06 34 51... PRONTO, SONO IL COMMISSARIO DI POLIZIA FRANCONI, POSSO PARLARE CON IL DOTT. FERRARA?
Polizia di Stato

C Andiamo alla polizia!

1 *Ascoltate il dialogo e sottolineate il soggetto delle frasi.*

1. Spegne la tv: Gianni/Bruno/Anna
2. Dice di aspettare: Bruno/Carla/Anna
3. Accetta di andare alla polizia: Carla/il commissario/Gianni
4. Non è ancora finita: Anna/Gianni/la partita
5. Spiega la situazione al commissario: Bruno/Anna/Gianni
6. Ha litigato con Ferrara: Carla/Alice/Gianni
7. Non ha denunciato la scomparsa di Alice: Ferrara/Anna/Carla
8. Telefona al museo: Gianni/il commissario/Anna

2 *Leggete il dialogo o guardate l'animazione e controllate le vostre risposte. Poi fate un riassunto orale usando il passato prossimo.*

3 *Osservate le parole e le espressioni evidenziate in blu nel dialogo e completate le frasi. Attenzione: c'è una frase in meno.*

1
- Chi vince il terzo set?
- L'Italia 14 ______________ 11.

2
- La carbonara mi piace molto!
- A me, ______________, non piace per niente!

3
- Con Marco è finita!
- ______________? Non state più insieme?

4
- Perché sei così triste?
- ______________ si ricorda mai del mio compleanno!

es. 8 p. 221

D Già deciso!

1 *Osservate le parole in blu a destra. Poi in coppia scrivete sei frasi al passato prossimo con tutti gli elementi dati.*

Abbiamo già deciso!

...non ha ancora denunciato la scomparsa...

scrivere / dire offrire / uscire vedere / discutere	appena / già sempre / mai ancora / più	l'ultimo film di Tarantino un messaggio a Luca / la verità il caffè alla professoressa da scuola / con il direttore

2 *Leggete le frasi e poi completate la tabella.*

Abbiamo preso una decisione. / Perché hai spento la tv?
Abbiamo già deciso. / In che senso è scomparsa?

Participi passati irregolari (II)

chiudere	chiuso	perdere	perso
decidere	______	scomparire	______
prendere	______	correre	corso
spegnere	______	essere	stato
vincere	vinto	venire	venuto

Altri participi irregolari a pag. 237.

es. 9-13
p. 221

E Campioni e sportivi

AB 1 *In coppia: A rimane su questa pagina e B va a pag. 151.*
Sei A: chiedi a B informazioni sul campione italiano che ha scelto: nome, data di nascita, sport, medaglie o titoli vinti, record stabiliti e in che anno.
Poi scegli uno dei campioni presentati sotto e rispondi alle domande di B.
Alla fine vi confrontate con le altre coppie: quale personaggio è più importante, secondo voi?

Nel 2005
Il 6 settembre 2005
Nel settembre del 2005

Deborah Compagnoni
(4/6/1970)
Sci
3 medaglie d'oro nei giochi olimpici

Federica Pellegrini
(5/8/1988)
Nuoto
Medaglia d'oro nei giochi olimpici (2008)
Molti record mondiali

Valentino Rossi
(16/2/1979)
Motociclismo
9 titoli mondiali
Primo titolo a 16 anni!

 2 *Intervistate un compagno. Avete un minuto di tempo per sapere:*
- *la sua data di nascita (giorno, mese e anno);*
- *gli sport praticati e seguiti;*
- *i personaggi sportivi preferiti.*

Poi riferite alla classe le informazioni raccolte.

3 *Fate il test per scoprire se siete dei veri sportivi.*

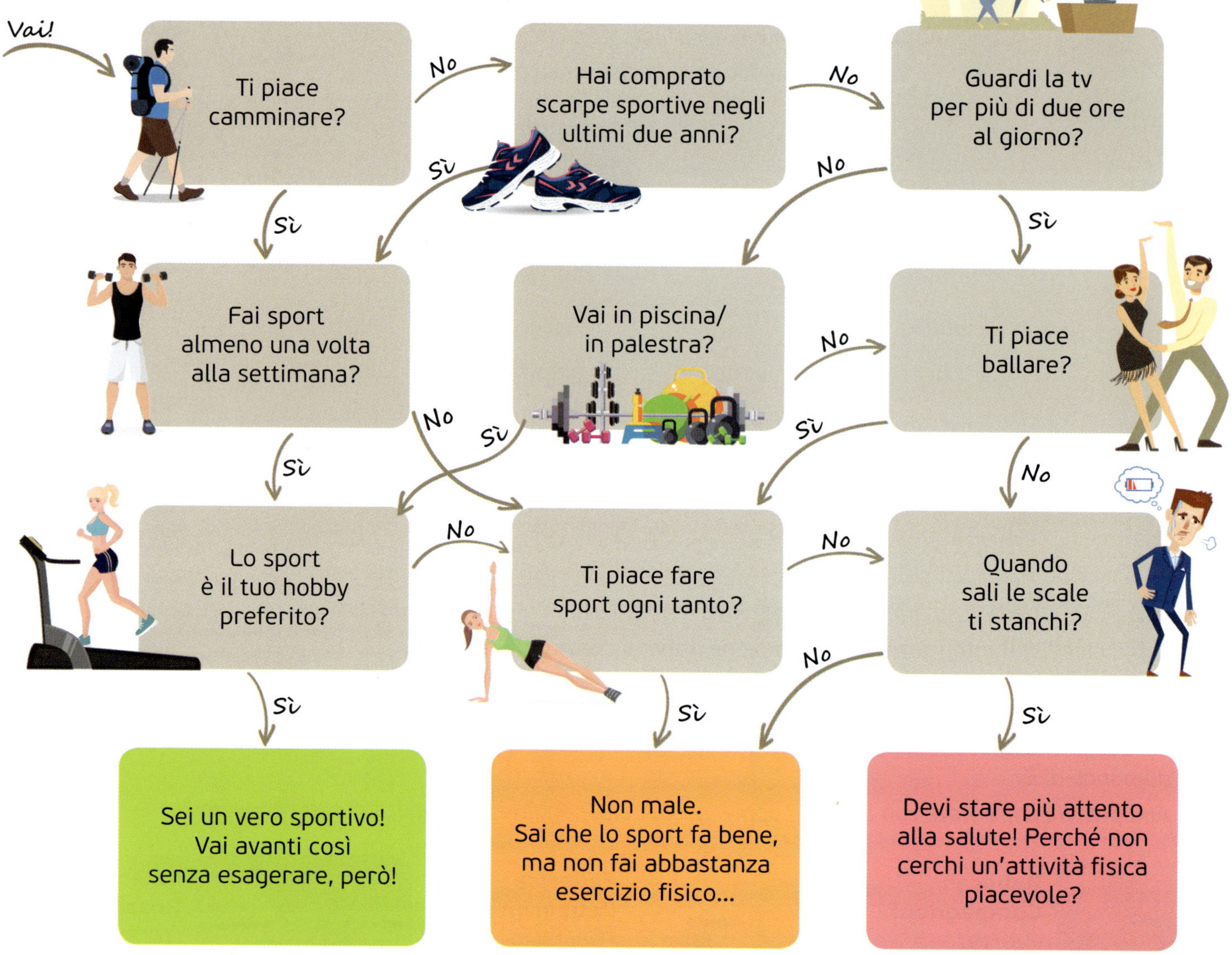

Vai!

Ti piace camminare? — No → Hai comprato scarpe sportive negli ultimi due anni? / Sì → Fai sport almeno una volta alla settimana?

Hai comprato scarpe sportive negli ultimi due anni? — No → Guardi la tv per più di due ore al giorno? / Sì → Fai sport almeno una volta alla settimana?

Guardi la tv per più di due ore al giorno? — No → Vai in piscina/in palestra? / Sì → Ti piace ballare?

Fai sport almeno una volta alla settimana? — Sì → Lo sport è il tuo hobby preferito? / No → Ti piace fare sport ogni tanto?

Vai in piscina/in palestra? — Sì → Lo sport è il tuo hobby preferito? / No → Ti piace ballare?

Ti piace ballare? — Sì → Ti piace fare sport ogni tanto? / No → Quando sali le scale ti stanchi?

Lo sport è il tuo hobby preferito? — Sì → Sei un vero sportivo! / No → Ti piace fare sport ogni tanto?

Ti piace fare sport ogni tanto? — Sì → Non male. / No → Quando sali le scale ti stanchi?

Quando sali le scale ti stanchi? — Sì → Devi stare più attento alla salute! / No → Non male.

Sei un vero sportivo! Vai avanti così senza esagerare, però!

Non male. Sai che lo sport fa bene, ma non fai abbastanza esercizio fisico...

Devi stare più attento alla salute! Perché non cerchi un'attività fisica piacevole?

Siete d'accordo con i risultati del test? Motivate la vostra risposta.

4 *Facciamo un piccolo ripasso! Giocate a coppie o a piccoli gruppi. L'insegnante sceglie una lettera dell'alfabeto e voi avete un minuto per scrivere una parola che inizia con questa lettera per ognuna delle categorie date. Continuate con un'altra lettera e così via: ogni parola giusta vale 1 punto! Vediamo chi fa più punti!*

città/Paese | mezzo di trasporto | oggetto | piatto/cibo | capo di abbigliamento

60-80

5 *Scegli uno dei seguenti compiti.*

a *Cos'è successo nelle ultime unità (7-12)? Fai un riassunto.*

b *Immagina il finale della storia. Può essere un racconto o un dialogo.*

6 *Come finisce veramente la storia del libro? Andate a pag. 225 per scoprirlo...*

es. 14-18
p. 222
Test

Un Paese di sportivi e... di campioni!

IL CALCIO

È lo sport nazionale. E anche se non tutti praticano questo sport, molti amano seguire le partite in tv o allo stadio.

Quando poi gioca la Nazionale, quasi tutti gli italiani seguono la partita, in compagnia, a casa o al bar.

Sapete che...?

La Nazionale Italiana Cantanti

È una squadra di calcio formata da famosi cantanti italiani. È nata nel 1981 e gioca per raccogliere soldi per le persone in difficoltà.

Curiosità

Nel 1911 i calciatori della Nazionale italiana hanno indossato per la prima volta la maglia di colore azzurro. Da allora, l'azzurro è diventato il colore delle maglie di tutte le nazionali italiane e gli atleti si chiamano "gli Azzurri".

LA CORSA

Negli ultimi anni questo sport è sempre più praticato in Italia e sono tante le persone che partecipano alle maratone organizzate in primavera nelle grandi città. Le più famose sono quelle di Roma e Milano, seguono poi quelle di Firenze e Venezia.

- Sempre più grande è il numero delle donne che partecipano: più di 6.000 all'anno!
- Ogni anno, quasi 40.000 italiani concludono una maratona.

IL CICLISMO

È stato lo sport nazionale fino agli anni '70 del secolo scorso. Infatti, sono più di 100 mila i ciclisti che girano per le strade d'Italia.

Sapete che...?

Il Giro d'Italia è la gara più importante. Dal 1909 si svolge ogni anno a maggio per tre settimane. Chi vince il Giro indossa la "maglia rosa" (dal colore delle pagine del quotidiano che organizza la corsa, *La Gazzetta dello Sport*).

es. 1-2
p. 224

COMUNICAZIONE

Esprimere accordo

Va bene
Infatti!
Giusto!
Sono d'accordo!
Vero! / È vero!
Hai ragione.
È così!

Esprimere disaccordo e contraddire

Invece...
No, no... non è una buona idea.
No, meglio di no!
Non è proprio così.
Al contrario...
Non è vero!
Non sono d'accordo!

GRAMMATICA

Alcuni participi passati irregolari

aprire	aperto	perdere	perso
chiedere	chiesto	prendere	preso
chiudere	chiuso	rispondere	risposto
correre	corso	scomparire	scomparso
decidere	deciso	scoprire	scoperto
dire	detto	scrivere	scritto
discutere	discusso	spegnere	spento
essere	stato	succedere	successo
fare	fatto	vedere	visto
mettere	messo	venire	venuto
offrire	offerto	vincere	vinto

Avverbi di tempo con il passato prossimo

Noi abbiamo già deciso.
Non ha ancora denunciato la scomparsa della moglie.
Ho appena scritto un messaggio a Luca.
Ha sempre detto la verità.
Non hanno mai discusso con il capo.
Non ho più offerto il caffè alla professoressa.

1 *Cosa fa di solito Carla? Usate le parole in blu per raccontare la sua giornata. Lo studente più vicino alla porta inizia il racconto con una frase, poi continua il compagno alla sua destra e così via. Quando tocca a voi, ripetete quello che hanno già detto gli altri e aggiungete una frase al racconto. Ogni frase deve contenere almeno due delle parole date!*

7:00 | 10:00 | 21:30 | prima | di solito | qualche volta | oggi | dopo | invece
Gianni | istruttore | Anna | collega
pranzare | lasciare | truccarsi | pagare | lavare
spremuta | pizza | marmellata | maglione | zaino | cane | bicicletta | libro | tiramisù
lavoro | casa | bar
carino | spagnolo | verde

2 *A coppie, leggete le informazioni a destra e completate la tabella, come negli esempi in blu. Se non conoscete tutte le città, chiedete ai compagni o all'insegnante.*

Piano	Nome/ Cognome	Città	Paese	Nazionalità
6°				
5°	*i signori Ferrari*			*italiani*
4°				
3°				
2°				
1°			*Tunisia*	

A che piano abita...?

- Al primo piano vive un signore tunisino.
- Al secondo piano vive una famiglia cinese.
- Monique e Loic sono di Parigi.
- Gli studenti spagnoli vivono sopra la ragazza olandese.
- La famiglia Yan viene da Pechino.
- I signori Ferrari vivono sotto Monique e Loic.
- Hammadi è di Tunisi.
- I Ferrari sono di Napoli.
- Al sesto piano vive una coppia francese.
- Juan e Daniel sono di Madrid.
- Emma è di Amsterdam.

3 *Riconoscete il palazzo della foto? Cerchiate i participi passati dei verbi dati. Poi con le lettere rimaste completate la frase.*

camminare • pagare • guardare • nascere
mettere • comprare • lasciare • capire
dare • fare • spegnere

È la __ __ __ __ A __ __ A __ __ __ __ __, patrimonio mondiale dell'UNESCO dal 1997.

R	S	E	G	G	L	C	C	I
A	P	C	D	G	A	O	A	I
C	E	A	F	U	S	M	M	A
S	N	P	A	A	C	P	M	P
D	T	I	T	R	I	R	I	A
A	O	T	T	D	A	A	N	G
T	E	O	O	A	T	T	A	A
O	R	N	A	T	O	O	T	T
M	E	S	S	O	T	A	O	O

Vacanze italiane

Siete pronti per le vostre vacanze italiane?
Giocate in 3 o in 3 piccoli gruppi.
A turno, tirate il dado. Quando arrivate su una casella blu, il giocatore alla vostra destra sceglie per voi uno dei compiti proposti.
Se la risposta non è giusta, tornate indietro di una casella.
Dopo, il turno passa al giocatore successivo.
Vince chi arriva per primo alle bellissime spiagge del Nord della Sardegna!
Attenzione al colore delle caselle: leggete la ***Legenda****!*

Legenda
caselle verdi: tirate il dado un'altra volta!
caselle rosse: tornate indietro di due caselle!

Compiti

- 3 giorni di festa in Italia.
- 5 espressioni/parole che puoi sentire in un negozio di abbigliamento.
- Trova e correggi l'errore: *Vado sempre al lavoro in piedi.*
- 3 famosi atleti italiani e i loro sport.
- 3 frasi che può dire un cameriere.
- Se hai fame, cosa ordini? un maglione/un panino/uno sconto
- Sei a Roma, è maggio e nevica: esprimi la tua sorpresa.
- "Sì, ci vado spesso per lavoro." Fai la domanda.
- Chi arriva ... vince la medaglia d'oro. L'... non vince niente!
- Vado ... Venezia; ... Stati Uniti; ... nonni; ... bar.
- Qual è la parola estranea? *aereo – autobus – metro – tram*
- Offri tu. Paola dice "Grazie!" Cosa rispondi?
- I figli della sorella di mio padre sono i miei ...
- Spiega a un compagno come arrivare alla farmacia più vicina.
- "Lei è Francesca." Che cosa dici?
- Com'è il tuo lavoro ideale? 3 caratteristiche.
- Qual è la parola o l'espressione estranea? *è nuvoloso – piove – sole – nevica*
- Chiedi il prezzo di un capo di abbigliamento in vetrina.
- Qual è la parola estranea? *vedo – veniamo – vedono – vedete*
- 5 colori e 2 stili di abbigliamento.
- Cerchi lavoro. Un amico fissa per te una lezione/una visita/un colloquio con il suo direttore.
- Cosa potete fare domani sera? 3 proposte.
- Consiglia ai tuoi compagni un antipasto, un primo e un secondo.
- Sei la commessa. Una ragazza vuole provare un paio di scarpe. Cosa chiedi?
- Che cosa fai ogni mattina? 3 verbi.
- Cerchi una segretaria: quale caratteristica o caratteristiche deve avere?
- Qual è la parola estranea? *ristorante – fast food – pasticceria – trattoria*
- Questi guanti sono molto gentili/saporiti/eleganti.
- Trasforma alla forma di cortesia: "Che cosa prendi? Vuoi un caffè? Mangi una brioche?"
- Stamattina Giacomo ... andato al bar, ... bevuto un caffè e ... letto il giornale.

4 *Leggete ad alta voce le frasi e poi, a coppie, fate l'abbinamento come nell'esempio in blu. In seguito, scegliete una frase e preparate un breve dialogo da recitare davanti alla classe.*

Vediamo chi pensa al dialogo più originale!

1. ☐ 2. f 3. ☐ 4. ☐ 5. ☐ 6. ☐ 7. ☐ 8. ☐

Al lavoro! Guida gastronomica per turisti italiani all'estero

Un gruppo di studenti italiani visita la vostra città. Non sono abituati alla cucina straniera e vogliono sapere dove possono trovare piatti e prodotti italiani.

1. *Brainstorming in classe: ci sono locali italiani e negozi di prodotti italiani nella vostra città? Disegnate una tabella alla lavagna e mettete il nome sotto a ogni tipo di locale (trattoria, ristorante, pizzeria, bar ecc.) o negozio (di specialità siciliane, di salumi, di dolci ecc.).*
2. *Lavorate in gruppi di due o tre persone: ogni gruppo si occupa di una categoria di locali. Fate un sondaggio in classe: chi è stato nei vari locali/negozi? Che punteggio dà da 1 a 5? Qual è il prodotto tipico o la specialità di ogni locale? Avete qualche foto?*
3. *Su una cartina della città segnate la posizione e scrivete i nomi dei locali; aggiungete il punteggio ricevuto e un breve commento.*
4. *Fate delle prove con i compagni: alcuni di voi chiedono dove possono trovare, ad esempio, una buona pizza italiana; gli altri consigliano un locale, danno le indicazioni per arrivare, raccontano la loro esperienza e propongono di provare dei piatti.*

STUDENTE A

Unità 6
D2

Chiedi a B di chiudere il libro e dire:

1. *almeno quattro mesi che hanno doppie consonanti (gennaio, febbraio, maggio, settembre, ottobre);*
2. *quale mese viene prima di agosto (luglio).*

Unità 7
D3

Osserva la cartina a destra e scegli una città.

1. *Devi indovinare la città di B: osserva di nuovo la cartina e fai tre domande sul tempo per capire qual è.*
2. *Tocca a B indovinare la tua città: rispondi alle sue domande.*

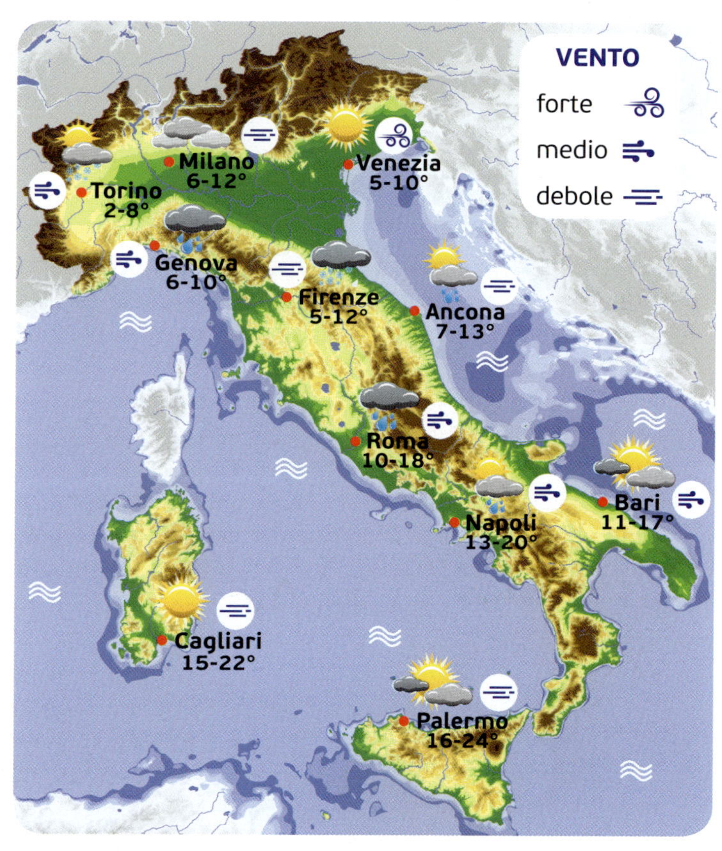

Unità 7
D5

Organizzi con B le vacanze di Natale. Tu preferisci andare in montagna. Proponi a B i seguenti pacchetti e spieghi i vantaggi di ognuno.

Unità 8
D6

Sei la madre. Chiami tuo figlio (B) che vive in un'altra città: chiedi come sta, come va il lavoro, com'è il tempo... ecc.

Poi informi B che fra un mese c'è il matrimonio di Barbara, la sua cugina preferita, e non può mancare.

Unità 9
B3

Prima ascolta insieme a B le due ordinazioni. Tu scrivi le espressioni che usa il cameriere.

Adesso fate un dialogo.

Tu sei il cameriere e prendi l'ordinazione usando le espressioni scritte sopra.

Alcuni dei piatti che ordina B sono finiti perché è tardi, quindi proponi altri piatti (gli spaghetti al ragù, la bistecca, un'insalata) e aggiungi che sono "molto buoni", "la specialità del ristorante" ecc.

Unità 10
C5

Entri in un negozio di abbigliamento: vuoi fare un regalo alla tua amica Laura, ma non sai cosa comprare. Vuoi spendere circa 50 euro.

Chiami B: descrivi i seguenti capi e accessori e chiedi il suo parere. Alla fine dell'attività fai vedere a B l'immagine sotto.

Unità 11
E2

- *Osserva insieme a B l'immagine a pag. 128 per un minuto.*
- *Usa le parole dietro, di fronte a, a destra di per dare a B, che prende appunti, tre informazioni: due vere e una falsa (es. La libreria è a destra del museo).*
- *Poi tocca a B dare tre informazioni, mentre tu prendi appunti.*
- *Alla fine consultate di nuovo l'immagine: il primo che scopre la bugia del compagno vince!*

Unità 12
A6

- *Parli con B di alcune attività fisiche. Prima esprimi tu le opinioni date sotto le immagini (se B non capisce qualche parola, la puoi mimare!). Puoi iniziare con "Secondo me...". B dice se è d'accordo o no e perché.*

Tutti devono andare in palestra.

Il calcio è lo sport più bello.

Correre all'aperto è più faticoso.

- *Poi B esprime la sua opinione su altre attività e tu dici se sei d'accordo o no e perché. Puoi usare queste espressioni: infatti / giusto / non sono d'accordo / vero / è così / hai ragione / invece / non è proprio così / al contrario.*

STUDENTE B

Unità 6
A4

› *A esprime la sua opinione su tre professioni e tu usi queste parole per esprimere la tua, come nell'esempio.*

Mah, non so... è molto difficile.

probabilmente penso di sì ◆ forse credo di no chissà ◆ mah, non so	facile/difficile interessante/noioso creativo ◆ faticoso stipendio alto/basso

› *Dopo esprimi la tua opinione sulle seguenti professioni e ascolti i commenti di A.*

Secondo me, il lavoro del/della/dell'... è interessante!

Agricoltore

Poliziotto/a

Attore/Attrice

› *Tra le sei professioni date, quale piace di più a tutti e due?*

Unità 6
D2

Chiedi ad A di chiudere il libro e dire:

1. *quale mese viene prima di aprile (marzo);*
2. *almeno quattro mesi che finiscono in -e (aprile, settembre, ottobre, novembre, dicembre).*

Unità 7
D3

Osserva la cartina a destra e scegli una città.

1. *Rispondi alle domande di A che cerca di indovinare qual è la tua città.*
2. *Ora tocca a te indovinare la città di A: osserva di nuovo la cartina e fai tre domande sul tempo per capire qual è.*

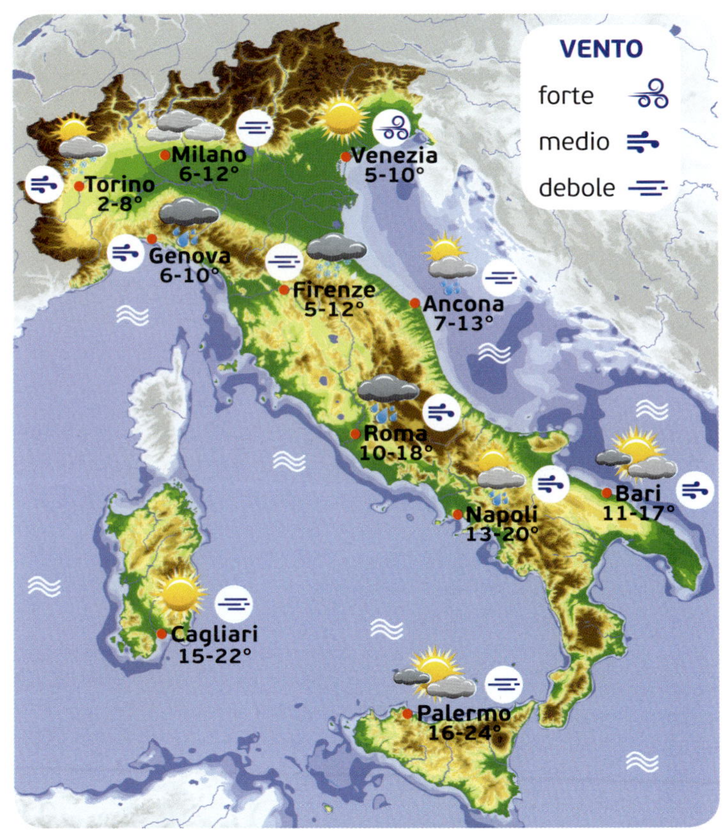

Unità 7
D5

Organizzi con A le vacanze di Natale. Tu preferisci passare il Natale con la famiglia e partire dopo. Non ami molto la montagna, il freddo e lo sci e soprattutto non vuoi spendere troppo. Proponi una gita in macchina a Siena e spieghi ad A i vantaggi della tua proposta.

Unità 8
D6

Sei il figlio. Sei per strada, hai fretta e ricevi una telefonata: è tua madre (A), che vive in un'altra città. Rispondi alle sue domande e chiedi come stanno lei e tuo padre.

Poi trovi una scusa per non fare quello che propone tua madre.

Unità 9
B3

Prima ascolta insieme ad A le due ordinazioni. Tu scrivi le espressioni che usano i clienti per ordinare.

Adesso fate un dialogo.

Tu sei il cliente e ordini prosciutto e melone, penne al pomodoro, pollo, patate al forno, vino bianco. Alcuni piatti però sono finiti. Senti cosa propone A e decidi.

Unità 10
A5

Sei commesso/a in un negozio di abbigliamento. Fai un dialogo con un cliente (A) e dai informazioni sui seguenti capi di abbigliamento.

Le taglie italiane

da donna		da uomo
38	XS	44
40/42	S	46
44	M	48
46	L	50
48	XL	52

Puoi usare queste espressioni.

Paga in contanti o con la carta di credito? Il camerino è in fondo a sinistra. Costa... Il suo pin, per favore. Che taglia porta? La 42? C'è il 10% di sconto.

Unità 10
C5

Ricevi una telefonata da A che è in un negozio di abbigliamento per comprare un regalo per la vostra amica Laura. È indeciso/a tra i seguenti capi e accessori e vuole un consiglio.
Tu chiedi alcune informazioni: colore, prezzo ecc.
Scegliete insieme un regalo, poi vai a pag. 146 per vedere l'immagine.

cintura

vestito

stivali

jeans

sciarpa

maglietta

Unità 11
E2

- *Osserva insieme ad A l'immagine a pag. 128 per un minuto.*
- *A ti dà tre informazioni e tu prendi appunti: due sono vere, una è falsa!*
- *Poi tu usi le parole* accanto a, tra, a sinistra di *per dare ad A, che prende appunti, due informazioni vere e una falsa (es.* Il museo è a sinistra della libreria*).*
- *Alla fine consultate di nuovo l'immagine: il primo che scopre la bugia del compagno vince!*

Unità 12
A6

- *Parli con A di alcune attività fisiche. Esprimi accordo o disaccordo su quello che dice A e spieghi il perché. Puoi usare queste espressioni:* infatti / giusto / non sono d'accordo / vero / è così / hai ragione / invece / non è proprio così / al contrario.
- *Poi esprimi le opinioni date sotto (se A non capisce qualche parola, la puoi mimare!). Puoi iniziare con "Secondo me...". A dice se è d'accordo o no e perché.*

Unità 12
E1

Scegli uno dei campioni italiani presentati sotto e rispondi alle domande di A.
Poi chiedi ad A informazioni sul campione che ha scelto: nome, data di nascita, sport, medaglie o titoli vinti, record stabiliti e quando.
Alla fine vi confrontate con le altre coppie: quale personaggio è più importante, secondo voi?

Nel 2005
Il 6 settembre 2005
Nel settembre del 2005

Pietro Mennea
(1952-2013)

Atletica leggera

Medaglia d'oro nei giochi olimpici (1980)

Record mondiale nei 200 metri (1979)

Francesca Schiavone
(4/9/1970)

Tennis

Roland Garros (2010)

Fausto Coppi
(1919-1960)

Ciclismo

5 Giri d'Italia

2 Tour de France

STUDENTE A&B

Unità 9
A4

menù

ANTIPASTI

	€
Salumi e formaggi locali	10
Bruschette pomodoro e basilico	5
Prosciutto e melone	8,50

PRIMI

Spaghetti al pesto	9
Penne al pomodoro	9
Fettuccine al ragù	10
Lasagne al forno	9
Tortellini al burro	9
Risotto ai funghi	10

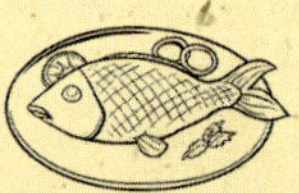

SECONDI

Bistecca alla fiorentina	16
Pollo arrosto	10
Scaloppine al vino bianco	12
Pesce alla griglia	30-35 al chilo

CONTORNI

Insalata di stagione	4,50
Patate al forno	3,50
Verdure grigliate	5
Caprese	8

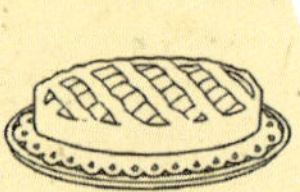

DOLCI

	€
Tiramisù	4,50
Crostata di frutta	4
Torta di mele	3,50

BEVANDE

Vino della casa		
bianco e rosso	1 litro	6
	½ litro	3,50
Acqua minerale	1 litro	1,90
	½ litro	1,30
Bibite		2,50
Birra piccola		3
Birra media		5
Caffè		1,30
Caffè corretto		1,80
Amari		3
Grappa		4

Tutti gli esercizi sono disponibili in formato interattivo su www.i-d-e-e.it

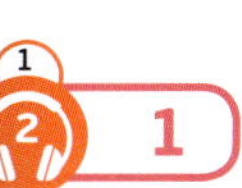

1 Ascolta e scrivi la parola che senti.

Benvenuti in Italia!

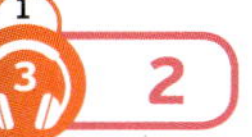

2 Guarda la cartina dell'Italia. Poi ascolta e indica con una ✘ le parole che senti.

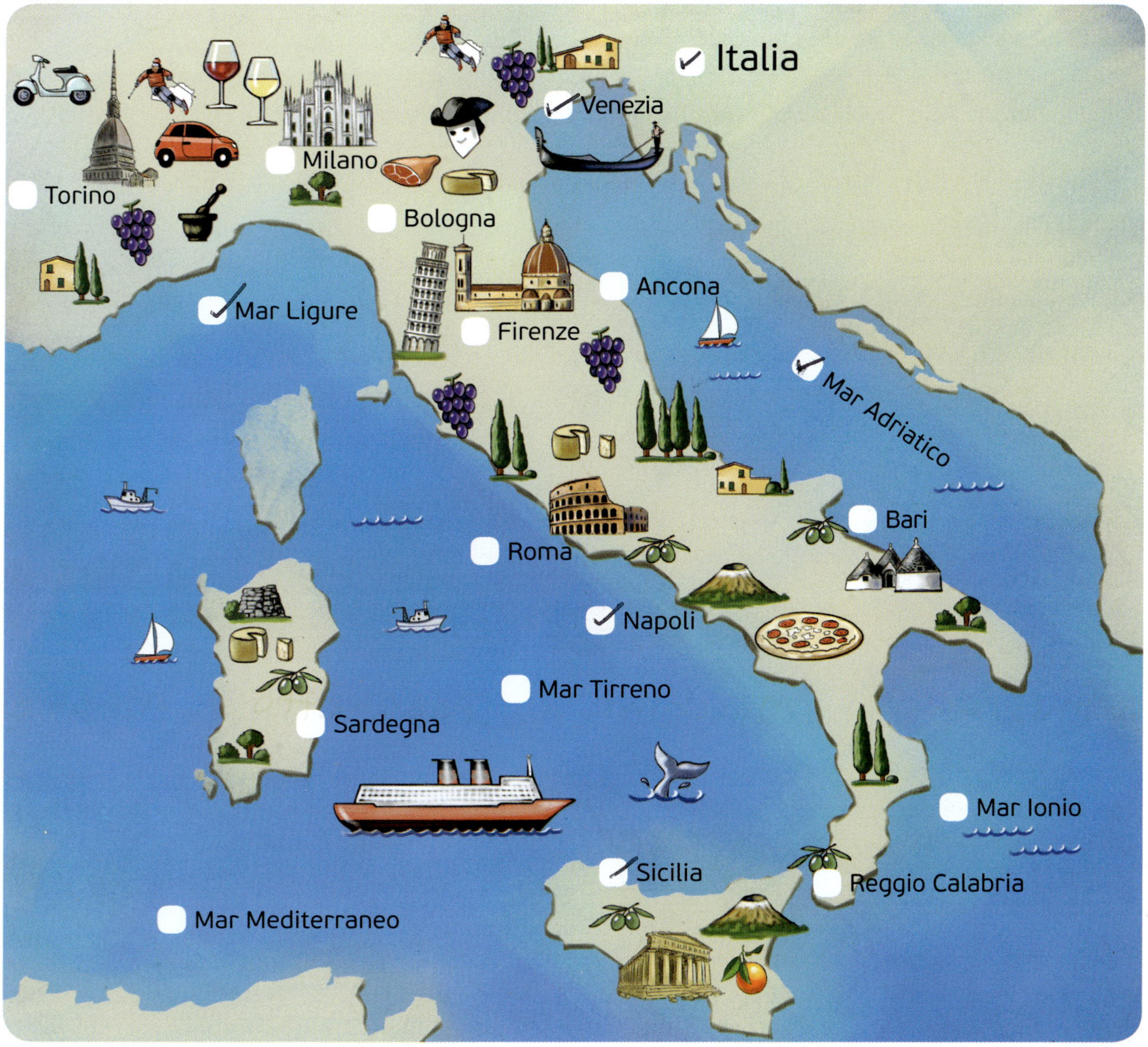

Italia
Venezia
Milano
Torino
Bologna
Ancona
Mar Ligure
Firenze
Mar Adriatico
Bari
Roma
Napoli
Mar Tirreno
Sardegna
Mar Ionio
Sicilia
Reggio Calabria
Mar Mediterraneo

3 Completa il dialogo.

Ciao (1) ragazzi!
Io sono Carla.
Ciao! Io sono (2)
Gianni. Piacere (3)!

Piacere (4)!
Bruno!

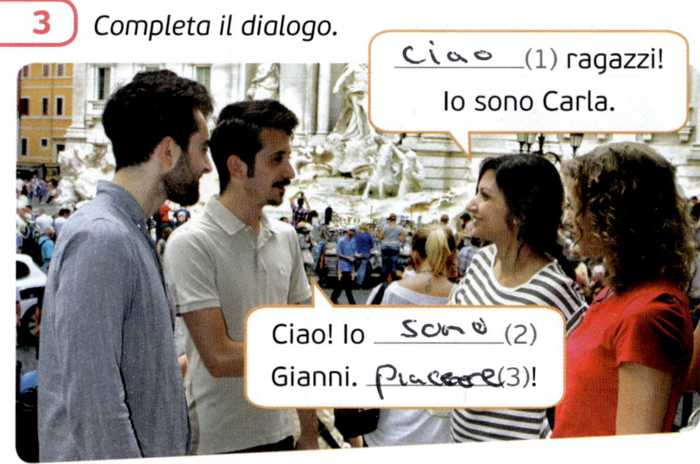

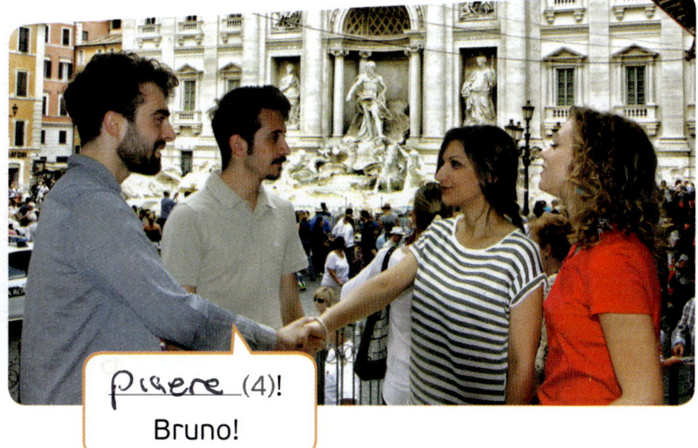

4 *Cerchia le lettere dell'alfabeto che troviamo solo in parole straniere.*

A B C D E F G H I

(J) (K) L M N O P Q R

S T U V (W) (X) (Y) Z

5 *Leggi le lettere. Poi scrivi le parole sotto le immagini, come nell'esempio in blu.*

1. emme | a | ci | ci | acca | i | enne | e
2. pi | a | gi | i | enne | a
3. a | elle | effe | a | bi | e | ti | o
4. emme | u | esse | i | ci | a
5. pi | a | ci | ci | acca | e | ti | ti | o

a. pagina

b. musica

c. Macchine

d. Pacchetto

e. Alfabeto

6 *Ascolta e scrivi i nomi, come nell'esempio in blu.*

1. Chiara
2. ______
3. ______
4. ______
5. ______
6. ______

7 *Ascolta e indica con una* **✗** *le parole che senti.*

- ☐ banco
- ☐ Guido
- ☐ Beatrice
- ☐ pacchetto
- ☐ cinema
- ☐ classe
- ☐ cellulare
- ☐ Gianni
- ☐ lingua

8 *Guarda le immagini e completa le parole con o, i.*

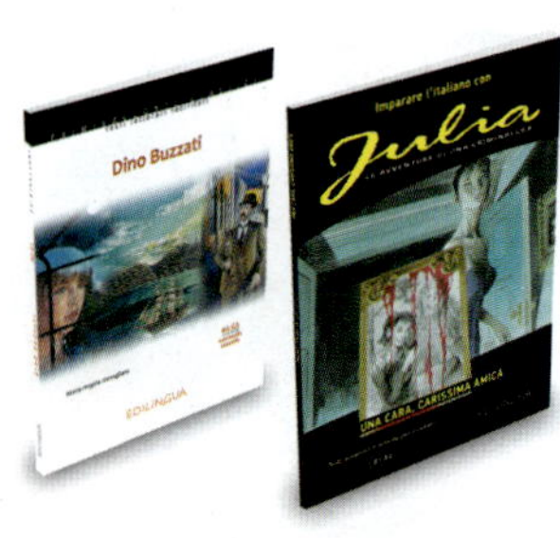

libr i

ragazz o

pacchett i

spaghett i

o = singular
i = plural

9 *Guarda le immagini e completa le parole con a, e.*

mascher___ pizz___ ragazz___ macchin___

10 *Leggi e scrivi i sostantivi al posto giusto. Vedi anche pagina 230 (2.4).*

compagno ◆ studenti ◆ maschera ◆ macchine ◆ pacchetto ◆ banca ◆ studente ◆ ragazzo
ragazzi ◆ banchi ◆ amico ◆ giorni ◆ amiche ◆ cellulari ◆ parole ◆ musica ◆ classe

Maschile		Femminile	
singolare	plurale	singolare	plurale

11 *Completa le frasi con la forma giusta del verbo essere.*

1. Piacere, io ______ (1) Mario e lei ______ (2) Anita. E tu ______ (3) l'insegnante di italiano?

   (1) a. sono b. sei c. è (2) a. sono b. è c. sono (3) a. è b. siete c. sei

2. Ciao, io sono Paola. E lei ______ (1) Akima. Noi ______ (2) amiche.

   (1) a. sei b. è c. siamo (2) a. sono b. siamo c. siete

3. Ciao ragazzi! Voi ______ (1) studenti? Io ______ (2) Patrizio, il professore di italiano.

   (1) a. sei b. siamo c. siete (2) a. sono b. sei c. è

12 *Completa le frasi con il verbo essere.*

1. Marzia ______ simpatica.
2. Ciao! Io ______ Alina.
3. Marco e Giovanni ______ amici.
4. Bruno ______ studente di archeologia.
5. Tu ______ insegnante d'italiano?
6. Gianni e Bruno ______ simpatici.
7. Voi ______ italiani?
8. Carla ______ insegnante.

13 *Completa le frasi con la forma giusta di essere e dell'aggettivo, come nell'esempio in blu. Vedi anche pag. 232 (3.3). Attenzione: sono possibili più frasi!*

1. Aurora è contenta.

2. Luigi ___________

3. Le ragazze ___________

4. Tutti gli studenti ___________

5. Cristina ___________

bravo
bello
contento
simpatico

14 *Metti in ordine le parole e forma le frasi, come nell'esempio in blu. Comincia con le parole in rosso.*

1. d'italiano / Carla / insegnante / è — Carla è insegnante d'italiano.
2. studente / è / Bruno / di / archeologia? ___________
3. ragazzi / Marco e Luca / due / sono / italiani ___________
4. io e / amici / Gianni / siamo ___________
5. italiani? / siete / voi ___________

15 *Abbina i saluti alle immagini. Attenzione: c'è un saluto in più!*

a. Buongiorno b. Buonasera c. Ciao d. Arrivederci e. Buonanotte

1 ☐

2 ☐

3 ☐

4 ☐

16 *Abbina domande e risposte, come nell'esempio in blu.*

1. Tu sei insegnante di italiano? (→ e)
2. Ragazzi, siete pronti?
3. Io sono Anna. E tu?
4. Ciao Carla, tutto bene?
5. Buongiorno. Bella giornata, no?

a. Sì, grazie. E tu?
b. Sì, siamo pronti.
c. Giacomo. Piacere!
d. Sì, bella.
e. No, sono professore di archeologia.

17 *Cerchia, in orizzontale (→) e in verticale (↓), le altre 6 parole per salutare e presentarsi, come nell'esempio in blu.*

B	U	O	N	G	I	O	R	N	O	A
U	B	U	O	N	C	U	A	E	R	R
O	U	A	C	G	I	B	R	N	O	R
N	E	P	I	A	C	E	R	E	T	I
A	D	C	A	I	O	N	I	E	B	V
S	B	U	O	N	A	N	O	T	T	E
E	E	C	P	I	C	E	E	U	C	D
R	O	C	I	N	O	N	D	T	G	E
A	I	A	R	I	V	U	E	I	E	R
E	U	O	P	O	M	T	R	I	G	C
P	I	B	E	N	V	E	N	U	T	I

18 *Scrivi il risultato come nell'esempio in blu.*

1 + 2		*tre*
10 – 6		
4 + 1		
10 – 2	=	
6 + 3		
5 + 2		
9 – 8		

19 *Ascolta e indica i numeri di cellulare di Carla e di Bruno.*

a. 349 1276558
b. 348 1267558
c. 349 1267558
d. 335 2912042
e. 335 2515042
f. 333 2916022

20 *Ascolta e completa i dialoghi, come nell'esempio in blu.*

1. • Grazie, ragazzi! Buonanotte!
   • Grazie a voi! _______________!

2. • Ciao Barbara!
   • Oh, ciao Anna. Tutto _______________?
   • Sì, grazie.

3. • _______________, signor Renato!
   • Buongiorno, _______________! Bella giornata oggi, no?
   • _______________, sì!

4. • _______________, ragazzi!
   • Buonasera!
   • _______________?
   • Sì!

21 **a** *Cerchia la parola estranea.*

1. sera – giorno – amico – notte – pomeriggio
2. amici – maschera – ragazzo – ragazze
3. libro – pagina – dieci – alfabeto – parola
4. brave – simpatiche – contente – immagine
5. studenti – banco – pizza – insegnante – classe

a

b

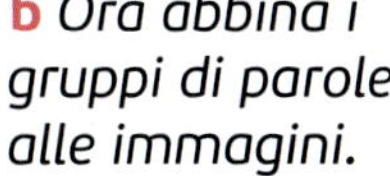

b *Ora abbina i gruppi di parole alle immagini.*

c

d

e

1 *Scrivi il nome delle città sotto i monumenti.*

a. ______________

b. ______________

La Mole Antonelliana

c. ______________

d. ______________

e. ______________

f. ______________

g. ______________

2 *Guarda il video e indica con una* **✘** *se le frasi sono vere (V) o false (F).*

	V	F
1. La capitale d'Italia è Firenze.	☐	☐
2. Il Teatro alla Scala è a Milano.	☐	☐
3. Pisa è la città delle gondole.	☐	☐
4. L'Arena di Verona è famosa per Romeo e Giulietta.	☐	☐
5. Torino è la città della FIAT.	☐	☐
6. Le spiagge più belle sono nel Nord Italia.	☐	☐
7. Il Vesuvio è in Sicilia.	☐	☐
8. La Sardegna è un'isola.	☐	☐

Tutti gli esercizi sono disponibili in formato interattivo su www.i-d-e-e.it

1 20 **1** *Completa il dialogo con le parole date. Poi ascolta e controlla le tue risposte.*

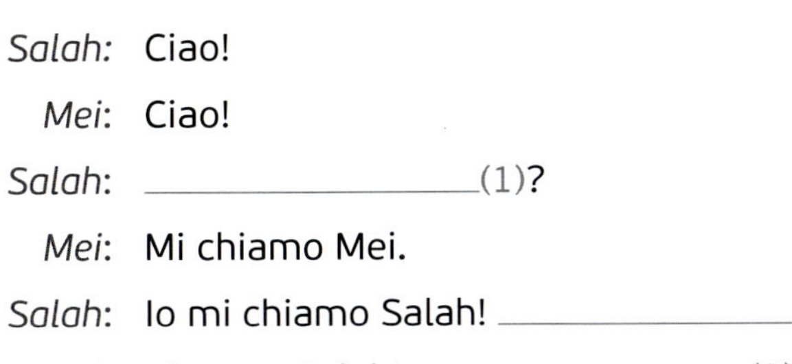

Come ti chiami **Piacere** **Di dove sei** **Come stai** **Piacere** **di Londra**

Salah: Ciao!
Mei: Ciao!
Salah: ____________(1)?
Mei: Mi chiamo Mei.
Salah: Io mi chiamo Salah! ____________(2)!
Mei: Piacere, Salah! ____________(3)?
Salah: Sono egiziano, del Cairo. E tu di dove sei?
Mei: Sono cinese, di Pechino!
Michael: Ciao ragazzi!
Salah: Ciao Michael! ____________(4)?
Michael: Bene, Salah, grazie!
Salah: Michael, lei è Mei!
Michael: ____________(5), Mei!
Mei: Piacere, Michael! Tu di dove sei?
Michael: Sono inglese, ____________(6)!

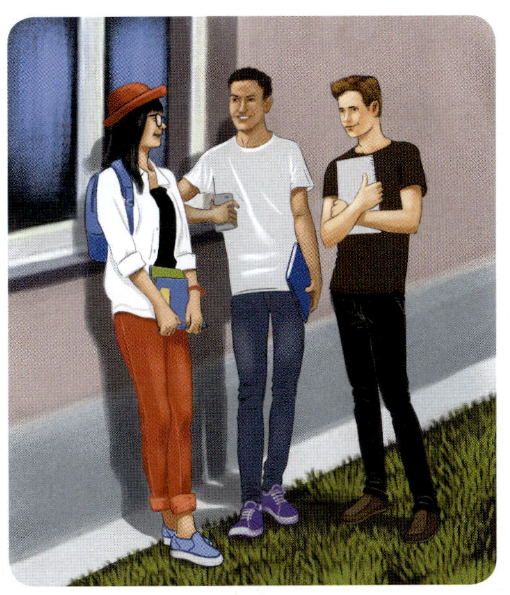

2 *Guarda le immagini e completa le frasi con il numero giusto, come nell'esempio in blu.*

1. Le maschere sono *quattordici*.

2. Oggi è il ____________ ottobre.

3. Le matite sono ____________.

4. Il ragazzo ha ____________ cani.

5. Gli studenti sono ____________.

6. I cellulari sono tanti, sono ____________.

7. Luca ha ____________ macchine.

8. I pacchetti sono ____________!

3 *Completa le frasi e il cruciverba con la forma giusta degli aggettivi dati.*

1. Mi chiamo Paula e sono ________________, di Rio de Janeiro.
2. John è ________________, di San Francisco.
3. Julie e Amaurit sono ________________, di Parigi.
4. Divya e Priya sono due ragazze ________________, di Mumbai.
5. Hammadi e Mohammed sono ________________, di Tunisi.
6. L'insegnante è ________________ con tutti.
7. Io e Daan siamo ________________, di Amsterdam.
8. Questi studenti sono molto ________________.
9. William è ________________, di Londra.
10. Io e Shuo siamo ________________, di Pechino.

bravo
gentile
americano
brasiliano
cinese
francese
indiano
inglese
olandese
tunisino

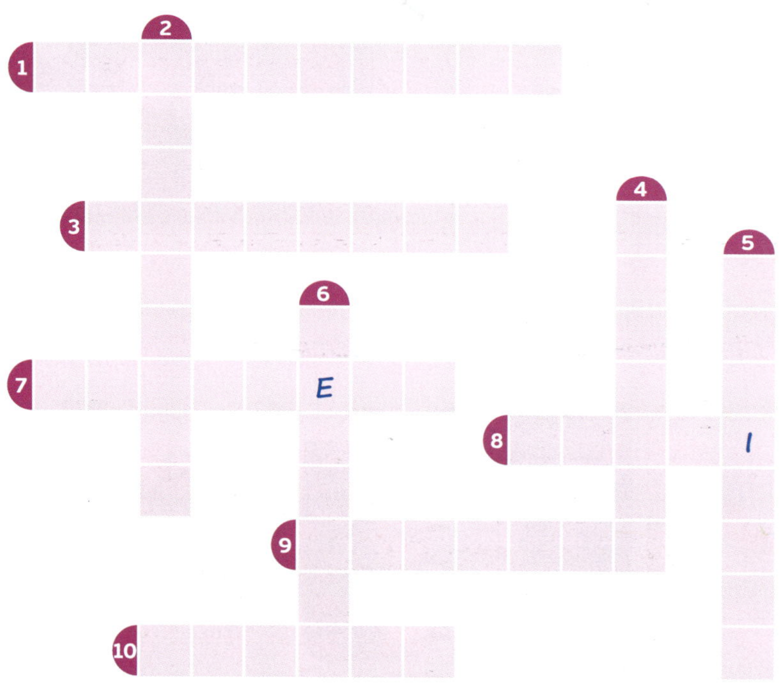

4 *Leggi di nuovo le frasi dell'esercizio 3, poi completa come negli esempi in blu.*

1. Io mi chiamo Priya. Sono indiana, di Mumbai.
2. Lui ________________ Daan. ________________________________.
3. Tu ________________ William? ________________________________?
4. Loro sono Hammadi e Mohammed. Sono tunisini, di Tunisi.
5. Voi ________________ Julie e Amaurit? ________________________________?
6. Noi ________________ Shuo e Mei. ________________________________.

5 *Completa i mini dialoghi con le espressioni in rosso.*

Bella Carla, no? Mah... 26-27. Boh! Perché?

1. • Maria, di dov'è Carl?
   • ______

2. • "Pizza" si scrive con due "zeta", ______

   • Sì, credo di sì.

3. • Sono buoni gli spaghetti?
   • ______ non tanto...

6 *Metti in ordine i numeri dal più piccolo al più grande. Scrivi i numeri come negli esempi in blu.*

sedici trenta ventidue undici diciannove ventotto tredici venti quindici venticinque

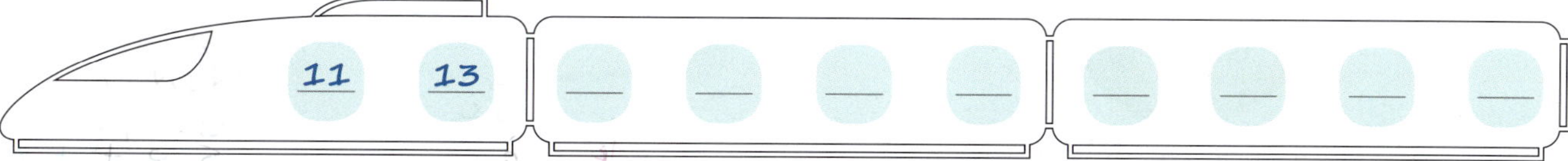

Complete sentence w/ correct to have

7 *Completa le frasi con la forma corretta di avere e le parole date, come nell'esempio in blu.*

fame • sette anni • fretta • lezione • sonno • paura

1. Elena ha fame !

2. Lucia ha sette anni

3. Noi abbiamo lezione ogni giorno.

4. Io ho fretta.

5. Tu hai sonno.

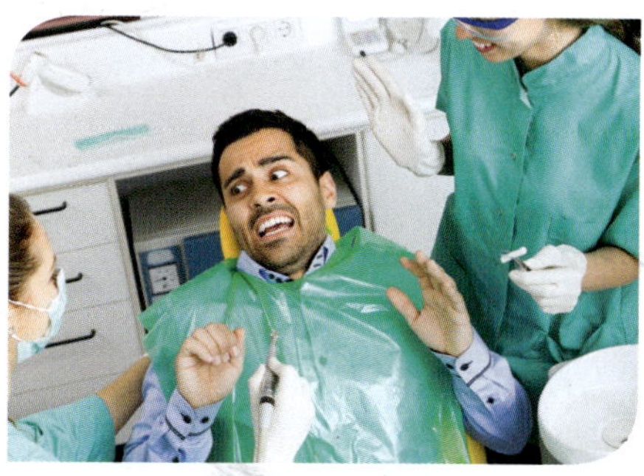

6. Juan ha paura.

spavento

8 *Ascolta e scrivi le parole.*

1. ____ 2. ____ 3. ____

4. ____ 5. ____ 6. ____

9 *Guarda le immagini e scrivi i nomi degli oggetti. Attenzione alle doppie!*

1. ~~macchine~~ Ferrari 2. cellulare 3. penne

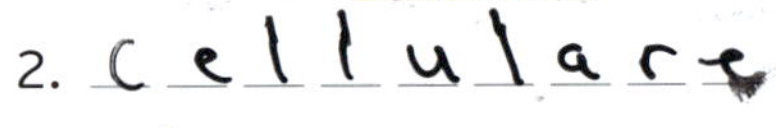

4. pizza 5. caffè 6. sette

10 *Guarda l'immagine e completa le frasi con le parole date e gli articoli giusti.*

matite • zaino • libri • quaderni
cellulare • penne

Alice ha ____________________

____

Alice non ha ____________________

____

11 *Completa con gli articoli e i sostantivi.*

1. il cellulare → I cellulari
2. LA matita → le matite
3. LO studente → gli studenti
4. il Libro → I libri
5. IL quaderno → i quaderni
6. lo zaino → Gli zaini

12 *Guarda le immagini del video: cosa significano i due gesti?*

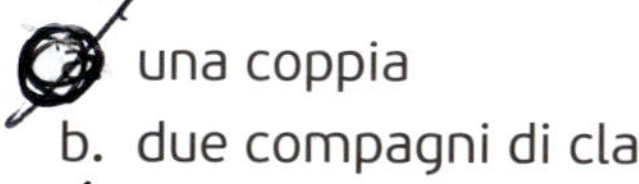

a. una coppia
b. due compagni di classe
c. due amici

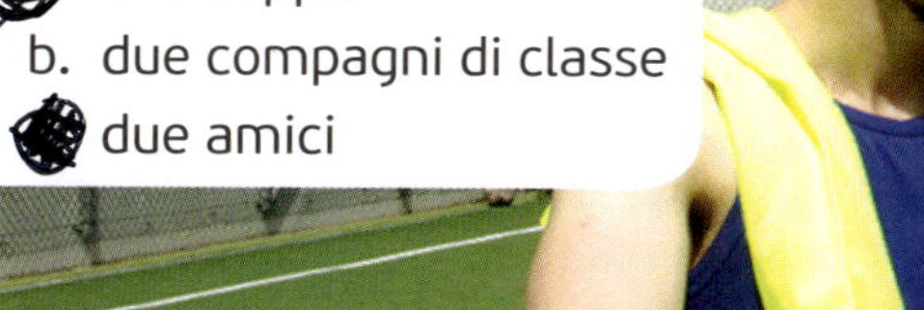

a. "Tutto bene?"
b. "Ma vai!"
c. "Ciao ciao!"

13 *Completa i dialoghi con la parola o le parole giuste.*

1. • Ciao! Mi chiamo Shuo, sono ______(1), di Pechino. Tu ______(2)?
   • Piacere, Shuo! Mi ______(3) José, sono ______(4), di Rio de Janeiro.
   • ______(5), José!

2. • Ciao Daan!
   • Ciao Michael. ______(6)?
   • Bene, grazie!
   • Ma Michael... di dov'è Paula?
   • ______(7)! È brasiliana?

14 *Guarda le immagini e completa le frasi con gli articoli, la forma giusta di avere e i numeri (in lettere).*

Mei, ______(a) professoressa di cinese, ______(b. avere) ______(c) anni. Lei è gentile e simpatica.

Noi siamo studenti di Lingue straniere e ______(d. avere) molti libri. Io ______(e. avere) ______(f) libri di francese.

______(g) studenti sono ______(h). ______(i. avere) lezione d'italiano.

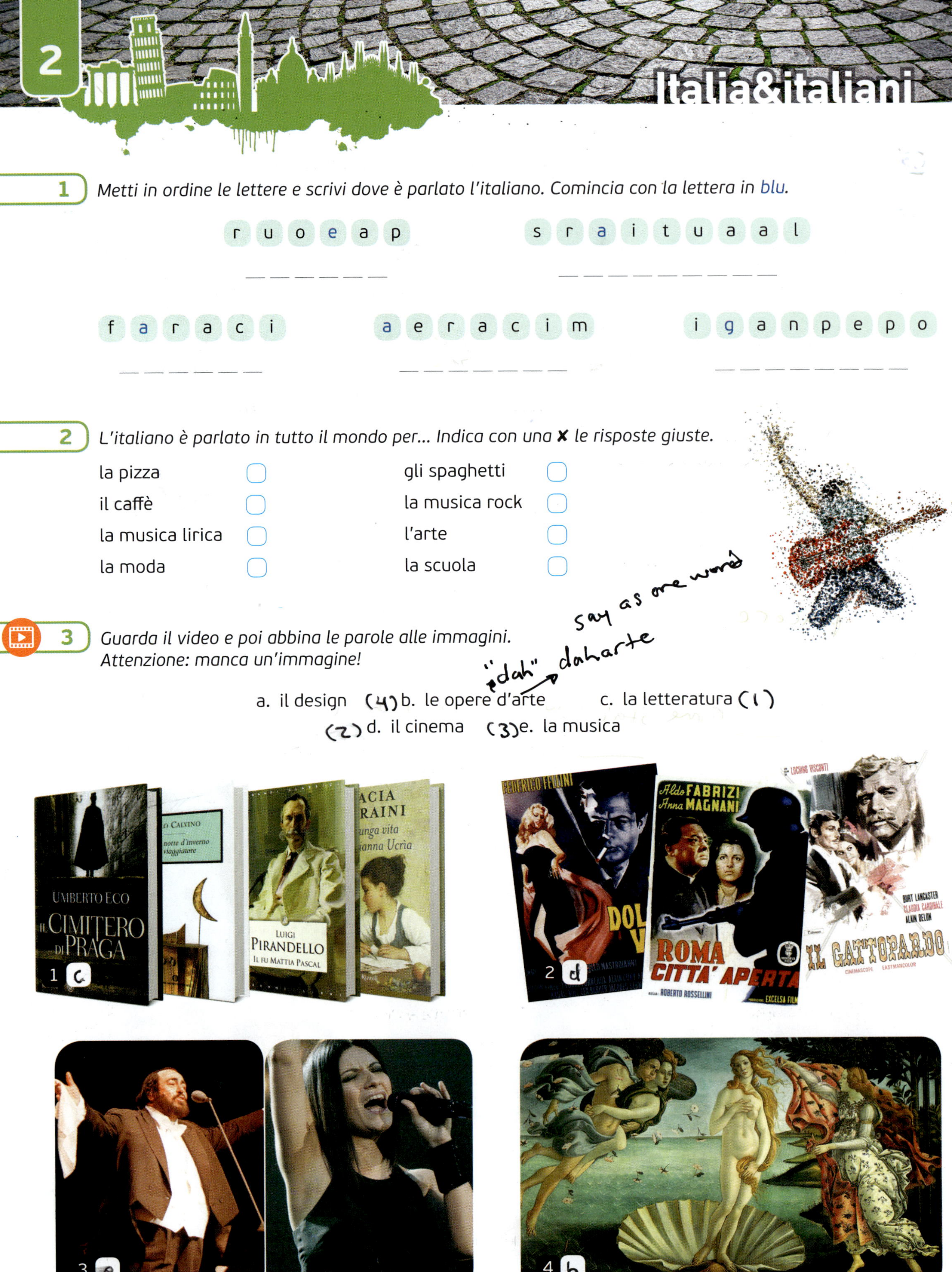

1 *Metti in ordine le lettere e scrivi dove è parlato l'italiano. Comincia con la lettera in blu.*

r u o e a p ______

s r a i t u a a l _________

f a r a c i ______

a e r a c i m _______

i g a n p e p o ________

2 *L'italiano è parlato in tutto il mondo per... Indica con una ✘ le risposte giuste.*

- la pizza ☐
- il caffè ☐
- la musica lirica ☐
- la moda ☐
- gli spaghetti ☐
- la musica rock ☐
- l'arte ☐
- la scuola ☐

3 *Guarda il video e poi abbina le parole alle immagini. Attenzione: manca un'immagine!*

a. il design b. le opere d'arte c. la letteratura
d. il cinema e. la musica

1 2 3 4

Tutti gli esercizi sono disponibili in formato interattivo su www.i-d-e-e.it

1 (29) *Ascolta il dialogo e abbina le frasi alla persona giusta, come nell'esempio in blu. Attenzione: alcune frasi vanno bene per più persone!*

1. È la moglie del signor Ferrara. ___c___
2. Prende l'autobus perché è stanca. ______
3. Ha un avviso postale per Alice. ______ 
4. Il suo cognome è Ferrari. ______
5. Chiude il bar dove lavora. ______
6. Abita in Via Brescia. ______
7. Riceve tanti pacchi. ______ 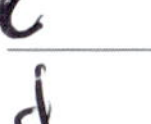
8. Lavora in un bar. ______

2 *Completa con il verbo stare. Vedi anche pag. 234 (6.1.4).*

3 *Leggi e abbina per formare le frasi.*

1. I signori Ferrara ricevono
2. Maria, tu vivi
3. Noi mangiamo
4. Fabio non saluta mai
5. Voi prendete

a. i vicini di casa.
b. tutti insieme la sera.
c. ancora a Roma?
d. l'autobus per andare al lavoro?
e. tanti pacchi da tutto il mondo.

4 *Completa con la forma corretta dei verbi.*

1. I vicini di casa ______ (litigare) spesso.
2. Io ______ (salutare) sempre i vicini.
3. La mia famiglia ______ (ricevere) molti pacchi.
4. Per andare al lavoro i vicini ______ (prendere) l'autobus.
5. I signori Bianchi ______ (avere) un cane e un gatto.

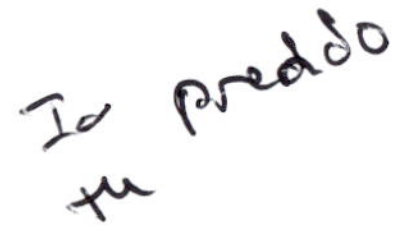

5 Completa con la forma corretta dei verbi.

1. Stefano ____________ (prendere) l'autobus per andare al lavoro.
2. Stefano ____________ (lavorare) al bar.
3. Stefano e Monica ____________ (prendere) un caffè insieme.
4. Monica ____________ (usare) la macchina per andare in ufficio.
5. Tutti i giorni Monica ____________ (arrivare) tardi in ufficio.
6. Stefano ____________ (chiudere) il bar e ____________ (tornare) a casa.
7. La sera la coppia ____________ (mangiare) e poi ____________ (guardare) la TV.

6 Scrivi in lettere i sette numeri misteriosi.

10 – 20 – 30 – ? ____________

50 – 60 – ? ____________

80 – ? ____________ – 100

35 – 38 – 41 – ? ____________

47 – ? ____________ – 53

56 – ? ____________

? ____________ – 65 – 68 – 71

7 Cerchia, in orizzontale e in verticale, i numeri dati, come nell'esempio in blu.

```
N T R E N T A Z H N G B
C I L R C V E F E O R S
S E S S A N T A I V R E
A L L V O F D O L A N T
C I N Q U A N T U N O T
E G T U S I P A R T H A
N O V A N T A S C A G N
T Q U R D N D L E S I T
O R I A E B O N N E C A
D O D N L I T A T T B D
Q O T T A N T O T T O U
L N P A V I O B S E L E
```

100, 51, 60, 72, 8, 90, 30, 88, 40, 97

8 Leggi il dialogo tra Giacomo e Maurizio e sottolinea le parole blu corrette.

- Giacomo, ma tu dove abiti?
- In via Padova... Perché?
- Conosci Patrizia? È al corso di inglese con me.
- Sì, è la mia amica/vicina di casa, e allora?/mah...
- È carina, no?
- E con questo?
- Giusto/Secondo te, ha il ragazzo?
- Sì, sono nervoso/sicuro che ha il ragazzo. Infatti/Va be', è troppo bella per essere sola!
- Hai fame/ragione...

9 Completa le frasi con l'aggettivo giusto.

1. Questo gelato al cioccolato è ____________.
   a. grande b. lungo c. bello
2. Il mio vicino è ____________ perché non saluta mai e sta sempre a casa.
   a. simpatico b. strano c. preoccupato
3. I ragazzi non arrivano. Sono ____________. Secondo te, ci sono problemi?
   a. preoccupato b. noioso c. basso
4. Irina è una ragazza ____________ che studia l'italiano.
   a. nervosa b. corta c. russa

10 *Completa con l'articolo indeterminativo giusto. Vedi anche pag. 230 (2.5).*

1. Vuoi ______ gelato?
2. A lezione c'è ______ studente spagnolo.
3. Riceve ______ pacco al giorno.
4. La lezione è in ______ aula molto grande.
5. Mamma, ho ______ problema.
6. Paola ha ______ orologio nuovo.

11 *Scrivi i sostantivi sotto l'articolo giusto, come negli esempi in blu. Vedi anche pag. 233 (4.2).*

busta • avviso • matita • amico • scherzo • idea • storia • aula • zaino
amica • straniero • zoo • regalo • immagine • lezione • autobus

UN	UNA	UNO	UN'
autobus	*busta*		

12 *Completa il cruciverba.*

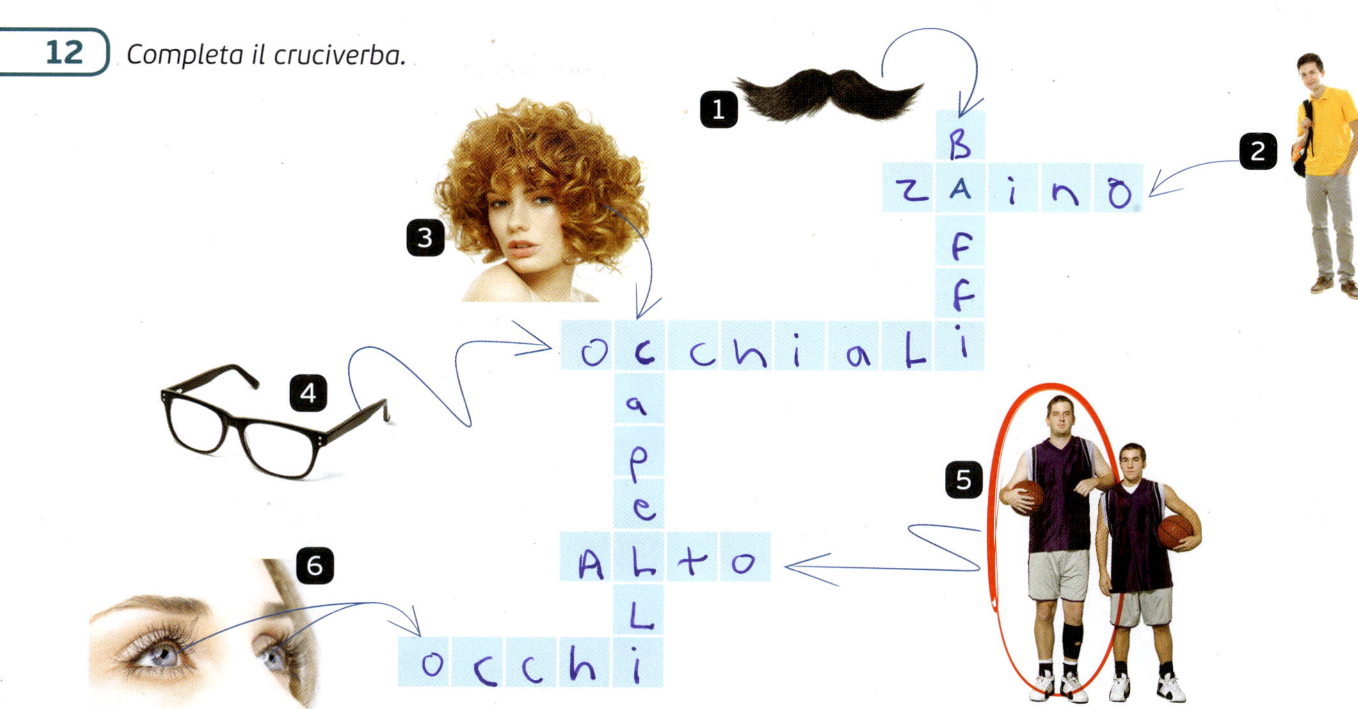

13 *Guarda le immagini e completa le frasi con le parole date, come nell'esempio in blu.*

bruno • verdi • corti
bionda • lunghi • bruna
rossi • neri

1. Sonia è bruna, ha i capelli ______ e ______.
2. Paola ha gli occhi ______ e i capelli ______.
3. Giulio è ______, ha i capelli ______ e neri.
4. Barbara è ______ e ha i capelli corti.

14 *Chi è?*
Ascolta le descrizioni e abbina i nomi alle immagini giuste.

1. Gioia ☐
2. Michele ☐
3. Pietro ☐
4. Giulia ☐
5. Renzo ☐

15 *Cosa c'è sul tavolo? Guarda le immagini e metti le parole al posto giusto, come negli esempi in blu.*

una chiave ◆ un bicchiere ◆ le chiavi ◆ una matita ◆ i fiori ◆ un pacco
un quaderno ◆ le matite ◆ un libro ◆ gli occhiali ◆ un cellulare ◆ le penne

Sul tavolo c'è un bicchiere, ______________________
____

Sul tavolo ci sono ______________________
____

Sul tavolo c'è ______________________
____

Sul tavolo ci sono i fiori, ______________________
____

16 *Ascolta e indica con una* ✘ *le parole che senti.*

☐ basso ☐ casa ☐ ascolto ☐ maschio
☐ sciare ☐ liscia ☐ base ☐ cassa

17 *Completa i mini dialoghi con le parole che mancano. Vedi anche pag. 230 (2.6).*

a
- Luisa ha gli occhi strani.
- Cioè?
- Ha un __________ verde e un __________ blu.

b
- Ci sono __________, Martha?
- Sì, ho un problema con gli esercizi di grammatica.

c
- Giulia, ciao! Come stai? E come __________ Luca e Matteo?
- Bene! Tutti bene! E tu?

d
- Paola, c'è la professoressa in classe?
- No, __________ solo Matteo e Lucia.

e
- Che cosa studiate tu e Bruno?
- __________ archeologia.

18 *Una cartolina da... Ascolta e cerchia l'immagine, come nell'esempio in blu, che corrisponde a ogni parola che senti. Poi scrivi le lettere nelle caselle dello stesso colore per scoprire la città misteriosa.*

		R				

A 
R 
B 
E 

P 
I 
E 
S 

R 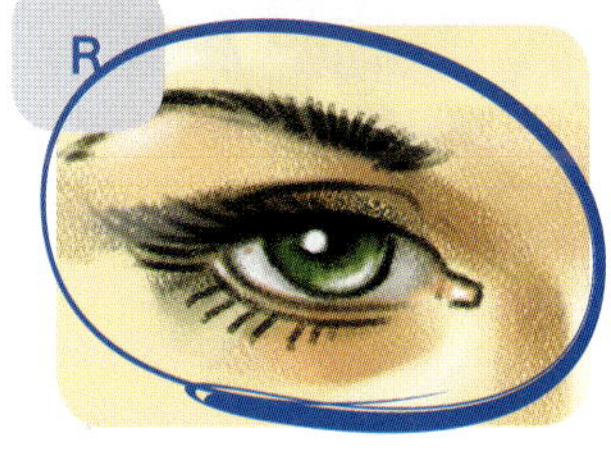
D 
U 

R 

F 
T 
G 
A 

3 Italia&italiani

1 *Questo parolone nasconde nomi e cognomi italiani. Cerchia i nomi doppi e sottolinea i cognomi che indicano un colore.*

RosaMariaFerrariViolaPierangeloAlessandroMassimilianoMichelangeloChiaraNeriFrancesca

2 *Scrivi sotto ogni immagine il cognome giusto.*

3 *Guarda l'intervista e scrivi qual è il nome più diffuso in Italia, secondo le persone che parlano.*

Nome maschile: ____________

Nome femminile: ____________

4 *Guarda l'intervista e indica con una ✗ quali sono i cognomi italiani più famosi al mondo, secondo le persone che parlano.*

1 *Ascolta e abbina i dialoghi alle immagini.*

2 *Ascolta di nuovo i dialoghi, poi abbina i ringraziamenti e le risposte, come nell'esempio in blu.*

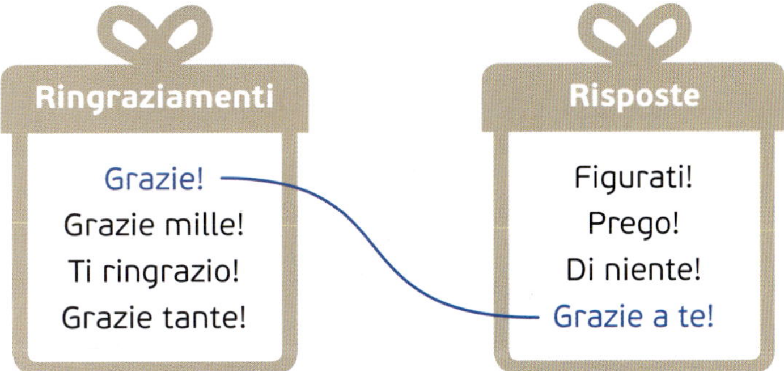

3 *Completa con la forma corretta dei verbi. Poi ascolta di nuovo i dialoghi dell'esercizio 1 e indica con una ✘ se le frasi sono vere o false.*

	V	F
1. Mario ________________ (spedire) il libro a Giulia.	☐	☐
2. Roberto e Anna ________________ (preferire) la pizza margherita.	☐	☐
3. Lucia ________________ (aprire) le finestre.	☐	☐
4. Giulio ________________ (offrire) il caffè alla sua amica Maria.	☐	☐

4 *Guarda le immagini e completa le frasi con la forma giusta dei verbi dati.*

aprire ◆ preferire ◆ pulire ◆ dormire ◆ spedire ◆ partire

1. Voi __________ ancora?

2. Io __________ la brioche alla crema.

3. Giorgio __________ la cucina.

4. Tu e Andrea arrivate a casa e __________ la porta.

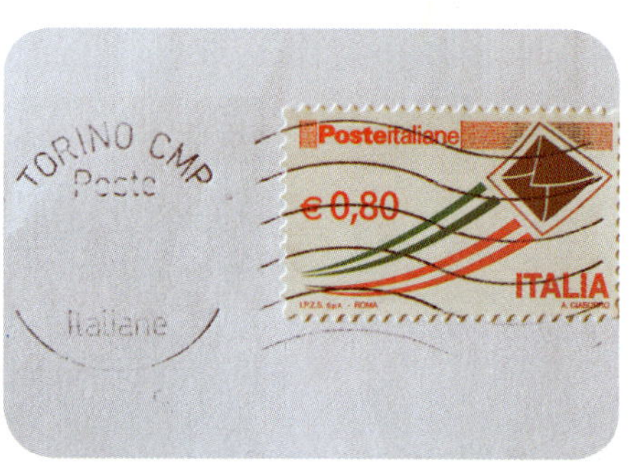

5. Noi __________ una lettera a un amico.

6. Tu __________ con l'aereo o con il treno?

5 *Completa il dialogo con il verbo corretto alla forma giusta. Vedi anche pag. 234 (6.1.3 e 6.1.4).*

barista: Ciao Teresa! Cosa __________ (1. bere/offrire) stamattina?

Teresa: Ciao Marco! Oggi __________ (2. prendere/mangiare) un caffè, un cappuccino e due brioche.

barista: Un caffè, un cappuccino e due brioche? Perché? __________ (3. Avere/Essere) così tanta fame?

Teresa: No! __________ (4. Aspettare/Essere) una mia amica, Monica, __________ (5. mangiare/prendere) insieme. La brioche è per lei. Ah, Monica! Ciao! Lui è Marco, il mio barista preferito!

Monica: Ciao Marco! Piacere, io sono Monica.

barista: Piacere! Ragazze, __________ (6. prendere/offrire) anche una spremuta?

Teresa: Per me sì, grazie! Monica?

Monica: Per me no, grazie.

(Dopo cinque minuti)

cameriere: Ecco il caffè, il cappuccino, le brioche e la spremuta!

Teresa: Grazie! __________ (7. Pagare/Mangiare) adesso o dopo?

cameriere: __________ (8. Pagare/Offrire) dopo alla cassa.

6 *Completa i dialoghi con l'espressione giusta.*

1. • Buongiorno! Io prendo una spremuta e un panino, grazie. Tu, Luca, cosa prendi?
   • Per me un caffè macchiato.
   • Offro io!
   • Grazie mille!
   • ______________

   a. Quant'è?
   b. Pronto?
   c. Figurati!

2. • ______________
   • Ciao, sono Carla! C'è Paolo?
   • Ciao Carla! Sono io!

   a. Per favore!
   b. Quant'è?
   c. Pronto?

3. • Ciao Michele! Come stai?
   • Bene, grazie! Tu?
   • ______________

   a. Per favore!
   b. Anch'io!
   c. Figurati!

4. • Gianni, cosa prendi?
   • Un caffè, ______________

   a. per favore!
   b. anch'io!
   c. quant'è?

1 44 **7** *Completa le parole. Poi ascolta e sottolinea le parole dove la z si pronuncia come in zaino e cerchia quelle dove si pronuncia come in lezione, come nell'esempio in blu. Vedi anche pag. 229 (1.6).*

z ucchero   trame___ino   raga___i

na___ionalità   pi___a   a___urri

8 *Completa le frasi con il plurale delle parole date, come nell'esempio in blu. Vedi anche pag. 230 (2.7 e 2.8).*

ciliegia • hobby • arancia • farmacia • caffè • bar

1. Preferisco la marmellata di arance, quella di ______________ è troppo dolce.
2. Questa città è strana: ci sono molte ______________ e pochi ______________!
3. Lucia è una ragazza interessante: ha molti ______________!
4. Ciao Marco! Oggi prendiamo due ______________ e due panini!

marmellata di arance

1 46 **9** *Ascolta il dialogo e completa le frasi. Poi indica con una ✘ se la frase è di Sara o di Luca. Vedi anche pag. 240 (12.1 e 12.2).*

	Sara	Luca
1. Andiamo in questo bar o in ______________?	☐	☐
2. ______________! È il mio bar preferito.	☐	☐
3. Una di ______________!	☐	☐
4. Con cosa sono ______________ panini?	☐	☐
5. Uno di ______________ con il prosciutto.	☐	☐
6. ______________ spremuta è ottima!	☐	☐

10 *Ascolta il dialogo e indica con una* **✗** *cosa prendono Elisa e Giovanni al bar.*

1 ☐

2 ☐

3 ☐

4 ☐

5 ☐

6 ☐

11 *Ascolta di nuovo e completa il dialogo con le espressioni in blu.*

a dire la verità • io vorrei • per me • che c'è • per favore • cosa prendete

cameriere: Buongiorno!

Giovanni e Elisa: Buongiorno!

cameriere: ________________(1)?

Elisa: ________________(2) una brioche e un caffè, per favore!

cameriere: Per Lei?

Giovanni: ________________(3) un tramezzino e un succo di frutta, ________________(4)!

Elisa: Non prendi un caffè?

Giovanni: ________________(5), sono nervoso. Non prendo il caffè.

Elisa: ________________(6)?

Giovanni: C'è una persona al lavoro che non mi piace.

Elisa: Quel tipo con i baffi?

Giovanni: Sì, lui!

Elisa: Anche a me non piace!

12 *Che confusione! Il cameriere sbaglia l'ordinazione. Completa il dialogo con i possessivi corretti.*

cameriere: Ciao Carla, ecco la ______(1) cioccolata calda!

Carla: Cioccolata calda? No, non è ______(2).

cameriere: No? E il tramezzino?

Bruno: Quello è ______(3)! Carla, il caffè è ______(4)?

Carla: Sì! Il caffè è ______(5)!

cameriere: E la spremuta? Di chi è?

Bruno: È ______(6), di Anna!

cameriere: Che confusione! Scusate!

13 *Leggi i dialoghi e trasforma le espressioni in blu da informali a formali e viceversa.*

INFORMALE

Fabio: ______________(1)! Mi chiamo Fabio. E tu come ti chiami?
Carlo: Mi chiamo Carlo! Piacere!
Fabio: Piacere! Anche ______________(2) il corso con Harry?
Carlo: Sì!
Fabio: Abbiamo ancora 30 minuti. Prendi un caffè al bar?
Carlo: Bella idea! C'è anche Harry al bar.
Fabio: Ciao Harry! ______________(3)?
Harry: Bene, grazie! Cosa prendete? Oggi offro io!

FORMALE

Sig. Sala: Buongiorno! Mi chiamo Fabio Sala. E ______________(4)?
Sig. Arca: Mi chiamo Carlo Arca! Piacere!
Sig. Sala: Piacere! Anche Lei fa il corso con il professor Green?
Sig. Rossi: Sì!
Sig. Sala: Abbiamo ancora 30 minuti. ______________(5) un caffè al bar?
Sig. Rossi: Bella idea! C'è anche il professore al bar!
Sig. Sala: ______________(6) professore! Come sta?
Prof. Green: Bene, grazie! Cosa prendete? Oggi offro io!

14 *Sottolinea le parole o le espressioni in blu giuste.*

barista: Buongiorno signora Binotto, come (1) sta/stai?
Lucia: Buongiorno Mario, (2) sto/sono bene, grazie!
barista: Cosa (3) prendo/prende?
Lucia: Oggi prendo un latte macchiato. Ma aspetto la (4) tua/mia migliore amica, Paola. È una signora bionda con (5) gli occhi azzurri/i baffi neri.
barista: È (6) quella/quello signora alta che (7) parla/arriva ora?
Lucia: (8) Giusto/Figurati! ...Paola! Sono qui!
Paola: Ciao Lucia! Come stai?
Lucia: Bene! E tu? Tutto bene?
Paola: Sì, grazie. Cosa (9) bevi/beve?
Lucia: Un latte macchiato.
Paola: Strano! Di solito (10) offri/prendi solo un caffè. Allora, anche per me un latte macchiato!
Lucia: Scusa, Mario, un altro latte macchiato, (11) per favore/pronto!
barista: Ecco, signora Binotto.
Lucia: (12) Quant'è/E allora?
barista: 4 euro.

1 *Guarda le foto e completa le frasi. Andiamo al bar per...*

a. ____________ un panino

b. leggere ____________

c. prendere ____________

d. mangiare ____________

e. guardare ____________

f. ____________ colazione

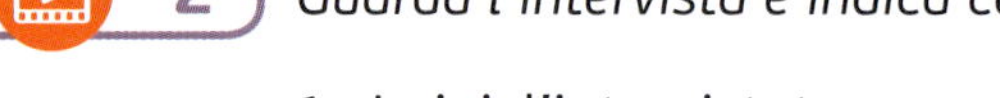

2 *Guarda l'intervista e indica con una ✘ la risposta giusta. Attenzione: sono possibili più risposte!*

1. Luigi, l'intervistatore, prende
   - ☐ un cornetto ☐ due panini ☐ due tramezzini
   - ☐ un'aranciata ☐ una pizza

2. La barista prepara
   - ☐ una spremuta ☐ un espresso ☐ un cappuccino
   - ☐ un tè ☐ un caffè macchiato
3. La barista prepara il latte macchiato con
   - ☐ cioccolata ☐ poco latte ☐ caffè
   - ☐ liquore ☐ molto latte

4. Al bar servono l'aperitivo
   - ☐ di mattina ☐ di pomeriggio ☐ di notte
   - ☐ a mezzogiorno ☐ di sera
5. I clienti ordinano come aperitivo
   - ☐ acqua ☐ vino ☐ birra
   - ☐ spritz ☐ succo d'arancia

Tutti gli esercizi sono disponibili in formato interattivo su www.i-d-e-e.it

1 Ascolta e abbina i sei dialoghi alle immagini. Attenzione: in due dialoghi senti più di un passatempo!

2 Ascolta di nuovo i dialoghi e completa la tabella come nell'esempio in blu.

	Invito	Risposta	Accetta	Rifiuta
1.	*Perché non andiamo a...?*	*Bella idea!*	✗	
2.				
3.				
4.				
5.				
6.				

3 Completa con la forma corretta dei verbi.

1. Tu e Marco ______________ (venire) a teatro con noi stasera?
2. Nel pomeriggio io ______________ (andare) a fare una passeggiata. Chiamo Giulia, forse ______________ (venire) anche lei.
3. I ragazzi ______________ (andare) a ballare stasera. ______________ (andare) anche noi con loro?
4. Che fai stasera? ______________ (andare) alla festa a casa di Valerio o ______________ (venire) al cinema con me?
5. ______________ (venire) anche noi al ristorante messicano domani!

4 *Leggi il dialogo e sottolinea il verbo giusto.*

Ivano: Pronto! Ciao Elena, come (1) vai/stai?

Elena: Bene, grazie!

Ivano: Senti... hai voglia di (2) venire/andare con noi a ballare stasera?

Elena: Mi dispiace, stasera ho da fare. Magari domani.

Ivano: Ma stasera in quel nuovo locale c'è una serata speciale, una festa con musica anni '80. Domani, invece, è chiuso...

Elena: Peccato! Domani tu sei libero? (3) Veniamo/Andiamo in pizzeria?

Ivano: Perché no? Chiamo anche Marina. Sento se (4) va/viene anche lei perché domani sera non lavora.

Elena: Hmm... No, non è libera: domani (5) va/viene al cinema con il suo ragazzo!

5 *Leggi di nuovo il dialogo dell'esercizio 4 e indica con una* ✘ *se le frasi sono vere o false.*

	V	F
1. Ivano invita Elena a ballare.	☐	☐
2. Elena è libera domani.	☐	☐
3. Stasera c'è una festa anni '80.	☐	☐
4. Domani Ivano ha da fare.	☐	☐
5. Marina lavora in pizzeria.	☐	☐
6. Alla fine vanno tutti insieme al cinema.	☐	☐

6 *Completa le frasi con le preposizioni giuste. Vedi anche pag. 241 (13.1 e 13.2).*

1. Stasera uscite ______ Lucia e Francesca?
2. Maria, vieni a cena ______ me? Cucino molto bene!
3. ______ una settimana partiamo ______ la Spagna!
4. Dopo il lavoro vado ______ casa ______ autobus.
5. Questo regalo è ______ Lucia?
6. No, non andiamo ______ cinema! Stasera c'è un bel film ______ TV!
7. Parli molto bene! ______ quanto tempo studi l'inglese?
8. Il ragazzo alto ______ i capelli corti è un amico ______ Michele.
9. Telefoni tu ______ Matteo? Io scrivo un messaggio ______ Maria.
10. ______ agosto vado ______ mare. Vieni?

7 *Dove vai? Scrivi le parole sotto la preposizione giusta, come negli esempi in* blu.

a	in
Firenze,	*Inghilterra,*

Firenze ◆ Inghilterra ◆ Germania ◆ Milano ◆ teatro ◆ vacanza ◆ ballare ◆ farmacia ◆ pranzo ◆ Londra ◆ centro ◆ un concerto ◆ Toscana ◆ letto ◆ Asia ◆ Venezia ◆ scuola

8 *Cerchia e scrivi in ordine i giorni della settimana, come nell'esempio in blu. Con le parole rimaste completa il titolo del libro.*

mercoledìgiovedìarrivedercidomenicaamoremartedilunedìciaosabatovenerdì

1. ____________ 4. ____________
2. ____________ 5. ____________
3. mercoledì 6. ____________ 7. ____________

MASSIMO CARLOTTO

DA QUESTO ROMANZO IL FILM DI MICHELE SOAVI CON ALESSIO BONI E MICHELE PLACIDO

9 *Completa con le espressioni in blu. Poi abbina i dialoghi alle situazioni.*

magari • ho fame • hai paura • ho intenzione • hai voglia • peccato

a
- Prego, signora.
- Buonasera, un biglietto per *Donne moderne*, per favore.
- Mi dispiace. Oggi c'è un altro film. *Donne moderne* comincia domani.
- Ma come?! ____________(1)!

b
- Cosa prendi? Un panino?
- No, grazie. Ad essere sincero, non ____________(2).
- Allora un caffè? Offro io!

SITUAZIONI
- ☐ Al bar
- ☐ Al telefono
- ☐ Al cinema
- ☐ A casa

c
- Ma quando torna Mario? Sono le 11... e poi non risponde al telefono!
- Ma di cosa ____________(3)?
- Ha solo quattordici anni... Ora chiamo il suo amico Paolo!
- No, dai! Aspetta ancora dieci minuti.
- No, senti, non ____________(4) di aspettare!

d
- Pronto, Luca, come va?
- Bene, grazie.
- ____________(5) di venire al cinema stasera?
- Mi dispiace ma ho da fare. ____________(6) un'altra volta.

1 54 **10** *Quante volte vanno in palestra queste persone? Ascolta e indica con una ✗, come nell'esempio in blu.*

	sempre	spesso	raramente	mai
1. Marco	✗			
2. Carolina				
3. Salvatore				
4. Aurora				

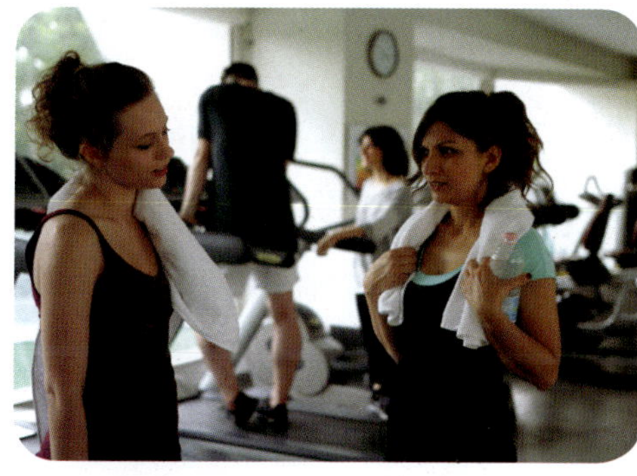

11 *Leggi e sottolinea la forma corretta di fare.*

1. • Che lavoro faccio/fai?
   • Fai/Faccio il barista.
2. • Che cosa fa/fanno i tuoi figli nel tempo libero?
   • Facciamo/Fanno sport: Giuseppe gioca a calcio e Adriano va in palestra.
   • E tu cosa fai/fa?
   • Io? Io faccio/facciamo lunghe passeggiate con il cane.
3. • Tra poco vado al cinema. Venite?
   • No, grazie, magari un'altra volta. Oggi fate/facciamo un picnic.
   • E domani? Che fanno/fate?
   • Non lo sappiamo...
   • Allora facciamo/faccio qualcosa tutti insieme! Andiamo a ballare?

12 *Completa i mini dialoghi con i verbi, dati in ordine, alla forma corretta, come nell'esempio in blu. Vedi anche pag. 234 (6.1.4). Poi abbina i dialoghi alle immagini.*

1. • Sa (Lei) che ore sono?
   • No, mi dispiace. Non lo ________. Forse ________ le dieci.

   sapere / sapere / essere

2. • ________ (tu) che sport fa Giulio?
   • Sì, ________ in palestra.

   sapere / andare

3. • Non ________ (io) voglia di uscire stasera... Se non ________ (io), ________ anche tu a casa con me?
   • Va bene. Guardiamo un film alla TV? ________ io quale?

   avere / uscire / rimanere / scegliere

4. • I signori Giuliacci non sono i vicini di casa più simpatici...
   • Perché ________ (tu) così?
   • Perché ________ (loro) sempre la musica alta, parlano ad alta voce quando ________ le scale e ________ spesso. Insomma, per noi è impossibile dormire!

   dire / tenere / salire / litigare

5. • Quando ________ (io) al cinema, ________ sempre il cellulare.
   • Anch'io!

   andare / spegnere

6. • Ragazzi, ________ (voi) troppe domande tutti insieme... Per favore, uno alla volta! Ava, prima ________ tu il testo, poi ________ Lin.
   • Va bene, professore.

   fare / tradurre / tradurre

a ☐

b ☐

c ☐

d ☐

e ☐

f ☐

13 *Guarda gli orologi e indica l'ora giusta.*

1. a. È l'una meno dieci.
   b. Sono le dieci e cinque.
   c. Sono le undici e dieci.

2. a. Sono le otto e mezza.
   b. Sono le tre meno venti.
   c. Sono le otto e un quarto.

3. a. È l'una e mezza.
   b. Sono le sette e dieci.
   c. È l'una e trentacinque.

14 *Che ore sono? Ascolta e indica con una ✘ l'orologio giusto.*

a ☐

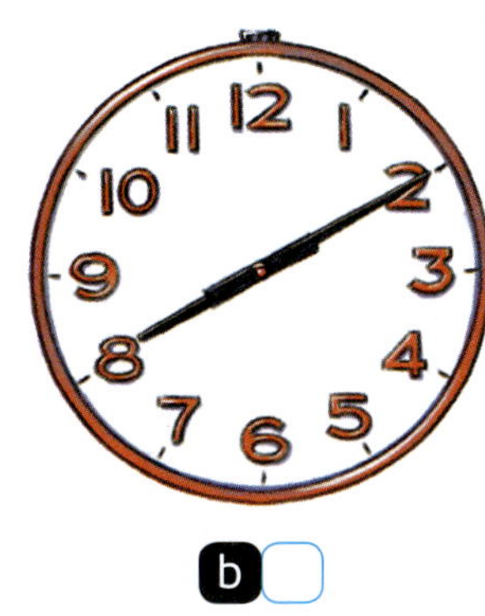

b ☐

c ☐

d ☐

15 *Leggi e scrivi i numeri, come nell'esempio in blu. Vedi anche pag. 238 (7.4).*

quattrocentodue = 402
mille = ______
settecentoventicinque = ______
tremilacento = ______
diecimila = ______
duecentosessantasei = ______
novecentodieci = ______
ottocentotrentanove = ______

16 *Leggi le frasi e completa il cruciverba con le parole mancanti.*

Verticali
1. Vado a teatro ..., 2-3 volte all'anno.
3. Andiamo al ... a vedere il nuovo film di Roberto Benigni?
6. Mi piace ...! Faccio bene la pizza!
8. Il giorno prima di sabato è ...

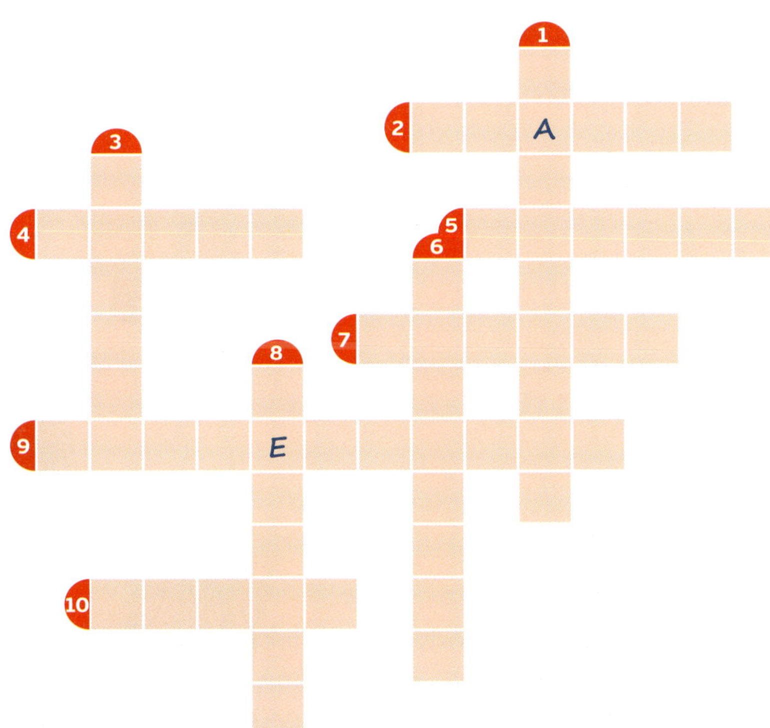

Orizzontali
2. I ragazzi ... molte ore sui social media.
4. Stasera andiamo a ballare. ... anche tu, Elena?
5. Io ... spesso sport, tre o quattro volte alla settimana.
7. Se oggi è domenica, domani è ...
9. Perché non andiamo a fare una ... in centro?
10. Ama gli sport pericolosi, non ha ... di niente!

1 *È sabato! Guarda le foto e scrivi come passano il tempo libero queste persone, come nell'esempio in blu.*

1. I signori Verdi
visitano Roma.

2. Marta e Alessio

3. Daria e Michela

4. Carlo e Bruno

5. Massimo e Davide

6. Gianni, Paolo e Mattia

7. Anna

8. Gloria e Alberto

2 *Guarda il video e indica con una ✘ cosa fanno di solito nel tempo libero Massimo, Edoardo, Maria e Adriana.*

	Massimo	Edoardo	Maria	Adriana
1. Guarda le serie tv.				
2. Esce con gli amici.				
3. Guarda lo sport in tv.				
4. Va a ballare.				
5. Legge.				
6. Gioca ai videogiochi.				
7. Va al cinema.				
8. Va in palestra.				

Massimo

Edoardo

Maria

Adriana

1 *Leggi gli annunci di lavoro e la descrizione delle persone. Poi fai l'abbinamento.*

Ultimi annunci di lavoro

a. Cerco giovane segretario/a, anche senza esperienza. Necessaria lingua francese.
b. Cerchiamo una commessa di bella presenza per un negozio in centro. Lavoro nel fine settimana.
c. Avvocato cerca una segretaria laureata anche senza esperienza.
d. Ristorante nel centro di Bologna cerca un cuoco con esperienza.

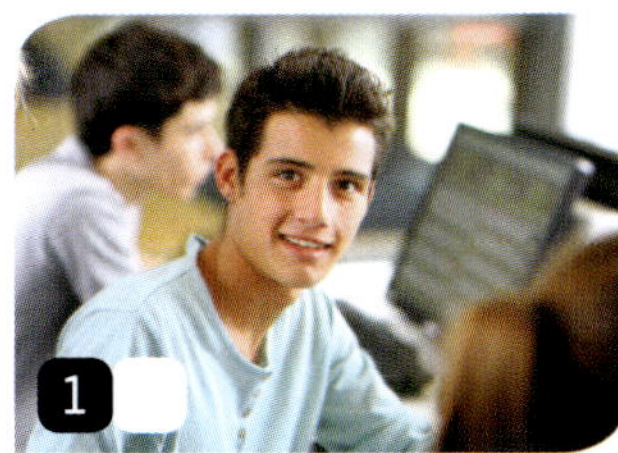
1 ☐ Giovane di 18 anni cerca lavoro. Parla italiano e francese.

2 ☐ Sono Luca e ho 27 anni. Lavoro come cuoco da sei anni.

3 ☐ Sono Jessica, ho 26 anni, una laurea in Economia e poche esperienze di lavoro.

4 ☐ Studentessa cerca un lavoro per il sabato e la domenica.

2 *Leggi di nuovo l'esercizio 1 e completa i dialoghi con le espressioni in rosso.*

penso di sì • sicuramente • forse • credo di no

1
- Sebastien parla francese?
- ______________: i suoi genitori sono francesi.

2
- Cercano una commessa per il fine settimana.
- ______________ fa per Laura: studia ma cerca lavoro.

3
- Jessica ha molta esperienza?
- ______________. Cerca lavoro da poco.

4
- Maria, Luca è cuoco?
- ______________: lavora da tanti anni in un ristorante in centro.

3 **a** *Ascolta alcune persone che descrivono il loro lavoro e indica con una ✘ se le informazioni sono vere o false.*

	V	F
a. Il lavoro di Gloria è faticoso, ma ha uno stipendio alto.	☐	☐
b. Il lavoro di Marco è creativo, ma lo stipendio è basso.	☐	☐
c. Marco chiede spesso soldi ai genitori.	☐	☐
d. Gli stipendi di Marco e Francesca sono bassi.	☐	☐
e. Il lavoro di Francesca e Paolo è creativo.	☐	☐
f. Paolo qualche volta lavora la notte, ma ha uno stipendio alto.	☐	☐

b *Ascolta di nuovo le descrizioni: che lavoro fanno?*

Gloria è ______________. Marco è ______________. Francesca è ______________. Paolo è ______________.

4 *Completa le frasi con il femminile o il maschile, come nell'esempio in blu. Vedi anche pag. 231 (2.10).*

♀	♂
1. Laura è commessa.	Mattia è commesso.
2. Marcella è la ____________ del teatro.	Marco è il direttore del teatro.
3. Teresa è una professoressa d'inglese.	Sandro è un ____________ d'inglese.
4. Simona fa la barista.	Vittorio fa il ____________.
5. Greta lavora come segretaria in un grande ufficio.	Pietro lavora come ____________ in un grande ufficio.
6. Giulia è una ____________, lavora in ospedale.	Giovanni è un dottore, lavora in ospedale.

5 *Domino. Completa le tessere con articoli e preposizioni, come negli esempi in blu.*

6 **a** *Leggi la descrizione della giornata di lavoro di Maria e sottolinea la preposizione corretta.*

Lavoro cinque giorni 1. alla/della settimana; non lavoro mai il sabato e la domenica. Ogni giorno esco di casa 2. alle/delle otto meno un quarto e prendo il treno. Appena arrivo, se ho tempo prendo un caffè al bar 3. all'/dell'università. Inizio 4. alle/delle 9:50. In classe, con gli studenti leggiamo e ascoltiamo testi, guardiamo video, scriviamo e discutiamo 5. alle/delle differenze culturali tra l'Italia e i loro Paesi. Le domande 6. agli/degli studenti sono sempre molto interessanti. Di solito finisco 7. alle/delle 17 e, prima di andare 8. alla/della stazione, prendo un aperitivo con i colleghi.

b *Leggi di nuovo il testo: che lavoro fa Maria?*

Maria è ______________________.

7 *Completa le frasi con le preposizioni date. Vedi anche pag. 242 (13.4).*

al ◆ di ◆ all' ◆ alla ◆ di ◆ a ◆ alle ◆ del

1. A Cristiano piace molto parlare ______ musica.
2. La figlia di Lucia va ______ scuola in autobus.
3. Marta va a ballare tre volte ______ settimana.
4. Lucia e Giovanni parlano spesso ______ lavoro.
5. Il Museo del Cinema chiude ______ 19:00.
6. Sandro legge cinquanta libri ______ anno!
7. Sabato andiamo ______ *Teatro Sistina*.
8. Ogni anno, a settembre, c'è la Mostra ______ Cinema di Venezia.

8 *Leggi e indica in quale mini dialogo (a o b) l'espressione in blu è usata in modo giusto.*

	a		b
1 • Sono molto contento oggi! • Come mai? • Stasera esco con Marta!	a	b	• Domani vado a Firenze! • Come mai? • In treno!
2 • Maria, ti piace la pizza? • No, mi dispiace! • Che peccato! E la pasta? • La pasta mi piace molto!	a	b	• Paolo come stai? • Non bene... Lavoro molto, dormo poco e non ho tempo di fare sport! • Mi dispiace!
3 • Buongiorno Sandro! • ArrivederLa, signora Lucia! Come sta? • Molto bene, grazie, e Lei?	a	b	• Ciao Sergio, a domani! • ArrivederLa, professoressa!

9 *Sostituisci le parole in rosso con ci, come nell'esempio in blu.*

1. Vivo a Milano da tre anni.
   Ci vivo da tre anni.
2. Andiamo in vacanza in Egitto tutti gli anni.
   ____
3. Io e Alessio abitiamo a Torino da 10 anni.
   ____
4. Gli zii rimangono in Francia due settimane.
   ____
5. Maria e Luca vanno al cinema ogni sabato.
   ____

10 *Completa il cruciverba con la forma giusta dei verbi. Poi usa le lettere delle caselle colorate per completare la frase sotto, come nell'esempio in blu.*

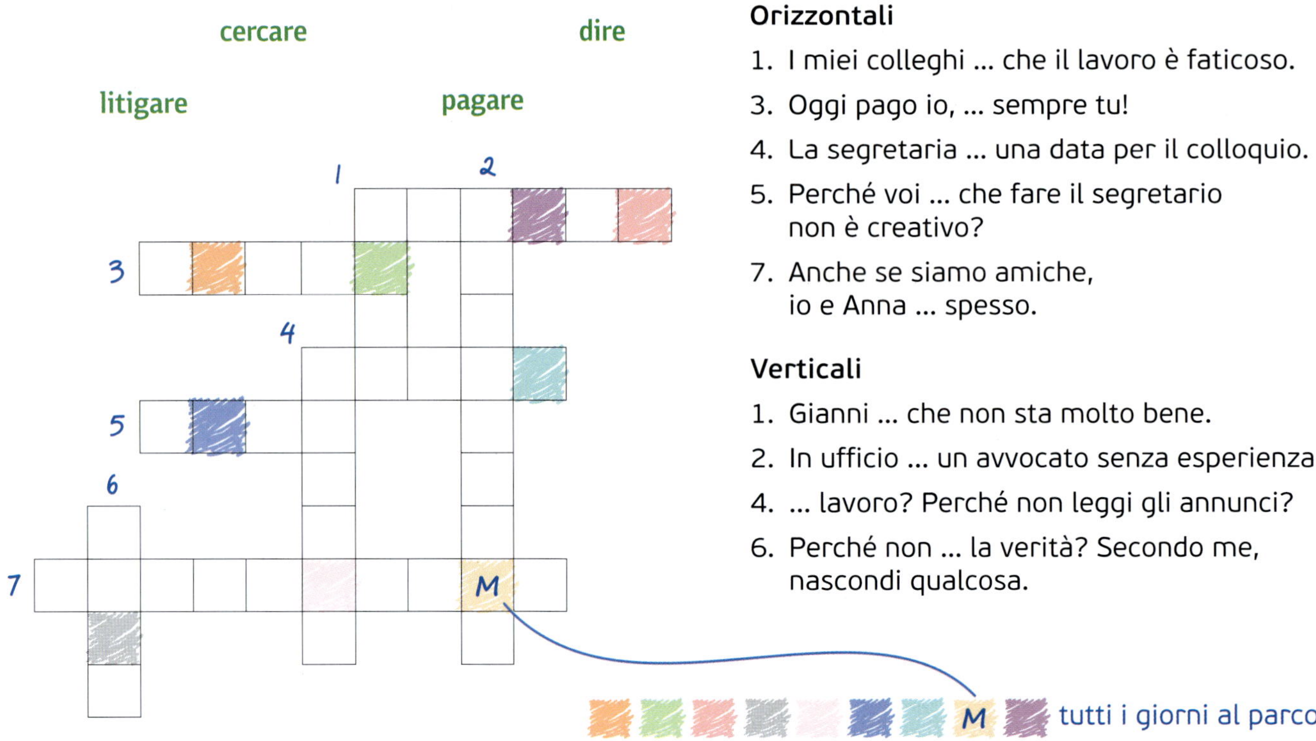

Orizzontali

1. I miei colleghi ... che il lavoro è faticoso.
3. Oggi pago io, ... sempre tu!
4. La segretaria ... una data per il colloquio.
5. Perché voi ... che fare il segretario non è creativo?
7. Anche se siamo amiche, io e Anna ... spesso.

Verticali

1. Gianni ... che non sta molto bene.
2. In ufficio ... un avvocato senza esperienza.
4. ... lavoro? Perché non leggi gli annunci?
6. Perché non ... la verità? Secondo me, nascondi qualcosa.

11 *Cerchia e scrivi i mesi in ordine, come nell'esempio in blu.*

1.	7.
2.	8.
3.	9.
4.	10.
5.	11. *novembre*
6.	12.

12 a *Ascolta la descrizione di 5 feste e completa la tabella, come nell'esempio in blu. Se puoi, metti anche il giorno esatto.*

	festa	mese	giorno
1.	*Ognissanti*	*novembre*	*1*
2.			
3.			
4.			
5.			

Zeppole di San Giuseppe
Napoli

b *Ascolta di nuovo e indica con una ✘ a quale/i festa/e si riferisce ogni affermazione, come negli esempi in blu.*

	Le feste 1	2	3	4	5
a. Di solito organizziamo cene con gli amici o la famiglia.					
b. In questo giorno mangiamo dolci tipici.	✘				
c. In questo giorno ci sono molti concerti.					
d. Per questa festa regaliamo fiori.					
e. È in primavera.					
f. È in autunno.	✘				
g. È in inverno.					

13 *Completa le frasi con i numeri ordinali. Vedi anche pag. 238 (7.5).*

1. Martedì è il ________________ giorno della settimana.
2. La D è la ________________ lettera dell'alfabeto italiano.
3. Gloria e Franco sono sempre i ________________ (1) ad arrivare a lezione.
4. Luigi abita al ________________ (18) piano di un palazzo molto moderno.
5. I signori Ranieri festeggiano il loro ________________ (23) anniversario di matrimonio.

14 *Completa le parole con le lettere gn e gl. Poi leggi e abbina le parole con la stessa pronuncia, come nell'esempio in blu.*

compa____o
dise____o
bi____ietto
inse____ante

giugno
luglio
inglese

sce____iere
fami____ia
lava____a
Gl oria

15 *Cerchia la parola estranea.*

1. primavera – estate – autunno – inverno – maggio
2. febbraio – aprile – martedì – luglio – agosto
3. terzo – quarto – due – sesto – tredicesimo
4. avvocato – signore – medico – commessa – segretaria

16 *Completa il testo con le parole date.*

probabilmente ◆ il ◆ autunno ◆ all' ◆ con ◆ ventesimo ◆ passeggiata ◆ cuoco

Oggi è ________________ (1) 15 ottobre ed è un giorno speciale perché è il mio compleanno: il mio ________________ (2) compleanno.
Fra un po' ho lezione ________________ (3) università. Più tardi vado a Boccadasse ________________ (4) alcuni amici.
Andiamo a mangiare nel ristorante del papà di Lucia, lui fa il ________________ (5) ed è molto bravo.
Dopo pranzo, anche se è ________________ (6), possiamo fare una ________________ (7) al porto.
La sera ________________ (8) vado a una festa in un locale del centro.

Il porto di Boccadasse, Genova

1 *Indica con una ✘ se le frasi sono vere o false.*

	V	F
1. Avere una laurea è importante per trovare lavoro.	☐	☐
2. Pochi italiani scelgono il lavoro d'ufficio.	☐	☐
3. Sempre più giovani scelgono di fare il meccanico.	☐	☐
4. Tanti studenti universitari lavorano part-time.	☐	☐
5. Normalmente gli italiani lavorano 9 ore al giorno.	☐	☐
6. L'orario di lavoro è uguale per tutti.	☐	☐
7. Gli italiani di solito fanno la pausa pranzo.	☐	☐
8. Solo i medici si chiamano "dottori".	☐	☐

2 *Guarda l'intervista e indica con una ✘ chi fa cosa. Attenzione: sono possibili più risposte.*

	Sonia	Cesare	Nikolaus	Erminio
1. Fa la panettiera.				
2. Lavora fino alle 11 di sera.				
3. Lavora dalle 5 alle 19.				
4. Lavora anche il sabato.				
5. Fa la pausa pranzo.				
6. A pranzo mangia un panino.				
7. Prende uno stipendio basso.				
8. Non ha la laurea.				

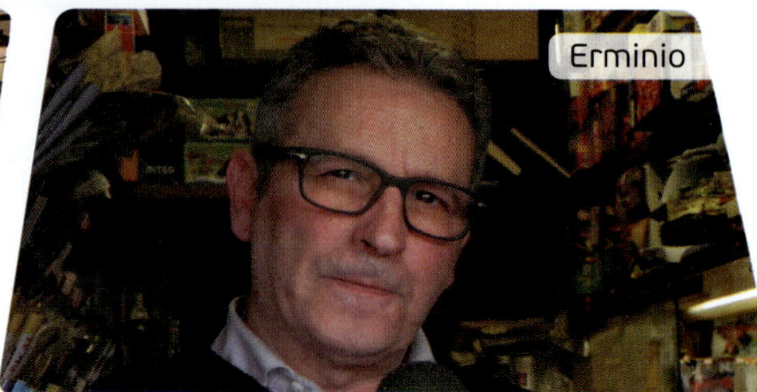

Tutti gli esercizi sono disponibili in formato interattivo su www.i-d-e-e.it

1 *Abbina le parole alle immagini. Attenzione: c'è una parola in più!*

1 ___

2 ___

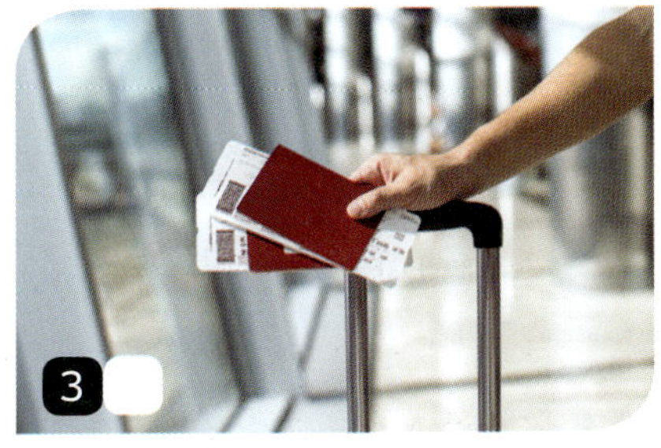
3 ___

4 ___

5 ___

a. camera matrimoniale
b. sito
c. sciare
d. Natale
e. famiglia
f. biglietti

2 *In agenzia di viaggi. Leggi e abbina per formare delle frasi, come nell'esempio in blu.*

1. Buongiorno, avete un pacchetto
2. Abbiamo un pacchetto per la settimana
3. Cerchiamo una camera
4. In tutto sono 730 euro. Pagate
5. Costa molto. Forse è meglio scegliere un altro
6. Nel pomeriggio in agenzia c'è Marcella, la nuova

a. bianca sulle Alpi.
b. in contanti?
c. periodo. Magari prima di Natale.
d. matrimoniale e una singola.
e. collega.
f. economico per Capodanno?

3 *Completa i mini dialoghi con le espressioni a destra. Attenzione: c'è un'espressione in più!*

certo • purtroppo • chissà • non fa per noi • in tutto • forse

1. • Campiglio è un bellissimo posto per la settimana bianca!
   • Sì, ma ________________. È troppo caro!
2. • Ciao Sonia, come stai? Che fai a Capodanno?
   • Non lo so ancora.
   • Perché non vieni a cena da noi?
   • ________________, ottima idea! Grazie!
3. • ________________ abbiamo un pacchetto che fa per voi. Costa 300 euro a persona.
   • Allora, siamo due persone... 600 euro ________________, giusto?
4. • Avete una camera singola?
   • No, ________________ abbiamo solo camere matrimoniali. Mi dispiace.

Madonna di Campiglio, Trentino

4 *Completa la tabella a destra come negli esempi in blu.*

1. Marco va dal giornalaio tutte le mattine alle 7.
2. Cerco una camera singola dal 4 al 10 gennaio.
3. Alla fine spendiamo 250 euro per un fine settimana sugli sci.
4. Metti i biglietti nello zaino della tua amica.

5 *Completa con la preposizione articolata corretta. Poi scrivi le preposizioni nella tabella, sotto la domanda giusta, come nell'esempio in blu.*

1. Perché non leggi l'ultimo libro del professor Neri? Parla ________ musei italiani.
2. Domani ho un colloquio di lavoro alle 10 ________ università.
3. Oggi Lorenzo parte ________ sua famiglia, vanno ________ Alpi.
4. ________ pomeriggio esco con Ambra, andiamo a comprare i regali di Natale.
5. Il museo è aperto ________ 9:00 ________ 17:00.
6. A Capodanno andiamo ________ estero per cinque giorni, a Parigi.
7. Vieni con me ________ medico? Non sto bene...

Quando?	Dove?	Con chi?	Di quale argomento?
2. alle			

6 *Leggi il dialogo e trasforma le espressioni in rosso da informali a formali, come nell'esempio in blu.*

Informale (tu)

- Pronto, *Mondo Viaggi*, buongiorno, sono Sara.
- Ciao, sono Adriano.
- Scusa, non ho capito bene il tuo nome.
- Sono Adriano Signorotto.
- Ah, ciao Adriano. Come stai? Chiami per il viaggio in Toscana? I biglietti per te sono pronti.

Formale (Lei)

- Pronto, *Mondo Viaggi*, buongiorno, sono Sara.
- ____________(1), sono Adriano Signorotto.
- ____________(2), non ho capito bene il ____________(3) nome.
- Sono Adriano Signorotto.
- Ah, ____________(4) signor Signorotto. Come ____________(5)? ____________(6) per il viaggio in Toscana? I biglietti per Lei sono pronti.

Radda in Chianti, Toscana

7 *Metti in ordine le parole e forma le frasi. Comincia con le parole in blu.*

1. a / scuola / Epifania / dopo / torniamo / l' ______________________.
2. come / ma / a / fai / ore / camminare / per ______________________?!
3. forse / se / è / tu / meglio / chiami ______________________!
4. non / a / perché / da / Ferragosto / vieni / me ______________________?
5. dell' / sito / occhiata / un' / agenzia / date / sul ______________________.
6. anche / buona / te / Pasqua / a ______________________!

8 *Cerchia la parola estranea.*

1. Natale – Pasqua – Capodanno – Festa della Repubblica – Alpi
2. economico – estero – soldi – caro – contanti
3. viaggio – pacchetto – albergo – camera – regalo
4. 15 agosto – 25 dicembre – 6 gennaio – 28 febbraio – 2 giugno

REPVBBLICA ITALIANA

9 *Sottolinea la preposizione giusta. Vedi anche pag. 243 (13.7 e 13.8).*

1. Domani il museo apre nelle/alle 9.
2. Andiamo alla/dalla stazione: Mattia arriva oggi in/da Milano.
3. Vieni per/in biblioteca con me? Cerco un libro di/con storia dell'arte.
4. Lucia oggi esce prima per/da andare al/dal medico.
5. Mia sorella va a fare l'Erasmus in/a Francia in/per sei mesi.
6. Fra/In una settimana partiamo, andiamo sulle/per le Dolomiti.
7. Non sono a/fra casa mia, sono a/da Luca.
8. Ragazzi, bisogna studiare tanto: l'esame con/di matematica è tra/in dieci giorni!

10 *Dove vai? Scrivi le parole sotto la preposizione giusta, come nell'esempio in blu.*

medico • Napoli • Teatro Verdi • aeroporto • internet • bar • Giovanni • giornalaio • un'amica • Italia

da	dal	in	a	al	all'	su
	medico					

2 7 **11** *Ascolta i dialoghi e indica con una ✗ cosa fanno Gaia ed Elio.*

Prenota una vacanza...		1. Gaia	2. Elio
Quando?	Natale		
	Capodanno		
	Epifania		
Dove?	Gran Sasso		
	Gran Paradiso		
Per quanto tempo?	2 giorni		
	4 giorni		
	1 settimana		

NAPOLI

CAPRI

12 *Che tempo fa? Abbina le espressioni alle immagini. Attenzione: c'è un'espressione in più!*

c'è il sole ◆ piove ◆ c'è vento ◆ è nuvoloso ◆ nevica

1. ____________

2. ____________

3. ____________

4. ____________

13 *Ascolta com'è il tempo e indica che giorno è oggi.*

LUNEDÌ	MARTEDÌ	MERCOLEDÌ	GIOVEDÌ	VENERDÌ	SABATO	DOMENICA
23°	13°	23°	30°	13°	23°	13°
19°	7°	16°	24°	8°	16°	9°

14 *Completa i messaggi con le parole date.*

forse ◆ dal ◆ su ◆ chissà ◆ magari ◆ piove ◆ hai in mente ◆ ogni anno ◆ in

Ciao Piera, come va? Qui a Milano fa freddo e ____________(1)! Che fai per Capodanno?

Ancora non lo so. ____________(2) lavoro il 31 ... Perché? Cosa ____________(3)?

Tre giorni ____________(4) montagna, sul Gran Sasso.

Bellissimo posto! Un mio amico ci va ____________(5). Ha una casa là. ____________(6) se è libera...

Chiama il tuo amico, allora! Comunque, domani vado in agenzia. ____________(7) hanno un pacchetto...

Ok. Io guardo ____________(8) internet. Ci sentiamo domani. Adesso vado ____________(9) dottore. Un bacio! Ciao

15 *Completa con le preposizioni date. Poi metti i titoli al posto giusto. Attenzione: c'è un titolo in più!*

Natale   Pasqua   Epifania   Ferragosto   Capodanno

1. ____________

al ◆ all' ◆ da ◆ in ◆ alle

Di solito vado ______ Sicilia. Il viaggio ______ Firenze è lungo: partiamo la mattina ______ 8 e arriviamo ______ albergo nel pomeriggio! Passiamo una settimana ______ mare, però. Che bello!

2. ____________

dalla ◆ delle ◆ da ◆ con i

Ogni anno facciamo il cenone ______ nostri amici. Quest'anno vengono anche Tommaso e Gianna. Lui arriva ______ Roma con il treno ______ 11; Gianna, invece, arriva ______ Spagna nel pomeriggio.

3. ______________

negli ◆ al ◆ dai ◆ in

Vado sempre _____ miei genitori, _____ montagna. Vengono tutti, anche Marcella che vive _____ Stati Uniti. Dopo pranzo apriamo i regali e giochiamo a carte! La sera, a volte, andiamo _____ cinema.

4. ______________

del ◆ in ◆ nei ◆ nella

Di solito andiamo _____ piazza _____ paese dove c'è una Befana (in realtà un'attrice in maschera) che dà i regali ai bambini. Poi facciamo un giro _____ centro e compriamo qualcosa _____ negozi.

16 *Cancella le immagini corrispondenti alle parole date. Poi con le lettere rimaste completa la frase sotto.*

vento ◆ pandoro ◆ montagna ◆ impiegata ◆ Pasqua ◆ aeroporto ◆ panettone
biglietti ◆ regalo ◆ medico ◆ architetto ◆ albergo ◆ sole ◆ nuvoloso

In Italia i film e i libri polizieschi si chiamano anche

_____ _____ _____ _____ _____ _____

1 *Scrivi le feste sotto i mesi giusti, come nell'esempio in blu.*

Epifania
Carnevale
San Silvestro
Natale
~~Pasqua~~
San Valentino

GENNAIO	FEBBRAIO	MARZO	APRILE
______	______	Pasqua	Pasqua
______	______	______	______
MAGGIO	**GIUGNO**	**LUGLIO**	**AGOSTO**
______	______	______	______
______	______	______	______
SETTEMBRE	**OTTOBRE**	**NOVEMBRE**	**DICEMBRE**
______	______	______	______
______	______	______	______

2 *Sottolinea la parola giusta.*

1. A Natale mangiamo il panettone/la colomba.
2. A San Valentino regaliamo le calze/i cioccolatini.
3. A Capodanno portiamo sempre qualcosa di verde/rosso.
4. I coriandoli/Le frittelle sono il dolce tipico del Carnevale.
5. A San Silvestro/San Valentino scriviamo biglietti d'amore.
6. Festeggiamo l'anno nuovo con i fuochi d'artificio/le maschere.
7. A Pasqua i bambini ricevono regali/uova di cioccolato.
8. La Befana porta i dolci/il carbone ai bambini cattivi.

 **3** *Guarda le interviste e indica l'affermazione giusta.*

1. Gli intervistati amano il Natale per
   a. il presepe, l'albero, l'atmosfera
   b. l'albero, i regali, i fuochi d'artificio
2. A Capodanno gli intervistati
   a. vanno al ristorante con i parenti
   b. fanno il cenone con gli amici
3. A Capodanno non mancano mai
   a. lenticchie, spumante e torrone
   b. lenticchie, spumante e qualcosa di rosso
4. Il bambino a Pasqua mangia
   a. la colomba e l'uovo di cioccolato
   b. la colomba e il latte
5. Il Carnevale piace per
   a. le maschere e i dolci
   b. i balli e i coriandoli

2 11 **1** **a** *Ascolta il dialogo e indica con una ✘ se le affermazioni sono vere o false.*

	V	F
1. Secondo Giovanni, Elena è triste.	☐	☐
2. Elena conosce solo la sposa.	☐	☐
3. Giovanni conosce la famiglia dello sposo.	☐	☐
4. Elena e Giovanni conoscono gli amici degli sposi.	☐	☐
5. Le sorelle dello sposo sono belle.	☐	☐
6. Elena dice a Giovanni che è molto bello.	☐	☐

2 11 **b** *Ascolta di nuovo il dialogo e abbina le battute.*

1. - Cos'hai? Sembri preoccupata...
2. - Io conosco molta gente.
3. - Le sorelle dello sposo sono molto belle!
4. - Anche tu sei molto bella!

a. - Come mai?
b. - A questo matrimonio non conosco molte persone.
c. - Ma va!
d. - Vero!

2 *Completa le frasi con le espressioni in rosso dell'esercizio 1b.*

1. • Oggi sono molto felice!
   • ______________
   • Finalmente vado in vacanza!
2. • Marta, vado a casa.
   • ______________ Ci sono problemi?
   • No, sono solo stanco.
3. • Questa pizza è molto buona!
   • ______________ Per questo vengo sempre qui in pausa pranzo!
4. • Che bello il vestito di Sara!
   • ______________ Il colore è bruttissimo!

2 12 **3** *Ascolta le descrizioni di quattro ragazzi e indica con una ✘ se le affermazioni sono vere o false.*

	V	F
1. A Michele piace fare sport.	☐	☐
2. Paolo è un ragazzo timido.	☐	☐
3. A Paolo piace leggere.	☐	☐
4. A Michele e Sergio piace stare con gli amici.	☐	☐
5. Sergio esce con gli amici solo nel fine settimana.	☐	☐
6. Marco preferisce le donne ottimiste.	☐	☐

4 *Completa i profili di queste quattro ragazze con le parole date. Attenzione: ci sono due parole in più!*

ospite ottimista sposi uomo socievoli uomini

Sono Chiara, sono simpatica, sicura di me e ____________(1). Per me il lavoro è molto importante e mi piace molto fare shopping.

Sono Laura, sono un tipo socievole, mi piace fare sport e stare con gli altri. Amo gli animali: a casa mia abbiamo 2 cani e 3 gatti. L'____________(2) perfetto per me è timido e gentile.

Sono Marta e sono una ragazza allegra. Mi piace ballare e stare con gli amici. Il venerdì e il sabato vado sempre in discoteca. Preferisco i ragazzi gentili e ____________(3).

Sono Lucia, sono timida e gentile. Mi piace leggere e andare al cinema. Preferisco gli ____________(4) che vedono il lato positivo delle cose e sono allegri.

2 12 **5** *Ascolta di nuovo le descrizioni dei ragazzi e rileggi i profili delle ragazze dell'esercizio 4. Forma le coppie: chi è il ragazzo giusto per ognuna di loro?*

Michele Paolo

Lucia Chiara

Laura Marta

Sergio Marco

6 *Leggi i messaggi tra Mario e Luca e sottolinea il possessivo giusto.*

Ciao Luca! Come stai? Come vanno le 1. tue/mie vacanze? Com'è la 2. vostra/sua nuova casa al mare?

Ciao Mario. La casa è bellissima! Io e Angela siamo molto felici! I 3. loro/nostri vicini, poi, sono socievoli e la sera giochiamo a carte nel 4. loro/tuo giardino. E tu e Paola dove siete?

Siamo in montagna, a casa dei 5. nostri/miei genitori a Madonna di Campiglio. Ci sono anche i genitori di Paola e i 6. loro/vostri parenti... Anche noi giochiamo spesso a carte, ma io perdo sempre! 😊

Ahahah! Bello! E qui, quando venite?

Non lo so, forse a fine mese. Domani arrivano anche i 7. vostri/nostri amici francesi e passiamo una settimana nella 8. sua/loro casa, sempre qui sulle Dolomiti.

Bene... Forse i francesi non sono molto bravi a giocare a carte! 😊😊

Magari!!! 😊

7 Completa le frasi con i possessivi a destra.

1. Mamma, dove sono le _________ scarpe?
2. Marco e Paolo sono maleducati: non mi piace il _________ carattere.
3. Complimenti, Carla! La _________ cucina è molto bella e grande!
4. Le _________ figlie sono molto brave a scuola.
5. Cari Francesco e Paola, come vanno i _________ studi?
6. Gianluca stasera va a giocare a calcio con i _________ amici.

vostri
tua
mie
loro
nostre
suoi

8 Completa i dialoghi con l'espressione corretta.

1

- Stasera vieni in pizzeria?
- Non so... sono molto stanca. Ho tanto lavoro in ufficio questa settimana.
- _____________ Secondo me, hai bisogno di uscire.

Ma cosa dici?
Ma va!
Appunto!
Credo di no.

2

- Cosa metti per il matrimonio di Maria?
- Non so.
- Il vestito verde è molto bello.
- _____________
- Sì, secondo me, è perfetto per un matrimonio.

Figurati!
Dici?
Appunto!
Che c'è?

3

- In vacanza? Andiamo in Sardegna, come ogni anno.
- Anche Sergio e Anna ci vanno sempre.
- Ah sì? _____________ Anna come sta?
- Bene. Anche se lavora molto.

Dici?
A proposito,
Appunto!
Forse

4

- Ciao Luca! Come stai?
- _____________...
- Perché?
- Ho mal di schiena e non gioco a calcio da due settimane!

A dire la verità
A proposito
Insomma
Ho fame

9 Ascolta i dialoghi e fai l'abbinamento, come nell'esempio in blu.

1. Laura	lavora	in Via Manzoni, 10.
2. La signora Rossi	va all'università	in Piazza Verdi.
3. Silvia	abita	in Via Larga, 25.
4. Alberto	va a teatro	in Calle del Forno.

Una calle veneziana

10 *Sottolinea la forma corretta di bello. Vedi anche pag. 232 (3.6).*

1. Non vedo Carlo dagli anni dell'università. Bei/Begli/Belli tempi quelli!
2. Che bell'/bello/bel matrimonio! Luigi e Martina poi sono proprio una bel/belle/bella coppia!
3. Laura ama molto gli animali: ha due begli/belli/bei cani, Rocky e Bolero.
4. Che bei/begli/belli occhi ha la sposa! Sono azzurri o verdi?
5. Giorgio è proprio un bell'/bel/bello uomo! Poi è sempre gentile e carino con tutti.

11 **a** *La famiglia. Risolvi gli anagrammi come nell'esempio in blu.*

1. NI-NON	➜ N O N N I	5. O-ZI	➜ _ _ _
2. RI-MA-TO	➜ _ _ _ _ _ _	6. REL-SO-LA	➜ _ _ _ _ _ _ _
3. TI-NI-PO	➜ _ _ _ _ _ _	7. RI-NI-GE-TO	➜ _ _ _ _ _ _ _ _
4. GLI-FI	➜ _ _ _ _ _	8. GI-NE-CU	➜ _ _ _ _ _ _

b *Ora osserva lo schema e completa il testo sulla famiglia Rossetti con le parole dell'esercizio 11a, come nell'esempio in blu.*

Oggi è Pasqua e i Rossetti pranzano tutti insieme in giardino. A tavola ci sono già i nonni (1), il signor Renzo e la signora Lucia. C'è anche la signora Agnese, la ________(2) del signor Renzo. Poi ci sono Sofia e suo ________(3) Marcello con i loro due ________(4), Emilio e Attilio; ci sono le tre ________(5) di Attilio ed Emilio, Zoe, Micol e Giovanna, con i loro ________(6), Giuseppe e Anita. I ragazzi aspettano Alberto, lo ________(7) che vive in Olanda... ogni volta porta bellissimi regali ai suoi ________(8)!

12 *Leggi la descrizione e sottolinea la forma corretta dei possessivi.*

Ciao! Sono Elisa e ho 18 anni. Ho tre sorelle più grandi, l'unica che non vive più con 1. i nostri/nostri genitori è 2. la mia/mia sorella maggiore, Veronica. Lei è sposata e vive con 3. il suo/suo marito Leonardo e 4. la loro/loro figlia Alice. 5. La mia/Mia mamma è figlia unica, invece 6. il mio/mio padre ha due fratelli e una sorella. 7. Il mio/Mio zio preferito è zio Pietro, il fratello minore 8. del mio/di mio papà.

13 *Completa le frasi con le parole date. Attenzione: ci sono due parole in più!*
Poi leggi il testo a pag. 94 e indica con una ✘ quali affermazioni sono vere.

parenti • zona • coppia • pasto • abitudine • moderne • legame • occasione • genitori

1. Le famiglie siedono insieme per almeno un ________ al giorno. ☐
2. I figli vivono con i ________ fino a 20 anni. ☐
3. Le famiglie ________ sono più piccole di quelle del passato: una ________ con uno o due figli. ☐
4. I nonni spesso abitano nella stessa ________ dei figli. ☐
5. C'è un forte ________ tra i familiari. Gli italiani sono sempre pronti ad aiutare i ________. ☐

14 *Completa il testo con i possessivi corretti, con o senza articolo, come nell'esempio in blu.*

Silvia: Ciao Paola! Come stai?

Paola: Ciao Silvia! Bene! Quanto tempo! Ma dove vai?

Silvia: Prendo il treno, vado a Como a trovare i miei genitori. Vivono lì da un anno, ormai. E ________(1) famiglia, come sta?

Paola: Stanno tutti bene, grazie! ________(2) mamma e ________(3) papà da qualche anno vivono con ________(4) sorella Lucia, vicino a Padova. Vado da loro questo fine settimana.

Silvia: Che bello! E ________(5) sorella maggiore? ...Laura, no? Come sta?

Paola: Sì, Laura. Sta bene! Vive qui a Milano con ________(6) marito e ________(7) bambina, Elena. ________(8) fratello Alberto, invece?

Silvia: Sta bene. Vive a New York con ________(9) moglie e ________(10) nipoti: Andy e Michael.

Paola: Ma dai! Sono molto contenta! Oh, il mio treno! Vado! Quando torno, prendiamo insieme un caffè?

Silvia: Volentieri!

15 *Cerchia gli otto aggettivi per descrivere una persona.*
Poi usa uno o due aggettivi per descrivere i personaggi delle foto.

E G A P A N I N E T
M A L E D U C A T O
V L P S M G B D I T
E L O S I A E S M T
C E S I R A L O I I
H G V M T U D I D M
D R E I R H A P O I
U O R S I C U R O S
E L L T S E N P T T
S A L A T A M I E A
S O C I E V O L E S

____
____

____
____

1 *Scegli la risposta giusta.*

1. L'italia è il Paese europeo con più:
   a. figli b. nipoti c. nonni
2. Oggi in Italia ci sono molte coppie:
   a. con 2,4 figli b. con molti figli c. senza figli
3. Gli italiani si sposano:
   a. sempre più tardi b. di sera tardi c. dopo i 35 anni
4. Le coppie italiane preferiscono:
   a. il matrimonio civile b. il matrimonio in chiesa c. la convivenza
5. Gli sposi regalano agli invitati:
   a. confetti b. oggetti per la casa c. un viaggio
6. Gli invitati regalano agli sposi:
   a. riso b. soldi c. confetti

2 *Guarda l'intervista e poi abbina le foto ai momenti più importanti del giorno del matrimonio.*

1. La mattina, le sorelle o le amiche preparano la sposa.
2. Parenti e amici vanno a casa degli sposi per fare gli auguri.
3. Gli sposi e gli invitati vanno in chiesa per il matrimonio.
4. Dopo il rito, gli invitati lanciano il riso agli sposi.
5. Poi, tutti insieme, vanno al ristorante a festeggiare.
6. Alla fine, gli sposi tagliano la torta.

a

b

c

d

e

f

Tutti gli esercizi sono disponibili in formato interattivo su www.i-d-e-e.it

1 *Inserisci i numeri dei piatti nella categoria giusta a destra.*

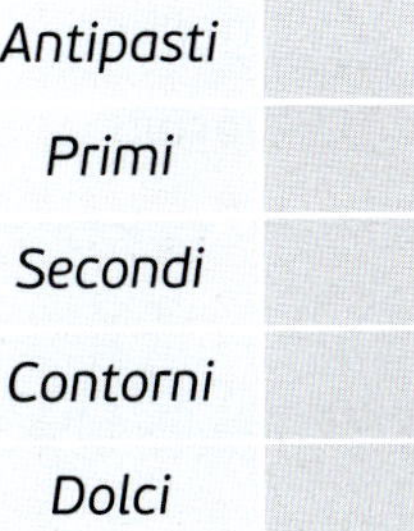

Antipasti	
Primi	
Secondi	
Contorni	
Dolci	

2 *Osserva le immagini e indica l'affermazione giusta.*

a. La cameriera consiglia un dolce agli amici.
b. La cliente chiede consiglio alla cameriera.
c. La cliente ordina un contorno.

a. La signora esprime una preferenza.
b. La cameriera consiglia cosa bere.
c. I signori non sanno che cosa ordinare.

3 *Riordina le battute del dialogo, come nell'esempio in blu.*

☐ *Salvatore:* Davvero? Allora conosci il menù. Che cosa consigli?
☐ *Giacomo:* Ci sono un sacco di primi... Senti, se ci sono, io prendo gli gnocchi fatti in casa... altrimenti il risotto di mare!
☐ *Salvatore:* Ottima idea! Io prendo il risotto: ho proprio voglia di pesce! E da bere cosa prendiamo?
1 *Giacomo:* Ti piace qui? Io ci vengo spesso a pranzo con i colleghi.
☐ *Salvatore:* Ma, non so... non mi va la pizza. Preferisco prendere un primo. Vediamo che c'è...
☐ *Giacomo:* La pizza: la margherita qui è ottima!
☐ *Giacomo:* Una bottiglia di acqua gassata, va bene? Io vorrei anche un bicchiere di vino.

4 *Completa le frasi con le espressioni date. Vedi anche pag. 236 (6.1.11).*

mi piace ◆ mi va ◆ a volte ◆ mi piacciono ◆ un sacco di ◆ se no

1. Mio figlio ha __________ amici.
2. Gli spaghetti al ragù __________ molto, ma oggi prendo il risotto.
3. Francesco, vieni con me al cinema? __________, vado da solo.
4. Oggi non __________ di studiare, esco a fare una passeggiata.
5. Giorgio __________ arriva in ritardo al lavoro.
6. Ad essere sincero, non __________ l'ultimo film di Sorrentino.

5 *Completa le frasi con i verbi dati.*

vogliamo   può   dobbiamo   devi
puoi   volete   vuoi

1. Scusi, cameriere, __________ portare tre caffè?
2. Ragazzi, io e Manuela __________ provare la specialità del locale, voi che prendete?
3. Siamo qui da 20 minuti... __________ decidere cosa prendere e ordinare!
4. Vieni da noi domani sera? Se __________, __________ portare anche la tua ragazza.
5. Signori, __________ ordinare il secondo? Abbiamo un'ottima bistecca alla fiorentina.
6. Federico, non __________ mangiare la carne così spesso, fa male!

6 *Completa il dialogo con la forma giusta dei verbi dati, come nell'esempio in rosso. Vedi anche pag. 235 (6.1.6).*

- Paola, che fai stasera? Hai voglia di uscire?
- No, mi dispiace, non posso (1. potere) perché __________ (2. dovere) cucinare. Viene a cena mia zia che è una cuoca fantastica... Ho paura di fare brutta figura. Un consiglio?
- Beh, __________ (3. potere) preparare gli spaghetti alla carbonara. Sono facili e veloci!
- Mmh... non mi piacciono le uova!
- Allora, pasta al forno. Va sempre bene.
- Non lo so... non __________ (4. volere) cucinare qualcosa di troppo semplice. Gli gnocchi?
- Non so... Ma scusa Paola, perché non chiedi a tua zia che cosa __________ (5. volere) mangiare?

7 *Metti in ordine le parole e forma le frasi. Comincia con le parole in rosso.*

1. è / mangia / Alice / non / perché / niente / dieta. / a
   ____
2. un / prendiamo / non / tutti? / perché / antipasto / per
   ____
3. il / scusi, / può / conto, / favore? / portare / per
   ____
4. signori, / torno / Altrimenti / poco. / ordinare? / tra / volete
   ____
5. mi / primo. / va / pizza, / la / un / prendere / non / preferisco
   ____

2 18 **8** *Ascolta il dialogo e indica con una ✘ i piatti che ordina la coppia. Attenzione: ci sono tre immagini in più!*

1 ☐

2 ☐

3 ☐

4 ☐

5 ☐

6 ☐

7 ☐

8 ☐

9 *Completa le frasi con le espressioni a destra.*

1. • Queste penne sono un po' troppo saporite.
   • ____________ saporite! Sono salate! Bleah!
2. • ____________? Preparo la cena?
   • No, aspetta... Perché non andiamo a mangiare fuori?
3. • Andiamo al ristorante giapponese stasera?
   • No, ____________ il sushi! Vorrei provare qualcosa di nuovo.
4. • Dove andiamo a cena? Proviamo quella pizzeria in Via Galilei?
   • ____________ possiamo andare "Da Pino"! Oggi è martedì, c'è il pesce fresco.
   • ____________! Ottima idea!
5. • Andiamo in pizzeria stasera?
   • Ancora?! ____________ mangiare sempre la pizza! Andiamo al ristorante!
6. • Sono a dieta ma ____________ qualcosa di dolce. Cosa posso prendere? Un consiglio?
   • Il gelato al limone è molto leggero!

sono stufo di
se no
basta con
hai fame
macché
hai ragione
ho voglia di

10 *Ascolta le interviste e indica di quale pasto parla ogni persona.*

a. colazione
b. pranzo
c. merenda
d. cena

11 *Osserva le immagini e completa il cruciverba.*

12 *Completa i commenti a questi locali con le parole date.*

tradizionale ◆ ricco ◆ informale ◆ abbastanza ◆ semplici
formale ◆ gentili ◆ costoso ◆ pranzo ◆ lavoro ◆ veloce

1
La trattoria Zio Tonino – cucina ______________
Menù del giorno, piatti ______________ ma ottimi!
Il servizio è ______________ e per questo ci vado spesso durante la pausa ______________.
€ € € € economico
Specialità: pasta all'amatriciana

2
Ristorante Fori Imperiali – cucina internazionale
Menù ______________. Perfetto per una cena di ______________ o per un'occasione speciale. Mi piace molto perché l'atmosfera è ______________ e i camerieri sono molto ______________.
€ € € € ______________
Specialità: antipasti gourmet

3
Pizzeria Trattoria Il mare di Roma – pizze, primi e secondi
I piatti di pesce sono ottimi! Ci sono anche molte pizze. Mi piace perché l'atmosfera è molto ______________, quasi familiare.
€ € € € ______________ economico
Specialità: spaghetti mare e monti

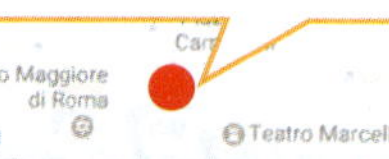

13 *Osserva l'immagine e sottolinea le parole in blu corrette.*

1. Il coltello è dietro la/accanto alla forchetta.
2. Il tovagliolo è sotto/sopra la forchetta.
3. Il bicchiere è sopra il/davanti al piatto.
4. L'acqua è sul/nel bicchiere.
5. I fiori sono tra/dietro il bicchiere e il pepe.
6. Il tovagliolo è sopra il/accanto al piatto.

14 *Completa i mini dialoghi con i verbi dati, che non sono in ordine, come nell'esempio in blu.*

1. • Vorrei un dolce, ma non posso mangiare le uova!
   • ______________ mangiare il gelato? ______________ un gelato al limone?

   volere, potere, potere

2. • Ragazzi, per il corso di archeologia ______________ (voi) visitare il Colosseo. ______________ venire con me sabato pomeriggio?
   • Sabato non ______________. Purtroppo ______________ lavorare tutto il giorno...

   dovere, potere, dovere, volere

3. • Ragazzi, ______________ (noi) andare. ______________ il conto?
   • Va bene. Scusi, cameriere, ______________ portare il conto, per favore?
   • Certo, signori, ______________ (io) subito da voi!

   potere, chiedere, venire, dovere

4. • Perché non ______________ (noi) a pranzo da "Spizzico"?
   • Non lo so... non mi ______________ i fast food, ______________ (io) andare in pizzeria.
   • Per me va bene. Ma ______________ (noi) fare in fretta perché alle 14 ______________ la pausa pranzo.

   preferire, piacere, andare, finire, dovere

5. • Non ______________ (io) andare al matrimonio di Giulia e Michele!
   • Ma che ______________?! ______________ andare! Sono tuoi amici!

   dire, volere, dovere

15 *Osserva le immagini e cerchia i nomi dei tipi di pasta, come nell'esempio in blu.*

F	A	R	F	A	L	L	E	S
E	P	E	G	M	O	L	I	P
T	S	R	N	I	S	H	C	I
T	G	N	O	C	P	C	I	G
U	H	R	C	R	A	T	C	A
C	A	A	C	U	G	L	L	O
C	G	V	H	D	H	Z	A	T
I	R	I	I	P	E	N	N	E
N	O	O	F	R	T	Q	C	I
E	S	L	G	H	T	I	L	N
O	P	I	D	F	I	B	O	A

1 *Quanto conosci gli italiani? Fai il quiz e guarda il risultato in basso.*

1. Quando bevono il cappuccino gli italiani?
   a. ◯ a colazione b. ◯ dopo pranzo c. ◯ la sera
2. La colazione degli italiani di solito non è:
   a. ◯ salata b. ◯ leggera c. ◯ veloce
3. Il pasto principale è:
   a. ◯ la merenda b. ◯ il pranzo c. ◯ la cena
4. Quale di questi non è un tipo di pasta?
   a. ◯ i rigatoni b. ◯ i fusilli c. ◯ i contorni
5. Quando gli italiani fanno un pasto completo, che dura molte ore?
   a. ◯ ogni giorno b. ◯ a cena c. ◯ nelle occasioni importanti

2 *Guarda l'intervista e indica se le affermazioni sono vere o false.*

	V	F
1. Gli intervistati fanno colazione al bar con cappuccino, succo di frutta e latte.	◯	◯
2. Rosario a pranzo mangia spesso gli spaghetti al pomodoro.	◯	◯
3. Molti italiani mangiano la pasta a pranzo.	◯	◯
4. Di solito fanno merenda i bambini e i ragazzi.	◯	◯
5. Gli italiani cenano sempre al ristorante.	◯	◯
6. Gli italiani al Sud mangiano un po' più tardi.	◯	◯
7. Quando hanno fretta, gli italiani mangiano al fast food.	◯	◯
8. Agli stranieri piacciono molto il caffè, la pasta e la pizza.	◯	◯

1. a=2, b=1, c=0; 2. a=2, b=0, c=1; 3. a=0, b=2, c=1; 4. a=1, b=0, c=2; 5. a=0, b=1, c=2
Da 0 a 4 punti: Forse hai bisogno di una vacanza in Italia. Da 5 a 7 punti: Bravo! Conosci bene le nostre abitudini!
Da 8 a 9 punti: Complimenti! Sei quasi italiano!!! 10 punti: Ma sei italiano anche tu?!?

Tutti gli esercizi sono disponibili in formato interattivo su www.i-d-e-e.it

2 23

1

Ascolta il dialogo e indica con una ✘ se le informazioni si riferiscono a Lucia o a Marta, come nell'esempio in blu.

	Lucia	Marta
camicia	✘	
scarpe nere		
taglia 42		
95 euro		
stile classico		
vestito		

2 23

2

Ascolta di nuovo il dialogo e completa le frasi. Poi abbina le espressioni in blu a quelle a destra.

1. Che taglia ___________?
2. Dove posso ___________ i vestiti?
3. Avete solo questo ___________?
4. Carine! Quanto ___________?
5. Quant'___________?
6. ___________ a Lei!

a. porti?
b. Quanto pago in tutto?
c. Quanto vengono?
d. Prego!
e. Ci sono altri colori disponibili?
f. Dove è il camerino?

3

Leggi i mini dialoghi e sottolinea il pronome giusto.

a. • Lucia! I tuoi fratelli dove sono? Sono pronti?
• Quasi, mamma! Sono in bagno: 1. si/ti/ci lavano i denti!
• E tu? Ma non sei pronta?! Quando 2. ci/si/ti prepari? Dai, siamo in ritardo!
• Va bene, va bene... 3. mi/si/ti vesto subito!

b. • Adoro il sabato! Di solito 4. mi/si/vi sveglio tardi, faccio colazione con calma e vado a fare spese!
• Anche io e Luca dormiamo fino a tardi. Quando 5. si/ci/ti alziamo, 6. si/ci/vi facciamo la doccia e poi facciamo colazione insieme. Dopo lui 7. si/mi/vi fa la barba, io 8. si/mi/ci trucco e andiamo a fare una passeggiata in centro.

c. • Ciao Alessio! Come va? E Laura come sta?
• Ciao Paola! Io sto bene. Laura, invece, 9. ci/mi/si sente un po' stanca in questi giorni, ma domani partiamo per le vacanze e 10. si/ci/mi riposiamo.
• Allora, buon viaggio!
• Grazie!

4 *Completa con la forma giusta dei verbi. Poi abbina le frasi alle immagini. Attenzione: c'è un'immagine in più!*

a. Mara e suo marito Pietro ____________(1) alle 8.
b. Mentre Pietro ____________(2) la barba, Mara ____________(3) la doccia.
c. Dopo colazione, Mara ____________(4) e ____________(5).
d. La sera, Mara e Pietro ____________(6) sul divano e leggono fino all'ora di cena.

1 ☐ 2 ☐ 3 ☐ 4 ☐ 5 ☐

alzarsi
farsi
riposarsi
truccarsi
farsi
pettinarsi

5 *Metti in ordine le parole e forma le frasi. Comincia con la parola in blu.*

1. quanto / scusi, / scarpe? / queste / vengono ____________
2. questo / c'è / rosso? / vestito / in / anche ____________
3. eleganti. / sono / camicie / molto / queste ____________
4. che / taglia / ha? / scusi, ____________
5. io / M. / porto / la ____________
6. il / c'è / sconto / sulle / 20% / scarpe. / di ____________

6 *Rileggi le frasi dell'esercizio 5. Usiamo queste frasi per...? Metti il numero delle frasi al posto giusto.*

parlare del colore	parlare del prezzo	parlare di numeri e taglie	chiedere e dare un parere

7 *Completa il dialogo con quel, quella, quel, quell'. Vedi anche pag. 240 (12.3).*

commessa: Buongiorno signora! Ha bisogno di aiuto?
Margherita: Sì, grazie! Posso vedere il vestito rosso in vetrina?
commessa: ____________(1) vestito lungo?
Margherita: Sì! Mi piace molto. Ma anche ____________(2) abito lungo vicino alla porta è molto bello!
commessa: Vuole provare quello lungo?

Margherita: Sì, ma non mi piace ________(3) colore. Avete lo stesso abito in nero?

commessa: No, putroppo. C'è solo in blu.

Margherita: Allora provo il vestito che c'è in vetrina. Posso provare anche ________(4) giacca?

commessa: Quella in vetrina? Perché non prova questa, invece? Secondo me, è perfetta.

Margherita: Sì, ha ragione! Mi piace molto!

8 *Completa i mini dialoghi con le espressioni a destra.*

dare un'occhiata ◆ così e così ◆ fino a
hmmm ◆ che brutta figura
lei sì che ha gusto ◆ sono di moda

1. • Wow! Queste scarpe sono bellissime! Ti piacciono?
   • ________________, preferisco quegli stivali.
   • A me, invece, piacciono molto e poi ________________!
2. • In questo negozio ci sono molti vestiti con il 30% di sconto. Vuoi ________________?
   • ________________... non so. Non mi piacciono molto i vestiti che ci sono in vetrina...
3. • Anna, devo comprare un vestito elegante per la festa di sabato... vieni con me?
   • Sì, certo. Ma perché non chiedi un consiglio anche a Sandra? ________________!
4. • Signora, ecco a Lei! Sono 70 euro.
   • Oh Dio! Ho solo 50 euro in contanti e non ho la carta di credito! ________________!
   • Se vuole, posso tenere le scarpe da parte ________________ domani!
   • Grazie mille!

9 *Completa il dialogo con la forma giusta dei verbi. Lucio mette il pronome all'inizio (es.* mi devo svegliare*) e Irene dopo (es.* devo svegliarmi*).*

Lucio: Irene, puoi uscire dal bagno? ________________ (1. dovere farsi) la doccia!

Irene: Sì, un attimo: ________________ (2. dovere truccarsi)! Poi esco!

Lucio: Dai! Sono in ritardo: ________________ (3. dovere prepararsi) e uscire subito!

Irene: Almeno ________________ (4. potere lavarsi) i denti? Poi vai tu in bagno. ________________ (5. Volere pettinarsi) con calma... ho un appuntamento di lavoro importante.

Lucio: Anch'io! Infatti... vorrei un consiglio: ________________ (6. volere vestirsi) in modo elegante... vanno bene questi pantaloni e questa camicia?

Irene: Hmmm... Non hai una camicia meno sportiva?

Lucio: ________________ (7. Potere mettersi) quella azzurra. Che dici? Ah, secondo te, ________________ (8. dovere mettersi) anche la giacca?

Irene: Secondo me, sì, è meglio!

Lucio: Va bene. Faccio come dici tu.

10 **a** *Completa i testi con le preposizioni, come nell'esempio in blu.* *Vedi anche pag. 244 (13.11).*

Luisa è una studentessa di 23 anni. Adora i jeans, i giubbotti di pelle e le magliette _____(1) righe. Non esce mai senza gli occhiali _____(2) sole.

Sono Lucio, ho 30 anni e sono avvocato. Seguo molto la moda e amo vestirmi in modo elegante, soprattutto quando vado in ufficio: abito _____(3) uomo e camicia _____(4) tinta unita.

Paolo è ingegnere. Porta sempre giacca e cravatta al lavoro, ma in famiglia e nel tempo libero preferisce la tuta _____(5) ginnastica e le magliette _____(6) cotone.

b *Leggi di nuovo i testi e rispondi alle domande.*

1. In che modo si veste Lucio quando va in ufficio?
2. Qual è lo stile di Paolo quando non è al lavoro?
3. Qual è lo stile di Luisa?

a. Sportivo
b. Casual
c. Classico

11 *Ascolta la telefonata e indica con una* **✘** *i capi di abbigliamento e gli accessori che senti.*

12 *Che cosa mettono in valigia? Ascolta di nuovo e completa come nell'esempio in blu.*

13 *Completa il messaggio che Laura lascia a Luca e Andrea con i verbi a destra. Attenzione: ci sono due verbi in più!*

Ciao ragazzi! ______________________ (1) che oggi arrivano i miei amici francesi? Io esco dall'ufficio prima: ______________________ (2) un po' e prepararmi con calma prima di andare a prendere Pierre e Marie all'aeroporto.
Se i miei amici non ______________________ (3) stanchi o non ______________________ (4) la doccia, usciamo subito a prendere un aperitivo.
Voi a che ora tornate? ______________________ (5) dopo il lavoro o venite con noi? A cena, poi, vorrei andare al "Classico", il nuovo ristorante in Via Neri.
È molto elegante, quindi ______________________ (6) bene: camicia, giacca e cravatta!
A dopo!
Laura

- voglio riposarmi
- devono farsi
- vi volete riposare
- si sentono
- vi ricordate
- dovete vestirvi
- si possono sentire
- dobbiamo vestirci

14 *Leggi le parole e le espressioni e cancella le immagini corrispondenti. Le lettere sulle immagini rimaste formano la risposta alla domanda in blu.*

lavarsi le mani ◆ carta di credito ◆ maglione ◆ commessa ◆ verde ◆ provarsi un vestito ◆ cravatta
guanti ◆ farsi la doccia ◆ arancione ◆ farsi la barba ◆ abito da uomo ◆ camerini ◆ felpa

C G I P O
A N T L N
M U L I E

Qual è il colore preferito di Carla? Il _ _ _ _ _ _ _.

10 Italia&italiani

1 *Cerchia le otto parole relative alla moda e allo shopping. Poi completa le frasi.*

1. Le città della moda organizzano ogni anno importanti ______________.
2. Gli italiani amano in particolare i capi ______________.
3. Negli outlet e online possiamo trovare le grandi firme a ______________ bassi.
4. Emporio Armani e Just Cavalli sono linee più casual ed ______________.
5. La moda italiana è conosciuta per il suo stile e la sua ______________.
6. I più bei ______________ di moda italiana sono in Via Condotti e in Via Montenapoleone.
7. Gli italiani hanno una grande passione per gli ______________ di pelle.
8. Prada, Gucci, Valentino, Versace sono alcuni grandi ______________ italiani.

U	T	H	G	I	E	L	L	I	E
A	C	Q	U	E	L	O	T	U	C
C	I	E	L	L	E	R	P	I	O
C	E	S	T	A	G	U	R	O	N
E	S	F	I	L	A	T	E	B	O
S	I	E	N	A	N	O	Z	A	M
S	N	E	G	O	Z	I	Z	I	I
O	F	I	R	M	A	T	I	S	C
R	I	T	M	U	O	L	A	T	H
I	S	T	I	L	I	S	T	I	E

 **2** *Guarda il video e indica l'affermazione giusta.*

1. Molti turisti vengono in Italia
   a. solo per visitare i musei
   b. anche per fare spese
2. Gli intervistati hanno
   a. tante scarpe e borse
   b. molti maglioni e pantaloni
3. Agli italiani piacciono i capi
   a. di qualità
   b. molto costosi
4. Nei fine settimana molti italiani
   a. vanno nei centri commerciali
   b. acquistano online
5. Nei centri commerciali possiamo anche
   a. andare al cinema e dal dottore
   b. mangiare e andare in palestra
6. La Settimana della Moda è
   a. a settembre a Milano
   b. a novembre a Firenze

1 a *Cerchia le preposizioni giuste. Poi scrivi le lettere tra parentesi nella frase sotto, come negli esempi in blu, per trovare la parola misteriosa. Vedi anche pag. 244 (13.12).*

1. Di solito prendo l'autobus per andare al lavoro, ma se mi sveglio presto, vado in (R)/a (P) piedi.
2. Ogni volta che salgo nell' (A)/sull' (U) aereo, ho paura!
3. Non mi piace il traffico, per questo non vado mai in ufficio in (B)/sulla (D) macchina.
4. Il treno parte alla (L)/dalla (B) stazione Termini con 20 minuti di ritardo!
5. Di solito, Gianna quando esce dall' (L)/all' (I) ufficio, va dal (I)/al (A) giornalaio e poi torna a casa con la metro.
6. Quando prendo il tram non trovo mai un posto libero e devo sempre viaggiare in (C)/a (I) piedi!
7. Ieri Fabio ha avuto un incidente alla (O)/con la (I) bici.

I mezzi di trasporto come l'autobus, la metro e il tram si chiamano mezzi P __ __ __ __ I __ __.

b *Ora abbina le frasi alle immagini.*

2 *Completa il dialogo con le parole date.*

davvero ◆ congratulazioni ◆ ha ragione ◆ serio ◆ ha paura

Barbara: A giugno mi sposo!

Beatrice: __________ (1)! Quando? Dov'è il matrimonio?

Barbara: Il 18, a... Parigi.

Beatrice: __________ (2)?! Come mai?

Barbara: Sai, Daniel, il mio ragazzo, è francese. Sua madre ha settantasei anni e __________ (3) di prendere l'aereo...

Beatrice: __________ (4)! A quell'età...

Barbara: Sì, così andiamo noi da lei!

Beatrice: Bravi, fate bene! E... il vestito?

Barbara: Bellissimo! Già comprato. Ha la gonna rossa!

Beatrice: Rossa? Sul __________ (5)?! Che colore strano per un abito da sposa!

3 *Metti i participi passati nella colonna giusta, come nell'esempio in blu.*

ricevuto ◆ salito ◆ mangiato ◆ ordinato ◆ creduto ◆ andato ◆ capito ◆ avuto ◆ finito

verbi in -ARE	verbi in -ERE	verbi in -IRE
mangiato		

4 *Completa i dialoghi con i verbi dati. Poi abbina i dialoghi alle foto.*

è arrivata ◆ ho ordinato ◆ è andata ◆ hanno litigato
è scappato ◆ ho capito ◆ siamo stati ◆ avete regalato

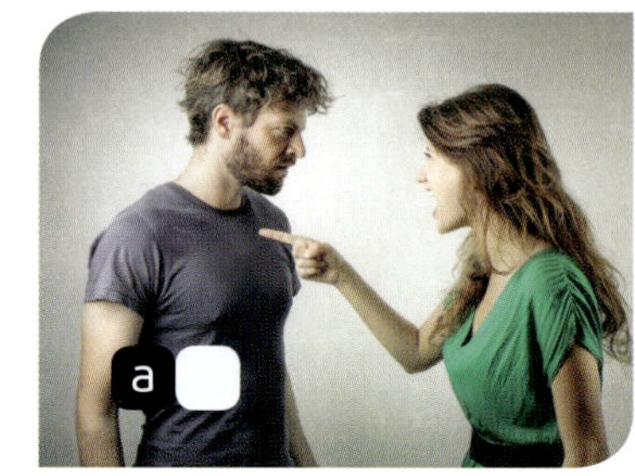

1. • Sono preoccupato per Carlo e sua moglie.
   • Perché?
   • Una settimana fa ________________ e lui ________________ a Milano, dalla madre... E non vuole tornare a casa!

2. • Ieri Patrizia ________________ al lavoro in bici.
   • Davvero?! E a che ora ________________? Abita lontano!
   • Non lo so, sicuramente tardi!

3. • Io e Gianni ________________ alla festa per i 18 anni di Marta, la figlia dei Biancucci.
   • Caspita! Già diciotto anni? Come passa il tempo! E che cosa ________________ a Marta?
   • Un giubbotto viola, il suo colore preferito!

4. • Buongiorno, ieri ________________ una borsa sul vostro sito internet.
   • Sì, certo. Il Suo nome?
   • Bonaccioli.
   • Scusi, non ________________. Può ripetere, per favore?

5 *Completa il testo con le espressioni date. Attenzione: c'è un'espressione in più!*

prima ◆ poco fa ◆ alla fine ◆ poi ◆ nel pomeriggio

Oggi è stata davvero una bella giornata! Alle 10 sono uscita con la mia amica Marianna: ________________(1) abbiamo bevuto un caffè e ________________(2) siamo andate in giro per il centro fino all'ora di pranzo. ________________(3) ho incontrato Gianni. Abbiamo fatto una passeggiata, abbiamo comprato un regalo per mia nipote e, ________________(4), dopo l'aperitivo con i suoi amici, siamo andati a cena a Trastevere.

6 *Leggi e indica la frase dove l'espressione in blu è usata in modo sbagliato.*

1
a. Non fa niente se arrivi in ritardo. Puoi telefonare però?
b. Ma io ho ordinato le penne! Va be', non fa niente, mangio quello che ha portato.
c. • Grazie del regalo, è bellissimo! • Non fa niente, auguri!

2
a. Non preoccuparti: faccio io con la carta di credito.
b. Puoi ordinare tu, amore? Faccio io il cameriere.
c. Vogliamo prendere un vino bianco? Se mi dite quale volete, faccio io.

3
a. La settimana scorsa sono andato a vedere il film che è uscito poco fa.
b. Dov'è Gianni? Dov'è sparito? Ho parlato con lui poco fa...
c. Esco più tardi: ora mi riposo un po'. Sono tornata dal lavoro poco fa.

7 *Completa con la forma giusta di essere o avere. Poi abbina le frasi, come nell'esempio in blu.*

1. Da giovane ho avuto un incidente in moto. → d
2. Ieri i miei figli ____________ visitato un museo con il nonno.
3. Dove (voi) ____________ lasciato la macchina?
4. Silvia, cosa ____________ preparato per cena?
5. Nel pomeriggio (noi) ____________ passati dalla pasticceria.

a. Le bistecche e un'insalata.
b. Abbiamo comprato una torta per il compleanno di Sara.
c. Sai, mio padre è stato professore di storia per tanti anni.
d. Ora prendo la macchina o vado a piedi.
e. Al parcheggio di Villa Borghese.

8 *Cerchia gli ausiliari giusti. Poi scrivi a destra le lettere tra parentesi e scopri la parola che significa "brutto sogno".*

1. I signori Cherubini sono (I)/hanno (S) partiti per Taormina qualche giorno fa. → ___
2. Mio figlio ha (N)/è (O) dimenticato di nuovo i libri a scuola. → ___
3. Ieri ho (C)/sono (A) dormito poco e ora mi sento molto stanco. → ___
4. Che cosa hai (U)/sei (E) comprato per la festa della mamma? → ___
5. Purtroppo abbiamo (R)/siamo (B) già tornati da Parigi! Che bella vacanza! → ___
6. Anna? Ha (E)/È (O) entrata un attimo in farmacia. Arriva subito. → ___

Teatro Antico, Taormina

9 *Completa il dialogo con le preposizioni giuste. Vedi anche pag. 244 (13.12).*

- Quando esci ________(1), ufficio, puoi passare ________(2) giornalaio? Io sono appena tornata ________(3) palestra ________(4) bici e sono stanca!
- D'accordo, Maria! Devo andare anche ________(5) Teatro Verdi a comprare i biglietti ________(6) domani. Arrivo un po' più tardi perché vado ________(7) autobus.
- Ah, non sei andato ________(8) macchina al lavoro? Comunque c'è un'edicola ________(9) Via Verdi, vicino ________(10) teatro.
- Va bene, ci vado... Tu, però, prepari la cena.

10 *Ascolta e abbina i titoli ai mini dialoghi. Poi indica con una ✘ quando è successo il fatto.*

Un appuntamento ◆ L'incidente in moto ◆ Le vacanze ◆ A fare spese

	ieri	qualche giorno fa	la settimana scorsa	un mese fa
1.				
2.				
3.				
4.				

11 *Guarda l'immagine e completa le frasi con le espressioni date.*

accanto ◆ di fronte
sulla sinistra ◆ alla fine ◆ sulla destra
sulla sinistra ◆ dietro

1. Il supermercato è ____________ alla chiesa. Non puoi sbagliare!
2. Se esci dal supermercato e vai a destra, ____________ della strada, ____________, trovi il teatro.
3. Quando esci dal teatro, vai a sinistra, un po' più avanti ____________ c'è il negozio di scarpe.
4. ____________ la farmacia trovi il teatro.
5. Il museo è ____________ al supermercato.
6. Allora, noi siamo al museo. Un po' più avanti ____________ c'è la chiesa.

2
34

12 *Ascolta il dialogo e indica con una* ✘ *se le frasi sono vere o false.*

	V	F
1. L'*Hotel Isabella* è dietro il negozio di *Gucci*.	▢	▢
2. Mario deve prendere l'autobus numero 25.	▢	▢
3. Mario deve andare in Via Porta Rossa.	▢	▢
4. Mario trova il cinema *Odeon* sulla sinistra.	▢	▢
5. La casa di Luca è di fronte al ristorante *La bussola*.	▢	▢

13 *Guarda l'immagine e scrivi tutte le parole che conosci che iniziano con la lettera C.*

caffè, ______________________

____

14 *Completa il cruciverba con il participio passato dei verbi dati.*

Verticali

1. Hai ... (capire) dov'è la farmacia?
3. I signori Ferrara hanno ... (ricevere) un pacco.
4. I miei genitori hanno ... (incontrare) Bruno al supermercato.
5. Marco, a che ora sei ... (tornare) a casa ieri sera?
6. Federica e Carla sono ... (andare) a fare un giro in bici.
8. Mi sveglio sempre presto la domenica, ma oggi ho ... (dormire) fino a tardi.

Orizzontali

2. Quando siete ... (uscire) tu e l'amico di Anna?
7. Abbiamo ... (finire) il latte. Vai tu a fare la spesa?
9. Abbiamo ... (trovare) un bel locale per l'aperitivo.
10. Le ragazze sono ... (salire) sull'autobus che va in centro.
11. Ho ... (comprare) una cintura in quel nuovo negozio in Via Roma.
12. I ragazzi sono ... (entrare) in pasticceria. Andiamo anche noi?

1 *Completa le frasi con le informazioni giuste.*

Colosseo • Piazza Navona • Fontana di Trevi • Fori Imperiali • Piazza di Spagna

1. La scalinata di ______________________ è molto famosa.
2. La ______________________ è diventata il simbolo di Roma con il film *La dolce vita*.
3. Il ______________________ è un anfiteatro di 2.000 anni.
4. Di fronte al Colosseo si trovano i ______________________.
5. ______________________ è una delle piazze più importanti di Roma.

2 *Guarda il video e rispondi alle domande.*

1. Per cosa è conosciuta Via del Corso?
____
2. L'Altare della Patria ha anche un altro nome. Quale?
____
3. Quale monumento c'è dietro il Colosseo?
____
4. Quale fiume attraversa Roma?
____
5. Cosa potete vedere a Castel Sant'Angelo?
____
6. Secondo la tradizione, cosa devi fare per tornare a Roma?
____

3 *Guarda il video e abbina i monumenti alle foto.*

a. Castel Sant'Angelo b. Basilica di San Pietro c. Porta del Popolo d. Arco di Trionfo di Costantino

1 ☐

2 ☐

3 ☐

4 ☐

Tutti gli esercizi sono disponibili in formato interattivo su www.i-d-e-e.it

1 *Abbina le attività fisiche alle immagini. Attenzione: ci sono due immagini in meno!*

andare in bicicletta ◆ fare pesi ◆ camminare ◆ andare a correre ◆ fare nuoto ◆ fare yoga

1 ______

2 ______

3 ______

4 ______

2 (2 38) *Ascolta i dialoghi, completa la tabella con tre delle attività date e indica con una ✘ la frequenza.*

fare pilates ◆ fare nuoto ◆ camminare ◆ andare in bicicletta ◆ correre

		tutti i giorni	due volte alla settimana	una volta alla settimana
1. Signora Rossi	______	☐	☐	☐
2. Sergio	______	☐	☐	☐
3. La mamma	______	☐	☐	☐

3 (2 38) *Ascolta di nuovo i dialoghi e indica con una ✘ se le informazioni sono vere o false.*

	V	F
1. Secondo la signora Rossi, camminare non è uno sport.	☐	☐
2. Sergio invita Luca perché ha due biciclette.	☐	☐
3. Sandra litiga con la mamma perché non va a cena da lei.	☐	☐

4 *Leggi le frasi e indica quale espressione ha lo stesso significato di quella in blu.*

1. Sport? No, non è una buona idea! Non mi piace!
   a. perché no? b. probabilmente... c. meglio di no!
2. Vado in piscina il martedì...
   a. questo martedì b. da martedì c. ogni martedì
3. Sono d'accordo! Brava, mamma! Allora... ti aspetto domani!
   a. Giusto! b. Volentieri! c. Incredibile!

5 *Completa il dialogo con le espressioni date.*

ci credo • su • ma va • senti

Silvia: Uffa! Lavoro da otto mesi e non ho ancora fatto una vacanza... Sono stanca!

Mario: ______________(1), anche perché il tuo è un lavoro molto faticoso!

Silvia: Infatti... vorrei tanto andare al mare... ma è marzo, fa ancora freddo!

Mario: ______________(2), perché non andiamo in montagna, allora?

Silvia: Non so...

Mario: ______________(3), partiamo per qualche giorno! Hai bisogno di una pausa!

Silvia: ______________(4)!

2 39

6 *Completa le frasi con il passato prossimo dei verbi dati. Poi ascolta il messaggio di Lucia per Paola e indica con una ✘ se le frasi sono vere o false.*

	V	F
1. Lucia racconta a Paola cosa ______________ (succedere) ieri sera.	▢	▢
2. Lucia dice che in centro ______________ (loro - aprire) un nuovo bar.	▢	▢
3. Sandro e il suo amico Marco ______________ (fare) una festa per il loro compleanno.	▢	▢
4. Lucia ______________ (andare) alla festa con Gemma e un'altra ragazza.	▢	▢
5. Lucia ______________ (scoprire) che Marco conosce Paola.	▢	▢
6. Marco ______________ (chiedere) a Lucia se vuole uscire con lui.	▢	▢

7 *Completa con i verbi dati la risposta di Paola a Lucia.*

ho incontrato • ho chiesto • abbiamo studiato • ho scoperto
ha ricevuto • abbiamo conosciuto • abbiamo fatto • hai risposto

Ciao Lucia! Che bello! E tu cosa ______________(1)? Uscite stasera? A dire la verità, ieri dopo il lavoro ______________(2) Sandro e ______________(3) una passeggiata. Ad un certo punto, Sandro ______________(4) una telefonata e così ______________(5) che è in città un suo vecchio amico, Marco, che ora vive a Roma. Per curiosità ______________(6) a Sandro informazioni su questo ragazzo e... incredibile: siamo tutti di Perugia, abbiamo la stessa età e ______________(7) anche nella stessa città. Allora, come mai in tutti questi anni non ______________(8) Marco? Strano, no? Senti, perché non prendiamo un caffè quando esci dal lavoro? Voglio sapere tutto!!!

8 *Completa i dialoghi con l'espressione corretta. Attenzione: c'è un'espressione in più!*

d'accordo • invece • nessuno • in che senso • 0 a 0

- Mamma, ______________(a) non c'è il dolce? Ieri abbiamo comprato la torta e il gelato!
- Sì, ma tuo fratello ha già mangiato tutto!

- Alberto, andiamo a correre domani?
- Hmm... Non so! Perché, ______________(b) non rimaniamo a casa e guardiamo un bel film?
- Non vuoi fare un po' di sport?
- Certo! Mi alzo dal letto e mi siedo sul divano... un ottimo sport!

- Annalisa, hai visto i miei occhiali?
- No, papà. Hai controllato in cucina?
- Hmm... Giorgio, hai visto i miei occhiali?
- No, papà. Perché non chiedi alla mamma?
- Lucia, hai visto i miei occhiali?
- No, caro.
- Ma ______________(c) ha visto i miei occhiali?!

- Allora?
- Niente.
- Come niente? La partita è iniziata da 40 minuti!
- Eh, lo so... ma sono ancora ______________(d)!

9 *Completa il messaggio di Cristina con gli avverbi dati. Attenzione: c'è un avverbio in più!*

appena • sempre • mai • ancora • già

Ciao Chiara!
Come stai? Com'è andata in vacanza? Bello l'Alto Adige, no? Sei __________(1) tornata in ufficio? Io sono __________(2) arrivata a casa e ricomincio domani... uffa! Quando ci vediamo per un aperitivo? Anzi no, magari andiamo a correre! Io in vacanza ho mangiato tantissimo... che piatti... che sapori! Ora devo perdere qualche chilo! Non sono __________(3) andata a correre nell'ultimo mese. Tu? Hai fatto sport in vacanza? Non sei __________(4) andata a yoga, vero? Ci andiamo insieme sabato? Così guardiamo anche le foto delle vacanze! Baci baci 😘

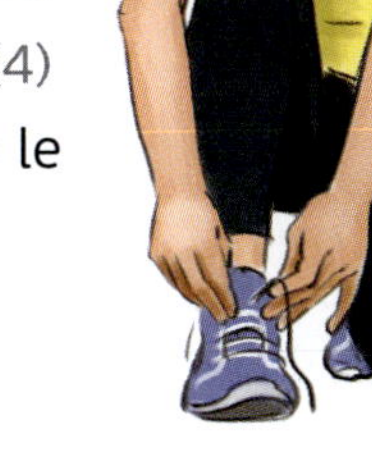

10 *Metti in ordine le parole e forma le frasi. Comincia con le parole in blu.*

1. ho / fatto / non / yoga. / mai ______________________
2. il / hai / film / visto / già / Benigni? / di ______________________
3. aperto / una / hanno / palestra / appena / in / centro. ______________________
4. tuo / sempre / in / va / figlio / piscina? ______________________
5. vicini. / visto / il / non / più / gatto / ho / dei ______________________
6. la / non / ancora / partita / è / iniziata? ______________________

11 *Completa le frasi con il passato prossimo dei verbi dati.*

E' SCAPPATO GIGI!!
E' UN GATTO MASCHIO HA GLI OCCHI VERDI AL COLLO PORTA UN PICCOLO CAMPANELLO.
SE VEDETE GIGI, CHIAMATE IL 348 67 98 917 (anche whatsapp!) MONICA

a. Però ______________ (io - decidere) di provare!
b. Lo so! Ettore ______________ (dire) che è molto grande e gli istruttori sono bravi!
c. Gigi ______________ (scomparire) due giorni fa. Nessuno sa dov'è.
d. No, ma i miei genitori ______________ (stare) al cinema ieri. Hanno detto che è molto bello!
e. Non lo so. ______________ (io - spegnere) la tv.
f. Sì! Nuota molto bene, ______________ (vincere) anche alcune gare.

12 *Rileggi le frasi degli esercizi 10 e 11 e fai l'abbinamento, come nell'esempio in blu.*

1. a   2. ☐   3. ☐   4. ☐   5. ☐   6. ☐

13 *Completa le frasi con il passato prossimo dei verbi. Poi abbina le frasi delle due colonne.*

1. Ieri ______________ (io - offrire) da bere a tutti per festeggiare...
2. A 12 anni Elena ______________ (scrivere) una storia bellissima.
3. I suoi genitori ______________ (aprire) una trattoria.
4. La settimana scorsa Marco ______________ (discutere) la tesi di laurea. È stato molto bravo!
5. Dove ______________ (voi - mettere) le borse della spesa?
6. ______________ (tu - conoscere) la nuova ragazza di Giovanni?
7. Marina, ______________ (spegnere) le luci? ______________ (chiudere) la porta? ______________ (prendere) i soldi, il cellulare e la valigia?

a. Infatti ha preso 110 e lode!
b. Voglio preparare subito la cena!
c. Sono diventata zia! Mia sorella ha avuto un bambino.
d. Sì, è molto carina! Si chiama Elisa.
e. Allora puoi partire: sei pronta per le vacanze!
f. Saverio lavora con loro e fa il cuoco.
g. Adesso scrive molti libri ed è famosa.

1. ☐   2. ☐   3. ☐   4. ☐
5. ☐   6. ☐   7. ☐

2 41 **14** *Quattro campioni italiani. Ascolta e completa la tabella con le informazioni date.*

Tania Cagnotto ◆ scherma ◆ 62 medaglie ◆ Alberto Tomba ◆ sci ◆ calcio ◆ 1 mondiale
settembre 1976 ◆ 14 febbraio 1974 ◆ maggio 1985 ◆ 19 dicembre 1966 ◆ 105 medaglie

Nome	Sport	Data di nascita	Risultati
Valentina Vezzali	(1)	(2)	(3)
(4)	tuffi	(5)	(6)
Francesco Totti	(7)	(8)	(9)
(10)	(11)	(12)	più di 50 vittorie

Tania Cagnotto

Valentina Vezzali

15 *Rileggi le informazioni dell'esercizio 14 e completa le frasi come nell'esempio in blu.*

a. Valentina Vezzali è nata il 14 febbraio 1974.

b. ________________ è nato Alberto Tomba.

c. Tania Cagnotto è nata ________________.

d. ________________ è nato Francesco Totti.

Alberto Tomba

16 *Completa il testo con il passato prossimo dei verbi dati, come nell'esempio in rosso.*

"La Divina" del tennis italiano, Lea Pericoli

È italiana, ma da bambina ha passato (1. passare) molti anni in Etiopia e poi ____________ (2. studiare) in Kenya. È famosa per le sue vittorie, ma anche per la sua bellezza e per il suo abbigliamento: i suoi vestiti ora sono al *Victoria Albert Museum* di Londra. È lei che, a Wimbledon nel 1956, ____________ (3. mettere) per prima la gonna corta!

Alcuni ricordano ancora quando ____________ (4. entrare) in campo con il suo gonnellino: un'immagine rivoluzionaria che ____________ (5. cambiare) per sempre i campi da tennis.

Nella sua carriera ____________ (6. vincere) 27 titoli italiani. Poi "la Divina" ____________ (7. scrivere) libri e ha lavorato in tv: ____________ (8. essere) la prima telecronista donna della storia della televisione italiana... Che vita interessante!

17 *Completa le frasi con la parola giusta.*

1. Il _ _ _ _ _ è uno sport completo.
2. Quando fa freddo e non puoi correre fuori, puoi correre sul _ _ _ _ _ roulant.
3. Se hai bisogno di relax, puoi fare _ _ _ _ .
4. A molti italiani piace guardare il _ _ _ _ _ _ in televisione con gli amici.
5. Il Giro d'Italia è una gara dove le persone vanno in _ _ _ _ _ _ _ _ _ _.

18 *La Gazzetta dello Sport e il Giro d'Italia. Completa il testo con le parole date.*

nel • hanno preso • il • è nata • il • hanno iniziato • è diventato • è partito

____________(1) 3 aprile del 1896 ____________(2) a Milano *La Gazzetta dello Sport*. Eugenio Camillo Costamagna ed Eliso Rivera ____________(3) la decisione di aprire un giornale che parla di tutti gli sport. Quando Rivera e Costamagna ____________(4), il colore delle pagine era verde, ma ____________(5) gennaio del 1899 il colore della *Gazzetta* ____________(6) il rosa. Per questo motivo è rosa anche la maglia di chi vince il famoso Giro d'Italia, il giro ciclistico del Belpaese. Il primo Giro d'Italia ____________(7) da Milano ____________(8) 13 maggio 1909.

Giro d'Italia

Italia&italiani

1 *Leggi le frasi a destra e completa il cruciverba con le parole mancanti.*

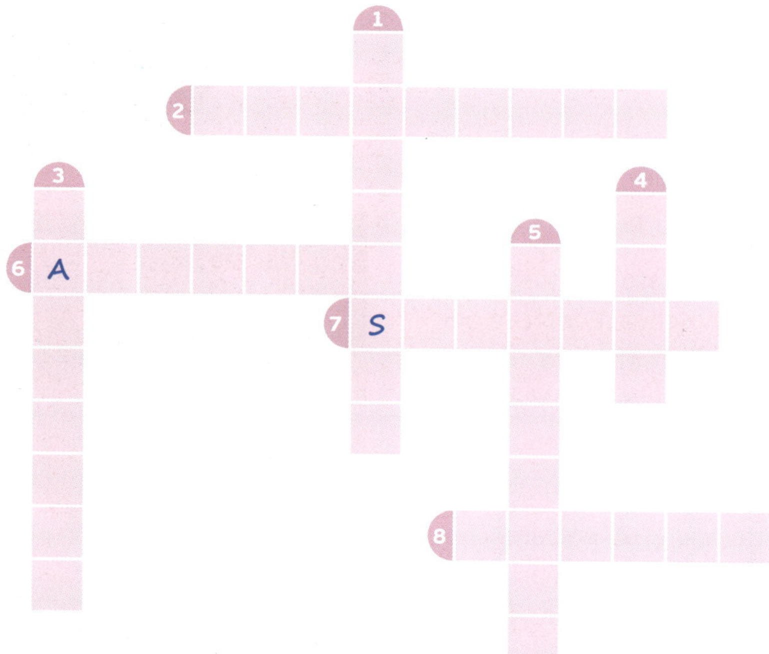

1. Per le strade di tutta Italia possiamo incontrare dei ... ogni giorno.
2. La ... Italiana Cantanti aiuta persone in difficoltà.
3. Sempre più italiani partecipano alle ... organizzate in primavera nelle grandi città.
4. Il ... d'Italia è la gara di ciclismo più importante.
5. La "maglia rosa" deve il suo colore alla ... *dello Sport*.
6. I giocatori della Nazionale italiana si chiamano ... .
7. Gli italiani amano seguire le partite della loro ... preferita.
8. Andiamo allo ... a vedere Italia-Spagna.

 **2** *Guarda il video e rispondi alle domande.*

1. Qual è lo sport più praticato a tutte le età?
____
2. Qual è la squadra preferita di Stefano? Segue le sue partite? Dove?
____
3. Che cos'è successo nel 1911?
____
4. Perché Ileana corre?
____
5. Quali sono le maratone più famose?
____
6. Quanto spesso si allenano i ciclisti intervistati?
____
7. Fino a quando il ciclismo è stato lo sport nazionale italiano?
____
8. Quando si svolge e quanto dura il Giro d'Italia?
____

1 *Come finisce la storia del libro? Osservate le immagini e raccontate, secondo voi, cosa succede.*

2 *In realtà questa storia finisce... come volete voi! Discutete e decidete tutti insieme: se considerate Ferrara una persona "cattiva", ascoltate il finale rosso, se no, quello blu. Attenzione, però: potete ascoltare solo uno dei finali!*

3 *Ascoltate di nuovo e fate un breve riassunto orale o scritto del finale ascoltato.*

0-60

LA NOSTRA STORIA CONTINUA IN

CON TANTE SORPRESE! VI ASPETTIAMO!

Indice

1. L'alfabeto e la pronuncia 228
1.1 L'alfabeto 228
1.2 C: [tʃ] o [k] 228
1.3 G: [dʒ] o [g] 228
1.4 Le doppie consonanti 228
1.5 S: [s] o [z]; [sk] o [ʃ] 228
1.6 Z: [ts] o [dz] 229
1.7 GN: [ɲ] o [gn] 229
1.8 GL: [ʎ] o [gl] 229

2. I sostantivi 229
2.1 I sostantivi in -o/-a 229
2.2 I sostantivi in -e 229
2.3 I sostantivi maschili in -logo 230
2.4 I sostantivi in -co/-ca e in -go/-ga 230
2.5 I sostantivi maschili in -ma 230
2.6 I sostantivi maschili in -io 230
2.7 I sostantivi femminili in -cia e in -gia 230
2.8 I sostantivi invariabili al plurale 230
2.9 I sostantivi in -ista 231
2.10 I sostantivi maschili e femminili (professioni) 231
2.11 I sostantivi con il plurale irregolare 231

3. Gli aggettivi 231
3.1 Gli aggettivi in -o/-a 231
3.2 Accordo sostantivi e aggettivi 231
3.3 Gli aggettivi in -co/-ca e in -go/-ga 232
3.4 Gli aggettivi in -e 232
3.5 Gli aggettivi in -ista 232
3.6 L'aggettivo bello + nome 232
3.7 Gli aggettivi di colore 232

4. Gli articoli 233
4.1 L'articolo determinativo 233
4.2 L'articolo indeterminativo 233

5. I pronomi personali soggetto 233

6. I verbi 233
6.1 Il presente indicativo 233
6.1.1 Presente indicativo dei verbi regolari 233
6.1.2 Presente indicativo singolare di chiamarsi 234
6.1.3 Particolarità dei verbi in -are al presente indicativo 234
6.1.4 Presente indicativo dei verbi irregolari 234
6.1.5 Particolarità dei verbi in -(s)cere e -gere al presente indicativo 235
6.1.6 Presente indicativo dei verbi modali (potere, volere e dovere) 235
6.1.7 Presente indicativo dei verbi riflessivi 235
6.1.8 I verbi riflessivi con i modali (potere, volere e dovere) 235
6.1.9 C'è / Ci sono 235
6.1.10 Mi piace 235
6.1.11 Mi/Ti piacciono, mi/ti piace 236
6.2 Il passato prossimo 236
6.2.1 Formazione del passato prossimo 236
6.2.2 Participio passato dei verbi regolari 236

6.2.3 Passato prossimo con avere 236
6.2.4 Passato prossimo con essere 236
6.2.5 Passato prossimo: ausiliare essere o avere? 236
6.2.6 Participi passati irregolari 237

7. I numeri **238**
7.1 I numeri da 0 a 10 238
7.2 I numeri da 11 a 30 238
7.3 I numeri da 30 a 101 238
7.4 I numeri da 101 a 10.000 238
7.5 I numeri ordinali 238

8. I giorni della settimana **239**

9. I mesi dell'anno **239**

10. Le stagioni **239**

11. I possessivi **239**
11.1 Gli aggettivi possessivi (al singolare) 239
11.2 I pronomi possessivi 239
11.3 Gli aggettivi possessivi (II) 239
11.4 Gli aggettivi possessivi con i nomi di parentela 240

12. I dimostrativi **240**
12.1 I pronomi dimostrativi 240
12.2 L'aggettivo questo 240
12.3 L'aggettivo quello 240

13. Le preposizioni **241**
13.1 Le preposizioni semplici 241
13.2 Le preposizioni IN, A (AL), DA, DI, PER con essere, andare, venire, partire 241
13.3 Le preposizioni articolate 242
13.4 Alcuni usi delle preposizioni articolate A e DI 242
13.5 Altri usi di A 242
13.6 Alcuni usi delle preposizioni articolate PER, IN DA, A, SU, DI 242
13.7 Alcuni usi delle preposizioni FRA/TRA, PER, DI, DA (articolata), A (articolata) 243
13.8 Le preposizioni semplici e articolate con i verbi di movimento: sintesi 243
13.9 Preposizioni per localizzare oggetti nello spazio 243
13.10 La preposizione fino a 244
13.11 Le preposizioni con i capi di abbigliamento, scarpe e accessori 244
13.12 Le preposizioni con i mezzi di trasporto: sintesi 244

14. Gli avverbi **245**
14.1 Gli avverbi di frequenza 245
14.2 Ci di luogo 245
14.3 Avverbi di tempo con il passato prossimo 245

15. L'ora e l'orario **245**
15.1 Che ora è? / Che ore sono? 245
15.2 A che ora è? 245

16. La frase **245**
16.1 La frase affermativa e interrogativa 245
16.2 La frase negativa 245

1 L'alfabeto e la pronuncia

1.1 L'alfabeto U1

						In parole straniere	
A a	a	H h	acca	Q q	cu	J j	i lunga
B b	bi	I i	i	R r	erre	K k	cappa
C c	ci	L l	elle	S s	esse	W w	doppia vu
D d	di	M m	emme	T t	ti	X x	ics
E e	e	N n	enne	U u	u	Y y	ipsilon
F f	effe	O o	o	V v	vi, vu		
G g	gi	P p	pi	Z z	zeta		

1.2 C: [tʃ] o [k] U1

C [tʃ]	
C + E, I	cellulare, cinema

C [k]	
C + A, O, U, H	cane, banco, cuore, macchina

1.3 G: [dʒ] o [g] U1

G [dʒ]	
G + E, I	gelato, buongiorno

G [g]	
G + A, O, U, H	ragazzo, dialogo, lingua, spaghetti

1.4 Le doppie consonanti U2

In italiano tutte le consonanti possono essere doppie (al posto di QQ abbiamo però, quasi sempre, CQ: *acqua*).

In molti casi le doppie cambiano il significato di una parola: *notte* / *note*.

- Pronunciamo le consonanti BB, CC, DD, GG, PP, CQ, TT in modo rafforzato.
- Pronunciamo le consonanti FF, LL, MM, NN, RR, SS, VV, ZZ più allungate.

1.5 S: [s] o [z]; [sk] o [ʃ] U3

In italiano abbiamo le **consonanti sorde**, senza vibrazione delle corde vocali (C, F, P, T) e le **consonanti sonore**, con la vibrazione delle corde vocali (B, D, G, L, M, N, R, V).

Solo la S e la Z possono essere sia sorde sia sonore.

S sorda

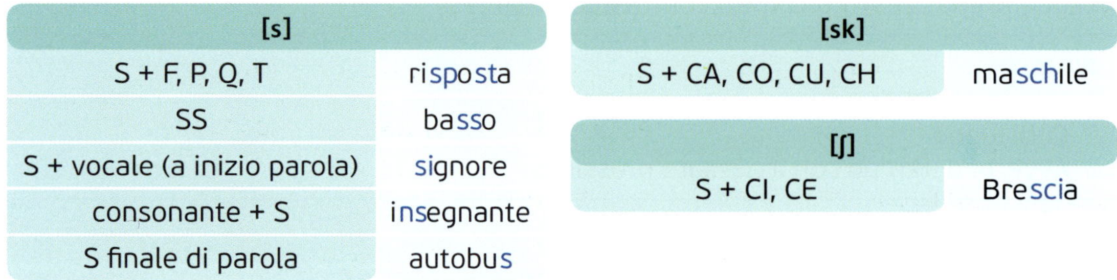

[s]	
S + F, P, Q, T	risposta
SS	basso
S + vocale (a inizio parola)	signore
consonante + S	insegnante
S finale di parola	autobus

[sk]	
S + CA, CO, CU, CH	maschile

[ʃ]	
S + CI, CE	Brescia

S sonora

[z]	
vocale + S + vocale	casa
S + B, D, G, L, M, N, R, V	sbagliato

1.6 Z: [ʦ] o [ʣ] U4

Z sorda

[ʦ]	
ZZ	mozzarella, pizza, prezzo, ragazzo *eccezioni*: azzurro, tramezzino, mezzo
Z a inizio parola + sillaba che inizia per C, F, P, T	zuppa *eccezione*: zucchero
Z + IA, IO, IE	lezione, grazie
L, N, R + Z	alzare, abbastanza, scherzo

Z sonora

[ʣ]	
Z a inizio parola + sillaba che inizia per B, D, G, L, M, N, R, V, Z	zebra, zero, zona
Z + vocale (non I) + vocale	zaino, zoo
vocale + Z + vocale	ozono
verbi in -izzare	organizzare

Esistono molte eccezioni. Infatti, la pronuncia della Z dipende spesso dalla provenienza geografica del parlante.

1.7 GN: [ɲ] o [gn] U6

GN un solo suono

[ɲ]	
nella maggior parte delle parole	bagno, giugno, compagno
scriviamo la -i- solo se accentata o nella prima persona plurale del presente indicativo	compagnia, disegniamo

GN due suoni separati

[gn]	
in parole di origine greca	gnosi*
in parole di origine tedesca	wagneriano

*Accettata anche la pronuncia [ɲ].

1.8 GL: [ʎ] o [gl] U6

GL

[ʎ]	
GL + I	gli
GL + I + vocale: non pronunciamo la -i- separatamente	moglie, famiglia

GL

[gl]	
GL + A, E, O, U	inglese, glossario

2 I sostantivi

2.1 I sostantivi in -o/-a U1

maschile		femminile	
singolare	plurale	singolare	plurale
ragazzo	ragazzi	parola	parole

2.2 I sostantivi in -e U1

maschile		femminile	
singolare	plurale	singolare	plurale
nome	nomi	immagine	immagini
in -ore, -ale, -iere:		in -ione, -udine, -ice:	
colore giornale giardiniere	colori giornali giardinieri	lezione abitudine direttrice	lezioni abitudini direttrici

2.3 I sostantivi maschili in -logo U1

	singolare	plurale
cose	dialogo	dialoghi
persone	psicologo	psicologi

2.4 I sostantivi in -co/-ca e in -go/-ga U1 e U3

I sostantivi maschili in -co

	singolare	plurale
accento sulla penultima sillaba (eccezione: *amico-amici*)	banco	banchi
accento sulla terzultima sillaba	medico	medici

I sostantivi femminili in -ca

singolare	plurale
amica	amiche

I sostantivi in -go/-ga seguono le stesse regole dei sostantivi in -co/-ca.
Attenzione: il singolare di *i colleghi* è *il collega*!

2.5 I sostantivi maschili in -ma U3

singolare	plurale
problema	problemi

2.6 I sostantivi maschili in -io U3

	singolare	plurale
-*i*- non accentata	occhio	occhi
-*i*- accentata	zio	zii

2.7 I sostantivi femminili in -cia e in -gia U4

	singolare	plurale
consonante + CIA/GIA	arancia	arance
vocale + CIA/GIA	ciliegia	ciliegie
-*i*- accentata	farmacia	farmacie

2.8 I sostantivi invariabili al plurale U4

	singolare	plurale
accento sull'ultima sillaba	il caffè, la città	i caffè, le città
con consonante finale	il bar, l'email	i bar, le email
nomi abbreviati	la bici(cletta), l'auto(mobile), il cinema(tografo), la foto(grafia)	le bici(clette), le auto(mobili), i cinema(tografi), le foto(grafie)
parole straniere	la brioche, l'hobby	le brioche, gli hobby

2.9 I sostantivi in -ista U4

maschile		femminile	
singolare	plurale	singolare	plurale
il barista	i baristi	la barista	le bariste

2.10 I sostantivi maschili e femminili (professioni) U6

	maschile singolare	femminile singolare
in -o/-a	il commesso, il segretario, l'operaio	la commessa, la segretaria, l'operaia
in -e/-a	il cameriere	la cameriera
in -ista	il barista	la barista
in -ante	l'insegnante	l'insegnante
in -tore/-trice	il direttore, l'istruttore	la direttrice, l'istruttrice
in -ore/-oressa	il dottore, il professore	la dottoressa, la professoressa

Per alcuni nomi di professioni (*medico, architetto, ingegnere*) in genere usiamo la forma maschile: *Giovanna è ingegnere.* Accanto al termine *avvocato*, troviamo spesso anche *avvocatessa*.

2.11 I sostantivi con il plurale irregolare U8 e U9

Alcuni sostantivi maschili hanno il plurale irregolare: l'uomo – gli uomini.

Alcuni sostantivi sono maschili al singolare e femminili al plurale: l'uovo – le uova.

3 Gli aggettivi

3.1 Gli aggettivi in -o/-a U1

maschile		femminile	
singolare	plurale	singolare	plurale
bravo	bravi	brava	brave

3.2 Accordo sostantivi e aggettivi U1

maschile	
singolare	plurale
ragazzo straniero	ragazzi stranieri
studente straniero	studenti stranieri

femminile	
singolare	plurale
parola straniera	parole straniere
insegnante straniera	insegnanti straniere

3.3 Gli aggettivi in -co/-ca e in -go/-ga U1

Gli aggettivi maschili in -co

	singolare	plurale
accento sulla penultima sillaba (eccezione: *greco-greci*)	antico	antichi
accento sulla terzultima sillaba	simpatico	simpatici

Gli aggettivi femminili in -ca

singolare	plurale
simpatica	simpatiche

Gli aggettivi in -go/-ga prendono sempre la *-h-* al plurale: *lungo-lunghi, lunga-lunghe.*

3.4 Gli aggettivi in -e U2

maschile		femminile	
singolare	plurale	singolare	plurale
inglese	inglesi	inglese	inglesi

3.5 Gli aggettivi in -ista U8

maschile		femminile	
singolare	plurale	singolare	plurale
ottimista	ottimisti	ottimista	ottimiste

3.6 L'aggettivo bello + nome U8

	Articolo determinativo	Bello
maschile singolare	**il** matrimonio	bel matrimonio
	lo sposo	bello sposo
	l'invito	bell'invito
maschile plurale	**i** vestiti	bei vestiti
	gli sposi	begli sposi
femminile singolare	**la** famiglia	bella famiglia
	l'idea	bell'idea
femminile plurale	**le** scarpe	belle scarpe

3.7 Gli aggettivi di colore U10

maschile		femminile	
singolare	plurale	singolare	plurale
rosso	rossi	rossa	rosse
nero	neri	nera	nere
bianco	bianchi	bianca	bianche
grigio	grigi	grigia	grigie
giallo	gialli	gialla	gialle
azzurro	azzurri	azzurra	azzurre
verde	verdi	verde	verdi

Gli aggettivi di colore seguono il nome: *vestito nero, borsa rossa* ecc.

Gli aggettivi rosa, blu e viola sono invariabili: *un vestito rosa/blu/viola - due vestiti rosa/blu/viola - una gonna rosa/blu/viola - due gonne rosa/blu/viola.*

Gli aggettivi marrone e arancione possono rimanere invariati, ma di solito si accordano con il nome: *scarpe marrone/marroni, guanti arancione/arancioni.*

Gli aggettivi di colore seguiti da chiaro/scuro sono invariabili: *i pantaloni verde scuro.*

4) Gli articoli

4.1 L'articolo determinativo U2

	maschile		femminile	
	singolare	plurale	singolare	plurale
davanti a una consonante	il giorno	i giorni	la donna	le donne
davanti a una vocale	l'anno	gli anni	l'ora	le ore
davanti a S + consonante	lo studente	gli studenti		
davanti a Z, PN*, PS, GN, X, Y	lo zaino	gli zaini		

*PN: accettati anche *il* e *i*.

4.2 L'articolo indeterminativo U3

	maschile	femminile
davanti a una consonante	un dialogo	una donna
davanti a una vocale	un uomo	un'amica
davanti a S + consonante	uno studente	
davanti a Z, PN*, PS, GN, X, Y	uno zaino	

*PN: accettato anche *un*.

5) I pronomi personali soggetto U1 e U4

	singolare	plurale
1ª persona	io	noi
2ª persona	tu	voi
3ª persona	lui, lei, Lei*	loro

In italiano non è obbligatorio esprimere il pronome personale soggetto. Di solito, usiamo i pronomi personali soggetto per dare enfasi: *Adesso tu aspetti qui!*

*In contesti formali diamo del Lei (sia a un uomo sia a una donna). Con più persone usiamo voi.

6) I verbi

6.1 Il presente indicativo

6.1.1 Presente indicativo dei verbi regolari

L'italiano ha tre gruppi, coniugazioni, di verbi: I) in -are; II) in -ere; III) in -ire.

	I coniugazione	II coniugazione	III coniugazione	
	U3	U3	U4	U4
	parlare	prendere	offrire	finire
io	parlo	prendo	offro	finisco
tu	parli	prendi	offri	finisci
lui, lei, Lei	parla	prende	offre	finisce
noi	parliamo	prendiamo	offriamo	finiamo
voi	parlate	prendete	offrite	finite
loro	parlano	prendono	offrono	finiscono
			aprire, dormire, partire, sentire ecc.	*capire, preferire, pulire, spedire ecc.*

Presente indicativo singolare di …marsi U2

io	mi chiamo
tu	ti chiami
lui, lei, Lei	si chiama

6.1.3 Particolarità dei verbi in -**are** al presente indicativo

a. Verbi in -iare U3

Alle persone *tu* e *noi* non raddoppiano la *i*: *mangi*, *studi*; *mangiamo*, *studiamo*.

b. Verbi in -gare/-care U4 e U6

Alle persone *tu* e *noi* aggiungiamo la lettera *h*: *paghi*, *giochi*; *paghiamo*, *giochiamo*.

6.1.4 Presente indicativo dei verbi irregolari

	U1	U2	U3	U4	U5
	essere	**avere**	**stare**	**bere**	**andare**
io	sono	ho	sto	bevo	vado
tu	sei	hai	stai	bevi	vai
lui, lei, Lei	è	ha	sta	beve	va
noi	siamo	abbiamo	stiamo	beviamo	andiamo
voi	siete	avete	state	bevete	andate
loro	sono	hanno	stanno	bevono	vanno

	U5	U5	U5	U5	U5
	venire	**fare**	**sapere**	**piacere**	**proporre**
io	vengo	faccio	so	piaccio	propongo
tu	vieni	fai	sai	piaci	proponi
lui, lei, Lei	viene	fa	sa	piace	propone
noi	veniamo	facciamo	sappiamo	piacciamo	proponiamo
voi	venite	fate	sapete	piacete	proponete
loro	vengono	fanno	sanno	piacciono	propongono

	U5	U5	U5	U5	U5
	rimanere	**salire**	**scegliere**	**sedere**	**spegnere**
io	rimango	salgo	scelgo	siedo	spengo
tu	rimani	sali	scegli	siedi	spegni
lui, lei, Lei	rimane	sale	sceglie	siede	spegne
noi	rimaniamo	saliamo	scegliamo	sediamo	spegniamo
voi	rimanete	salite	scegliete	sedete	spegnete
loro	rimangono	salgono	scelgono	siedono	spengono

	U5	U5	U5	U6
	tenere	**tradurre**	**uscire**	**dire**
io	tengo	traduco	esco	dico
tu	tieni	traduci	esci	dici
lui, lei, Lei	tiene	traduce	esce	dice
noi	teniamo	traduciamo	usciamo	diciamo
voi	tenete	traducete	uscite	dite
loro	tengono	traducono	escono	dicono

6.1.5 Particolarità dei verbi in -(s)cere e -gere al presente indicativo U6

Cambia la pronuncia alle persone *io* e *loro* perché c e g prima di o hanno rispettivamente il suono duro [k] e [g]: *conosco*, *conoscono*; *leggo*, *leggono*.

6.1.6 Presente indicativo dei verbi modali (potere, volere e dovere) U9

	potere	volere*	dovere	
io	posso	voglio	devo	
tu	puoi	vuoi	devi	
lui, lei, Lei	può	vuole	deve	+ infinito
noi	possiamo	vogliamo	dobbiamo	
voi	potete	volete	dovete	
loro	possono	vogliono	devono	

Può portare il conto?
Vogliamo ordinare, ragazzi?
Dovete decidere!

*Dopo volere possiamo trovare anche un sostantivo: *Voglio la pizza*. In questo caso, al posto di "voglio" è preferibile usare "vorrei" (più gentile): *Vorrei una pizza margherita*.

6.1.7 Presente indicativo dei verbi riflessivi U10

	alzarsi	mettersi	vestirsi
io	mi alzo	mi metto	mi vesto
tu	ti alzi	ti metti	ti vesti
lui, lei, Lei	si alza	si mette	si veste
noi	ci alziamo	ci mettiamo	ci vestiamo
voi	vi alzate	vi mettete	vi vestite
loro	si alzano	si mettono	si vestono

Nelle frasi negative "non" va prima del pronome: *La domenica non mi alzo mai prima delle 11!*

6.1.8 I verbi riflessivi con i modali (potere, volere e dovere) U10

Con potere, volere e dovere il pronome riflessivo (mi, ti, si, vi, ci, si) va prima del verbo modale oppure si unisce all'infinito.

Non mi posso truccare.		Non posso truccarmi.
Ci vogliamo svegliare tardi.	=	Vogliamo svegliarci tardi.
Perché ti devi nascondere?		Perché devi nasconderti?

6.1.9 C'è / Ci sono U3

davanti a un sostantivo al singolare	Nel mio palazzo c'è una coppia un po' strana.
davanti a un sostantivo al plurale	Ci sono problemi?

6.1.10 Mi piace U5

(non) mi piace +	infinito	Mi piace andare a ballare.
	sostantivo al singolare	Non mi piace molto il sushi.

6.1.11 Mi/Ti piacciono, mi/ti piace U9

(non) **mi/ti piacciono** +	sostantivo al plurale	Ti piacciono gli spaghetti al ragù?
(non) **mi/ti piace** +	sostantivo al singolare	Mi piace il tiramisù.
	infinito	Ti piace andare a mangiare fuori?

6.2 Il passato prossimo

6.2.1 Formazione del passato prossimo U11

presente indicativo di avere / essere	+ participio passato	Il passato prossimo esprime un'azione del passato finita.

6.2.2 Participio passato dei verbi regolari U11

andare	avere	capire
andato	avuto	capito

6.2.3 Passato prossimo con avere U11

io	ho capito
tu	hai capito
lui, lei, Lei	ha capito
noi	abbiamo capito
voi	avete capito
loro	hanno capito

6.2.4 Passato prossimo con essere U11

io	sono andato/a
tu	sei andato/a
lui, lei, Lei	è andato/a
noi	siamo andati/e
voi	siete andati/e
loro	sono andati/e

Con avere il participio passato non cambia.

Con essere il participio passato può essere al femminile, al maschile, al singolare e al plurale: si accorda (come gli aggettivi) al soggetto.

6.2.5 Passato prossimo: ausiliare essere o avere? U11

avere +

avere

tutti i verbi transitivi (che hanno un complemento oggetto e che rispondono alla domanda *chi? / che cosa?*): *capire, comprare, dimenticare, lasciare* ecc.

alcuni verbi intransitivi: *dormire, lavorare, ridere* ecc.

alcuni verbi di movimento: *camminare, viaggiare* ecc.

essere +

essere

molti verbi di movimento: *andare, arrivare, entrare, partire, salire, scendere, tornare, uscire, venire* ecc.

verbi di stato in luogo: *restare, rimanere, stare* ecc.

molti verbi intransitivi: *crescere, diventare, morire, nascere, piacere* ecc.

tutti i verbi riflessivi: *alzarsi, svegliarsi, truccarsi* ecc. (in *Via del Corso A2*)

6.2.6 Participi passati irregolari U12

accendere	(ha) acceso
ammettere	(ha) ammesso
appendere	(ha) appeso
aprire	(ha) aperto
bere	(ha) bevuto
chiedere	(ha) chiesto
chiudere	(ha) chiuso
concedere	(ha) concesso
concludere	(ha) concluso
convincere	(ha) convinto
correggere	(ha) corretto
correre	(ha/è) corso
decidere	(ha) deciso
deludere	(ha) deluso
difendere	(ha) difeso
dipendere	(è) dipeso
dire	(ha) detto
dirigere	(ha) diretto
discutere	(ha) discusso
distinguere	(ha) distinto
distruggere	(ha) distrutto
dividere	(ha) diviso
escludere	(ha) escluso
esistere	(è) esistito
esplodere	(ha/è) esploso
esprimere	(ha) espresso
essere	(è) stato
fare	(ha) fatto
giungere	(è) giunto
insistere	ha insistito
leggere	(ha) letto
mettere	(ha) messo
morire	(è) morto
muovere	(ha) mosso
nascere	(è) nato
nascondere	(ha) nascosto
offendere	(ha) offeso
offrire	(ha) offerto
perdere	(ha) perso/perduto
permettere	(ha) permesso
piangere	(ha) pianto
prendere	(ha) preso
promettere	(ha) promesso
proporre	(ha) proposto
raccogliere	(ha) raccolto
ridere	(ha) riso
rimanere	(è) rimasto
risolvere	(ha) risolto
rispondere	(ha) risposto
rompere	(ha) rotto
scegliere	(ha) scelto
scendere	(ha/è) sceso
scomparire	(è) scomparso
scrivere	(ha) scritto
soffrire	(ha) sofferto
spegnere	(ha) spento
spendere	(ha) speso
spingere	(ha) spinto
succedere	(è) successo
tradurre	(ha) tradotto
trarre	(ha) tratto
uccidere	(ha) ucciso
vedere	(ha) visto
venire	(è) venuto
vincere	(ha) vinto
vivere	(ha/è) vissuto

crescere	(ha/è) cresciuto
conoscere	(ha) conosciuto
piacere	(è) piaciuto

Alcuni verbi che finiscono in -*(s)cere* prendono una -**i**- prima di -*uto*.

7 I numeri

7.1 I numeri da 0 a 10 U1

0	zero	3	tre	6	sei	9	nove
1	uno	4	quattro	7	sette	10	dieci
2	due	5	cinque	8	otto		

7.2 I numeri da 11 a 30 U2

11	undici	16	sedici	21	ventuno	26	ventisei
12	dodici	17	diciassette	22	ventidue	27	ventisette
13	tredici	18	diciotto	23	ventitré	28	ventotto
14	quattordici	19	diciannove	24	ventiquattro	29	ventinove
15	quindici	20	venti	25	venticinque	30	trenta

Dopo il 20 cade la vocale prima di uno e otto, la -*e* di tre è accentata (é).

7.3 I numeri da 30 a 101 U3

30	trenta	60	sessanta	100	cento
31	trentuno	70	settanta	101	centouno
40	quaranta	80	ottanta		
50	cinquanta	90	novanta		

In *centouno* non cade la -*o*- prima di uno.

7.4 I numeri da 101 a 10.000 U5

101	centouno	600	seicento	2.000	duemila	6.500	seimilacinquecento
200	duecento	700	settecento	3.000	tremila	7.000	settemila
300	trecento	800	ottocento	4.000	quattromila	8.000	ottomila
400	quattrocento	900	novecento	5.000	cinquemila	9.000	novemila
500	cinquecento	1.000	mille	6.000	seimila	10.000	diecimila

Cento è invariabile. Attenzione: *centouno*, *centootto*, *centoundici*, ma *centottanta*!
Diciamo *mille* (1.000), ma *diecimila* (10.000).

7.5 I numeri ordinali U6

1°	primo	6°	sesto	11°	undicesimo	16°	sedicesimo
2°	secondo	7°	settimo	12°	dodicesimo	17°	diciassettesimo
3°	terzo	8°	ottavo	13°	tredicesimo	18°	diciottesimo
4°	quarto	9°	nono	14°	quattordicesimo	19°	diciannovesimo
5°	quinto	10°	decimo	15°	quindicesimo	20°	ventesimo

Dall'11° in poi aggiungiamo -esimo al numero (senza la vocale finale): *undici* ➔ *undic* + *esimo* = *undicesimo*.

Negli ordinali che contengono tre o sei conserviamo la vocale finale del numero: *ventitreesimo*, *ventiseiesimo*.

I numeri ordinali sono come gli aggettivi in -o: abbiamo quindi *primo*, *primi*, *prima* (e scriviamo 1ª), *prime* e *dodicesimo*, *dodicesimi*, *dodicesima*, *dodicesime*.

8 I giorni della settimana U5

lunedì
martedì
mercoledì
giovedì
venerdì
sabato
domenica

In italiano i giorni della settimana cominciano con la lettera minuscola.
Lunedì è il primo giorno della settimana.
I giorni da *lunedì* a *venerdì* hanno la *-i* finale accentata.
I giorni, ad eccezione della domenica, sono maschili.

9 I mesi dell'anno U6

gennaio	maggio	settembre
febbraio	giugno	ottobre
marzo	luglio	novembre
aprile	agosto	dicembre

10 Le stagioni U6

la primavera (marzo, aprile, maggio)
l'estate* (giugno, luglio, agosto)
l'autunno (settembre, ottobre, novembre)
l'inverno (dicembre, gennaio, febbraio)

**estate* è femminile

11 I possessivi

11.1 Gli aggettivi possessivi (al singolare) U4

	maschile	femminile
(io)	il mio libro	la mia penna
(tu)	il tuo libro	la tua penna
(lui, lei, Lei)	il suo libro	la sua penna

Gli aggettivi possessivi di solito vanno prima del nome e prendono l'articolo (attenzione: *a casa mia*).

11.2 I pronomi possessivi U4

I pronomi possessivi hanno la stessa forma degli aggettivi, sostituiscono un nome e quindi stanno da soli: *La tua casa è molto grande; la mia è abbastanza piccola.*
Dopo il verbo *essere* di solito non prendono l'articolo: *Questo cellulare è tuo?*

11.3 Gli aggettivi possessivi (II) U8

	singolare		plurale	
	maschile	femminile	maschile	femminile
(io)	il mio nome	la mia paura	i miei amici	le mie giornate
(tu)	il tuo succo	la tua cucina	i tuoi libri	le tue amiche
(lui, lei)	il suo caffè	la sua scuola	i suoi figli	le sue scarpe
(Lei)	il Suo paese	la Sua età	i Suoi occhi	le Sue parole
(noi)	il nostro tavolo	la nostra vita	i nostri hobby	le nostre vacanze
(voi)	il vostro amico	la vostra città	i vostri parenti	le vostre colleghe
(loro)	il loro autobus	la loro casa	i loro soldi	le loro azioni

Gli aggettivi possessivi di solito vanno prima del sostantivo e prendono l'articolo (diciamo però *Venite a casa mia?*).

11.4 Gli aggettivi possessivi con i nomi di parentela U8

	senza articolo determinativo
nomi di parentela al singolare	mia madre, mio padre, nostro figlio, mio fratello, mia sorella, nostro zio, sua zia, vostro cugino, Sua nipote, nostro nonno
	con articolo determinativo
nomi di parentela al plurale	i miei fratelli, le nostre sorelle, i nostri figli, le vostre figlie
loro (anche singolare)	la loro madre, il loro padre
nomi "affettivi"	la mia mamma, il mio papà, il nostro babbo
nomi + aggettivo	la mia zia preferita
nomi alterati	la mia sorellina, la nostra nipotina

L'articolo indeterminativo si mette sempre: *Esco con Piero, un mio cugino.*

12 I dimostrativi

12.1 I pronomi dimostrativi U4

	maschile		femminile	
	singolare	**plurale**	**singolare**	**plurale**
vicino alla persona che parla	questo	questi	questa	queste
lontano dalla persona che parla	quello	quelli	quella	quelle

12.2 L'aggettivo questo U4

L'aggettivo questo ha le stesse forme del pronome:
questo cornetto, questi panini, questa spremuta, queste brioche

Spesso, nella lingua parlata usiamo con questo e quello rispettivamente qui e lì:
Preferisci questo tramezzino qui o quello lì?

12.3 L'aggettivo quello U10

	Articolo determinativo	Quello
maschile singolare	**il** giubbotto **lo** stivale **l'**abito	quel giubbotto quello stivale quell'abito
maschile plurale	**i** guanti **gli** stivali	quei guanti quegli stivali
femminile singolare	**la** borsa **l'**arancia	quella borsa quell'arancia
femminile plurale	**le** scarpe	quelle scarpe

13 Le preposizioni

13.1 Le preposizioni semplici U5

Le preposizioni semplici sono a, di, da, in, con, su, per, tra/fra e possono avere diversi usi e significati, vediamo qualche esempio.

DI	L'idea è di Gianni. Sono insegnante d'italiano*. Quello è il vicino di Anna. Parlano solo di soldi.
A	Carla telefona ad Anna**. A colazione preferisco bere solo un caffè.
DA	Carla e Anna sono amiche da molti anni.
IN	C'è lo sport in TV.
CON	Parto con Franco. Anna parla con Bruno. È il tipo con i baffi.
SU	Sono con Gianni su Skype.
PER	Carla è troppo bella per te! Il pacco è per Alice. Hai tempo per un caffè? Per me un succo di frutta.
TRA/FRA	Firenze è tra Bologna e Roma. La lezione comincia tra pochi minuti.

*DI davanti a una vocale può prendere l'apostrofo.
**A davanti a un'altra "a" prende la "d".

13.2 Le preposizioni IN, A (AL), DA, DI, PER con essere, andare, venire, partire U5

essere/andare/venire	IN	*Italia* (Paesi) / *Europa* (continenti) / *Lombardia* (regioni) *macchina* (mezzi di trasporto) *dicembre* (mesi) *centro, ufficio, vacanza, banca, montagna* *farmacia, pizzeria, via* (nomi in *-ia*) *biblioteca* (nomi in *-teca*)
	A	*Firenze* (città) *piedi, teatro, casa, scuola, letto, pranzo* *ballare* (verbi all'infinito) *una festa, un concerto*
	AL*	*cinema, bar, ristorante, mare, museo*
	DA	*Elena, un amico, lui/lei* (persone)
essere	DI	*Firenze* (città)
venire/partire	DA	*Firenze* (città)
partire	A	*dicembre* (mesi)
	PER	*Firenze* (città)
	IN	*dicembre* (mesi) *macchina* (mezzi di trasporto)

*AL = *a* + *il*

13.3 Le preposizioni articolate U6 e U7

+	il	lo	l'	la	i	gli	le
a	al	allo	all'	alla	ai	agli	alle
di	del	dello	dell'	della	dei	degli	delle
da	dal	dallo	dall'	dalla	dai	dagli	dalle
in	nel	nello	nell'	nella	nei	negli	nelle
su	sul	sullo	sull'	sulla	sui	sugli	sulle
con	con il	con lo	con l'	con la	con i	con gli	con le
fra	fra il	fra lo	fra l'	fra la	fra i	fra gli	fra le
tra	tra il	tra lo	tra l'	tra la	tra i	tra gli	tra le
per	per il	per lo	per l'	per la	per i	per gli	per le

13.4 Alcuni usi delle preposizioni articolate A e DI U6

A

orario	Il negozio apre alle 9 e chiude all'una. / Il treno parte alle 11. **MA:** *a mezzogiorno/mezzanotte*
frequenza	Vado in palestra tre volte alla settimana.
luogo	Vado al bar/cinema/mare/museo/parco. / Vado allo stadio. / Vado all'università. **MA:** Vado a casa/teatro/scuola (solo se specifichiamo, è articolata: *al Teatro Manzoni*).

DI

possesso	Questo pacco è della vicina.
argomento	I ragazzi parlano dell'amica di Laura. **MA:** I giovani parlano spesso di musica.
per specificare	È il direttore del Museo Romano.

13.5 Altri usi di A U6

a che età facciamo qualcosa	a 24 anni
prima del complemento indiretto	chiedere soldi ai genitori
scopo	andare a lavorare

13.6 Alcuni usi delle preposizioni articolate PER, IN, DA, A, SU, DI U7

tempo	Avete dei pacchetti per la settimana bianca? Nel pomeriggio c'è Irene, la nuova collega.
durata	Dal 3 al 6 gennaio. Dalle 9 del mattino alle 8 di sera.
destinazione/luogo	Va sul Gran Sasso ogni anno. Il tuo libro è sul tavolo. Un mio amico parte per la Cina.
per specificare	Dalle 9 del mattino. Date un'occhiata sul sito dell'agenzia.

13.7 Alcuni usi delle preposizioni FRA/TRA, PER, DI, DA (articolata), A (articolata) U7

momento futuro	Fra/Tra una settimana Domenico e Carmen tornano in Spagna.
scopo	Lui esce solo per comprare qualche libro di architettura.
durata	Vengono in Italia per una settimana.
argomento	Parla sempre di lavoro.
provenienza	Arrivano dalla Spagna.
movimento verso persone	Va dal giornalaio.
destinazione	Andiamo all'aeroporto.

13.8 Le preposizioni semplici e articolate con i verbi di movimento: sintesi U7

		Preposizione semplice	Preposizione articolata
A	destinazione	Vado/Vengo a Roma, a teatro, a scuola, a casa, a lezione, a letto ecc.	Vado/Vengo all'aeroporto, all'estero, al bar, al cinema, al ristorante, al mare, al Teatro *Manzoni*, alla scuola americana ecc.
IN	destinazione	Vado/Vengo in Italia, in Europa, in Toscana, in ufficio, in banca, in albergo, in biblioteca, in pizzeria, in montagna, in città, in centro ecc.	Vado/Vengo negli Stati Uniti, nell'Italia del Sud, nell'ufficio del direttore, nella biblioteca della scuola, nella pizzeria sotto casa ecc.
SU	destinazione		Vado/Vengo sulle Alpi, sul Gran Sasso ecc. Salgo sull'aereo, sull'autobus.
PER	destinazione	Parto per Firenze ecc.	Parto per la Svizzera, per l'Asia ecc.
DA	movimento verso persone	Vado da Anna, da lei ecc. Vengo anch'io da Anna, da te ecc.	Vado dal giornalaio, dal dottore ecc. Vengo con te dal dottore ecc.
DA	moto da luogo / provenienza e origine	Vengo da Roma ecc. Esco da scuola, da casa di Giulia* ecc.	Vengo dall'Italia, dall'America ecc. Esco dall'ufficio ecc.

*Ma *Esco di casa*.

13.9 Preposizioni per localizzare oggetti nello spazio U9

SOPRA + articolo + nome	Il piatto è sopra il tavolo*.
TRA/FRA + articolo + nome + **E** + articolo + nome	L'olio è tra il pepe e il sale.
AL CENTRO + **DI** + articolo + nome	La bottiglia dell'acqua è al centro del tavolo.
DIETRO + articolo + nome	Il pane è dietro il pepe*.
SOTTO + articolo + nome	Il tovagliolo è sotto il coltello*.
DAVANTI + **A** + articolo + nome	Il piatto è davanti ai bicchieri.
DENTRO + articolo + nome	L'acqua è dentro la bottiglia.
ACCANTO + **A** + articolo + nome	Il coltello è accanto al cucchiaio.

*Dopo sopra, sotto, dietro possiamo usare anche A + articolo: *sopra al tavolo*, *dietro al pepe*, *sotto al coltello*.

13.10 La preposizione fino a U10

Lavoro fino a tardi.
Lavoro dalle 9 fino alle 18.

Vado fino a scuola a piedi.
Puoi andare in treno fino all'aeroporto.

13.11 Le preposizioni con i capi di abbigliamento, scarpe e accessori U10

DI	materiale	giubbotto di pelle, guanti di lana
A	disegno/ fantasia	cravatta a tinta unita, cravatta a righe
DA	uso/scopo	tuta da ginnastica, scarpe da ginnastica

13.12 Le preposizioni con i mezzi di trasporto: sintesi U11

Venire/Andare/Partire...

IN (semplice)		CON (articolata)	
in macchina	in scooter	con la macchina	con lo scooter
in metro	in autobus	con la metro	con l'autobus
in tram	in nave	con il tram	con la nave
in treno	in moto	con il treno	con la moto
in bici	in aereo	con la bici	con l'aereo

Vengo a Roma in treno. = *Vengo a Roma con il treno.*

Usiamo CON + articolo solo se specifichiamo con quale mezzo veniamo/andiamo/partiamo:
*Parto per Roma con il **treno delle 9**.*
*Vado in ufficio con la **macchina di mio padre**.*

A PIEDI

Vado a scuola a piedi.
Attenzione: *in piedi* significa che non siamo seduti, non indica nessun movimento:
*L'autobus è pieno e viaggio in **piedi**.*

Salire... SU (articolata)	Scendere... DA (articolata)
sulla macchina (più comune *in macchina*)	dalla macchina
sulla metro	dalla metro
sul tram	dal tram
sul treno	dal treno
sulla bici	dalla bici
sullo scooter	dallo scooter
sull'autobus	dall'autobus
sulla nave	dalla nave
sulla moto	dalla moto
sull'aereo	dall'aereo

14) Gli avverbi

14.1 Gli avverbi di frequenza U5

Tu hai sempre paura!
Litiga spesso con la moglie.
Raramente vado a teatro.
Non hai mai voglia di discutere tu!

14.2 Ci di luogo U6

- Il direttore è ancora in Egitto.
- Ci va spesso?

Ci sostituisce un luogo: vuol dire "qui/qua" o "lì/là".

14.3 Avverbi di tempo con il passato prossimo U12

Noi abbiamo già deciso.
Non ha ancora denunciato la scomparsa della moglie!
Siamo appena tornati dalle vacanze.
Ha sempre giocato bene a calcio.
Non hanno mai fatto un viaggio in Italia.
Non sono più uscite con i loro cugini.

Di solito gli avverbi già, ancora, appena, sempre, mai e più vanno tra l'ausiliare *essere* o *avere* e il participio passato.

15) L'ora e l'orario

15.1 Che ora è? / Che ore sono? U5

Sono le sei meno venti.
Sono le tre e un quarto.
Sono le dieci e mezzo/a.
È mezzanotte/mezzogiorno/l'una.

In Italia a volte usiamo anche l'orologio di 24 ore: *Sono le venti. = Sono le otto (di sera).*

15.2 A che ora? U6

Alle undici.
A mezzogiorno/mezzanotte.
All'una.
Alle diciotto.

Negli orari ufficiali usiamo l'orologio di 24 ore:
Il museo chiude alle diciassette.
Il treno parte alle dodici e trenta.

16) La frase

16.1 La frase affermativa e interrogativa U1

a. Lui è italiano.
b. Lui è italiano?

In italiano la frase **interrogativa** (b) ha la stessa costruzione della frase **affermativa** (a), ma la pronuncia ha un'intonazione ascendente [↗].

16.2 La frase negativa U2

Per formare le frasi negative mettiamo "non" prima del verbo: *Lui non è italiano.*

Indice dei CD audio

CD 1 [53'00"]

Unità	Traccia	Contenuto
Unità 1	1	Pronti? 1
	2	Esercizio 1
	3	Esercizio 2
	4	A1
	5	A2
	6	A3
	7	A4
	8	A5
	9	Esercizio 6
	10	B1
	11	B2
	12	Esercizio 7
	13	B3
	14	C1
	15	C3
	16	D1, D2, D3, Esercizio 20
	17	D5a
	18	Esercizio 19
Unità 2	19	Pronti? 3, A1
	20	Esercizio 1
	21	A4b
	22	A5
	23	B1
	24	Torniamo alla storia, C1
	25	D1
	26	E2
	27	E3
	28	Esercizio 8
Unità 3	29	Pronti? 2, A1, Esercizio 1
	30	Torniamo alla storia, C1
	31	D1
	32	D2, D3
	33	Esercizio 14
	34	E2a
	35	E2b
	36	Esercizio 16
	37	Esercizio 18
Unità 4	38	Pronti? 3, A1
	39	A3b
	40	Esercizi 1, 2, 3
	41	B1
	42	B4a
	43	B4b
	44	Esercizio 7
	45	C2, C3
	46	Esercizio 9
	47	Esercizi 10, 11
	48	D2
	49	D3
Unità 5	50	A2, A3
	51	Esercizi 1, 2
	52	B2, B3
	53	C1, C2
	54	Esercizio 10
	55	D1a
	56	Esercizio 14
	57	D3
Unità 6	58	Pronti? 2, A1
	59	Esercizio 3
	60	B1
	61	C1
	62	C2
	63	Esercizio 12
	64	D5
	65	D6

CD 2 [62'00"]

Unità	Traccia	Contenuto
Unità 7	1	Pronti? 3, A1
	2	A4
	3	Torniamo alla storia, B1
	4	B3
	5	B5, B6
	6	C1
	7	Esercizio 11
	8	D1, D2
	9	Esercizio 13
Unità 8	10	A1
	11	Esercizio 1
	12	Esercizi 3, 5
	13	C1
	14	Esercizio 9
	15	D1, D2
Unità 9	16	Pronti? 3
	17	B2, B3
	18	Esercizio 8
	19	C1
	20	Esercizio 10
	21	D2
Unità 10	22	A1
	23	Esercizi 1, 2
	24	C2
	25	D1, D2
	26	Esercizi 11, 12
	27	E1
	28	E2
Unità 11	29	A1, A2
	30	A3, A4
	31	C1
	32	Esercizio 10
	33	E1
	34	Esercizio 12
Unità 12	35	Pronti? 3
	36	A1
	37	A5
	38	Esercizi 2, 3
	39	Esercizio 6
	40	C1
	41	Esercizio 14
	42	Finale rosso
	43	Finale blu

Sul sito www.edilingua.it e su www.i-d-e-e.it è disponibile la versione rallentata.

Unità 1

Episodio a fumetti: Piacere!

Episodio video: Lui è Gianni!

Italia&italiani: L'Italia: regioni, città e monumenti

Unità 2

Episodio a fumetti: Di dove sei?

Episodio video: Ha il ragazzo?

Italia&italiani: L'italiano nel mondo

Unità 3

Episodio a fumetti: Una strana coppia

Episodio video: Il "mistero"

Italia&italiani: Nomi e cognomi

Unità 4

Episodio video: Offro io!

Episodio a fumetti: È lui!

Italia&italiani: Il bar

Unità 5

Episodio video: A che ora ci vediamo?

Episodio a fumetti: Adesso basta!

Italia&italiani: Gli italiani e il tempo libero

Unità 6

Episodio video: Non fa per me!

Episodio a fumetti: C'è un problema!

Italia&italiani: Italiani al lavoro

Unità 7

Episodio video: A Natale...?

Episodio a fumetti: Il Suo nome, per favore?

Italia&italiani: Feste, dolci e tradizioni

Unità 8

Episodio a fumetti: Anche tu qui?

Episodio video: Ciao amore!

Italia&italiani: Famiglie e matrimoni

Unità 9

Episodio video: Ora vogliamo ordinare?

Episodio a fumetti: Perché devi gridare?

Italia&italiani: Gli italiani a tavola

Unità 10

Episodio video: Che taglia porta?

Episodio a fumetti: È di moda!

Italia&italiani: La moda italiana

Unità 11

Episodio a fumetti: Una giornataccia!

Episodio video: In giro per i negozi!

Italia&italiani: Roma: la capitale d'Italia

Unità 12

Episodio video: Dobbiamo fare qualcosa

Episodio a fumetti: Andiamo alla polizia!

Italia&italiani: Un Paese di sportivi e... di campioni!

Fonti delle fotografie

Pag. 10: © Perugina (*cuore*); **Pag. 16:** www.lamiapartitaiva.it (*banca*); **Pag. 19:** www.regione.lazio.it (*1*); **Pag. 24:** www.theorbitbrown.com (*23*), www.wikimedia.org (*24*); **Pag. 26:** www.lifestinymiracles.com (*Barilla*), www.multibranddistribution.com (*cellulare*); **Pag. 27:** www.mckenzy.it (*musica lirica: Teatro alla Scala*), www.onstageweb.com (*musica leggera: Jovanotti*), www.rds.it (*musica leggera: Tiziano Ferro*), © Mondadori (*La prima indagine di Montalbano e Gomorra*), © Edizioni e/o (*Storia della bambina perduta*), www.vogue.com (*moda*), www.wikimedia.org (*cinema: La vita è bella*), www.agrilacorte.com (*gastronomia*), www.ilgiornale.it (*emigrazione*), www.wikimedia.org (*arte: Creazione di Adamo*); **Pag. 29:** www.esserevento.it (*avviso*); **Pag. 35:** © Telis Marin (*altra città: Piazza del Campo, Siena*), www.istitutodantealighieri.it (*scuola d'italiano*); **Pag. 37:** © Martini & Rossi, © Luigi Lavazza, © Barilla, © Ferrari; **Pag. 50:** www.sorrentosnack.it (*tramezzino*), www.travelemiliaromagna.it (*caffè al ginseng*); **Pag. 51:** www.yourguidetoitaly.com (*Caffè Gambrinus*), www.ragazzamoderna.it (*stuzzichini*), https://pearlspotting.com (*tramezzini*), www.nuoveformearredamento.it (*bar-tabaccheria*); **Pag. 61:** www.postahotel1899.it (*in alto a destra*), www.ilmalpensante.it (*Galleria degli Uffizi: Arianna addormentata*), © Mondadori (*Chi e Donna moderna*), © Corriere dello Sport, © RCS MediaGroup (*La Gazzetta dello Sport*), © Nuova Editoriale Sportiva (*Tuttosport*); **Pag. 66:** © Telis Marin (*B3a*), www.ilgiornale.it (*museo*); **Pag. 69:** © Telis Marin (*le foto sul calendario*); **Pag. 71:** © Perugina (*Baci*); **Pag. 73:** www.radiobruno.it (*in alto*), http://img.liberoquotidiano.it (*al centro*), www.melty.it (*in basso*); **Pag. 76:** www.kongnews.it (*1*), https://knittednotes.wordpress.com (*2*), http://asac.labiennale.org (*3*), www.pinterest.com (*4*), www.cineblog.it (*5*), https://aboutcinemaitalia.wordpress.com (*6*), www.daparte.it (*7*), www.terraantica.org (*8*), www.radiomontecarlo.net (*9*); **Pag. 79:** www.isimplylovemakeup.com (*biglietti*); **Pag. 80:** www.avit.it (*e*); **Pag. 82:** www.ideedipinte.com (*Epifania*), www.visitlazio.com (*Festa della Repubblica*); **Pag. 83:** © Telis Marin (*f*); **Pag. 85:** www.viviincucina.blogspot.com (*frittelle*); **Pag. 89:** © Telis Marin; **Pag. 95:** https://alessandrocagliostro.files.wordpress.com (*1*), www.pourfemme.it (*3*), www.contattomusica.it (*4*), http://blog.newscast.it (*Curiosità*); **Pag. 97:** https://media-cdn.tripadvisor.com (*3*); **Pag. 99:** http://mangiarebuono.it (*cotoletta alla milanese*); **Pag. 102:** www.pacoestrada.it (*yogurt*); **Pag. 103:** https://cowsandwine.wordpress.com (*trattoria*), www.contactsrl.it (*ristorante*), http://insidescoopsf.sfgate.com (*pizzeria*); **Pag. 105:** https://thedailyomnivore.net (*pizza*), www.pastificiopassilongo.it (*bigoli*); **Pag. 107:** http://roma.corriere.it (*Villa Ada*); **Pag. 110:** http://img.liberoquotidiano.it (*in basso a destra*); **Pag. 119:** www.romewise.com (*Via Condotti*), https://upload.wikimedia.org (*Negozio Emporio Armani*), http://styleandfashion.blogosfere.it (*sfilata*), © Prada Group, © Moschino, © Gucci, © Tod's, © Valentino, © Gianni Versace, © Dolce & Gabbana, © Furla, © Diesel; **Pag. 121:** www.wallpapersweb.com (*3*), www.metroxroma.it (*6*); **Pag. 127:** © Telis Marin (*4*); **Pag. 129:** https://littlecloudydreams.files.wordpress.com (*in basso a destra: La dolce vita*); **Pag. 134:** www.sportfair.it (*Alberto Tomba*), www.schermamarche.it (*Valentina Vezzali*), www.lazio.coni.it (*in alto a destra*), www.calcioweb.eu (*in basso a destra*); **Pag. 136:** www.vtrend.it; **Pag. 137:** www.ilgiornale.it (*Deborah Compagnoni*); **Pag. 139:** http://cultura.biografieonline.it (*Nazionale di calcio*), www.mauriziomartinoli.it (*maratona*), www.bicycling.com (*Giro d'Italia*); **Pag. 151:** www.giornalettismo.com (*Pietro Mennea*), www.marca.com (*Fausto Coppi*); **Pag. 152:** www.midisegni.it (*antipasti*), www.disegnidacolorareonline.com (*primi*), alimenti.acolore.com (*secondi*), www.dessins.8a8.co (*contorni*), www.disegnidacoloraregratis.it (*dolci*), www.coloratutto.it (*bevande*); **Pag. 161:** www.eatitmilano.it (*piazza*); **Pag. 162:** www.briscolapizza.it (*pizza*); **Pag. 164:** © Bompiani (*Il cimitero di Praga*), © Mondadori (*Se una notte d'inverno un viaggiatore*), © Rusconi Libri (*Il fu Mattia Pascal*), © Rizzoli Libri (*La lunga vita di Marianna Ucrìa*), www.moviemoodie.it (*La dolce vita*), www.inliberuscita.it (*Roma città aperta*), https://lacinematografiadaniello.files.wordpress.com (*Il Gattopardo*), www.independent.co.uk (*Luciano Pavarotti*), www.menuetto.it (*Laura Pausini*), www.arteworld.it (*4: Nascita di Venere*); **Pag. 170:** www.espressobox.com (*caffè*), www.thecarconnection.com (*Ferrari*), http://st.motortrend.com (*a*), © Automobili Lamborghini, www.clessidrajewels.com (*b*), © Roberto Cavalli, www.ebay.com (*c*), © Prada Group, www.onlineborse.com (*d*), © Gucci, www.coltortiboutique.com (*e*), © Gianni Versace, www.perfumesreview.com (*f*), © Giorgio Armani; **Pag. 172:** https://mulpix.com (*brioche*); **Pag. 173:** http://toria.am (*caffè*); **Pag. 174:** www.tripadvisor.it (*3*), www.frozenbar.com (*6*), http://iviaggidiraffaella.blogspot.com (*in basso*); **Pag. 176:** www.mangiarebuono.it (*f*); **Pag. 177:** © Telis Marin (*e*); **Pag. 179:** © Edizioni e/o (*Arrivederci amore, ciao*); **Pag. 182:** www.puntarellarossa.it (*3*), https://media-cdn.tripadvisor.com (*7*), https://i.ytimg.com/vi/ehS8oscF8Vs/maxresdefault.jpg (*8*); **Pag. 185:** www.farodiroma.it (*in alto*); **191:** https://upload.wikimedia.org; **194:** www.paneangelicdn.it (*frittelle*); **Pag. 197:** © Telis Marin (*in basso*); **203:** www.lacamporena.it (*1*), www.maia.it (*2*), www.checucino.it (*5*), www.salepepe.it (*8*), http://gianpaolovalli.com (*in basso a destra*); **Pag. 206:** www.cucinare.meglio.it (*in alto a destra*); **Pag. 222:** © Telis Marin (*Gigi*), www.notinhalloffame.com (*Tania Cagnotto*), www.sentio.it (*Valentina Vezzali*); **Pag. 223:** www.skimania.it (*Alberto Tomba*), www.ilgiornale.it e http://assets.nydailynews.com (*Lea Pericoli*), http://ciclismo.sportgo.tv (*Giro d'Italia*)

Componenti del corso

Libro dello studente ed esercizi

Libro dello studente digitale
con tracce audio

Guida per l'insegnante

Gioco di società

Software per la LIM

Materiali per studenti

Su idee.it

Eserciziario interattivo

2 CD audio (anche in versione rallentata)

Video (episodi sit-com, fumetto animato, video culturali)

Giochi interattivi

Su **App Store** e **Google Play**

Glossario interattivo in 15 lingue

Materiali per insegnanti

Su idee.it

Autovalutazione ogni 2 unità e Autovalutazione finale

Test finali per unità, Test finale (livello A1) e Test di progresso

Su **www.edilingua.it**

Guida digitale per l'insegnante

2 CD audio (anche in versione rallentata)

Glossario monolingue

Materiali extra